东言西语

郑子宁 著

后浪

在语言中重新发现中国

海峡出版发行集团 THE STRAITS PUBLISHING & DISTRIBUTING GROUP | 海峡书局

前　言

如果你穿越到了古代，要怎么做
才能听懂古人说的话

带上一把手枪，一箱子弹，穿越回冷兵器时代建功立业，不知多少人有过这样的梦想，不少以此为题材的网络小说长盛不衰。

不过，适应真正的穿越需要极高的技术含量。即使忽略掉皇阿玛戴手表、汉朝的椅子、唐朝的西红柿等细节，穿越更大的问题其实是语言——你们互相听不懂对方说的话。

残酷的事实是：穿越到清朝当格格、贝勒、贵妃，勉强能够圆梦；穿越回元明，古人多半会觉得你口音怪异，但还能大致听懂；穿越到唐朝以前就比较惨了——运气好点会被当作东国来客，由鸿胪寺接待后送去学习汉语，运气差的，也许会被当作外国奸细处理。

一些人会想，那用文言文不就解决了？

这倒是个方案，不过很难操作——地道的文言文远非当下受过一般古文教育的中国人能写出的，古人平常更不会用文言文说话。哪怕完美习得了文言文的语法、词汇，也只能和小部分人笔谈，还是与外国来客无异。

更有甚者以为粤语是古汉语的活化石，是现代最接近古汉语的方言。所以只要用粤语，和古人对话时就能畅通无阻了。

那么，古人的语音究竟是怎样的？如何确定字词的古音？讲粤语真的就可以和古人"无缝衔接"了？

解释这些问题，要先从汉语的独特性质说起。与拼音文字不同，汉字很大程度上独立于语音——也就是说，语音的改变并不反映在文字上。这一特点不但让一般人对于语音的变化缺乏认识，为穿越徒增困难，还给研究历史音变的专家增加了麻烦。古人并没有留下任何音频、视频，现代读音又受汉语语音复杂的历史变迁干扰，语言学者怎么就知道现代哪些字词的发音与古代相同，哪些不同呢？

第一，靠韵书。韵书大体相当于古代的字典，自然要标注读音。汉语韵书普遍采用反切法：将一个字的声母和韵母声调分拆，分别用其他字标注。举例来说，《大宋重修广韵》中"东"就被注为"德红切"——采用"德"的声母，"红"的韵母和声调。当然，要读懂反切法，必须先知道所用字的读音，在这点上今人远远称不上清楚明白。不过，对反切注音的整理虽不能直接确立读音，但能得出当时语音系统的框架。

第二，靠汉字本身。汉字并非完全独立于语音，通过对大量形声字古今声旁的对比，可以获得一些线索。如"路"的声旁为"各"，普通话中两字的读音根本就不搭界，但古人会用"各"作"路"的声旁，说明在古代两字读音必然接近。

第三，诗文押韵。海、峙、茂、起、里、志，一眼看去，似乎没有什么联系，也几乎没有任何一种汉语方言可以使它们的读音同时押韵。可是在曹操《观沧海》一诗中，这六字押韵。整理诗词押韵的变化，也是研究古音的重要方向。

第四，外语和现代方言。外语主要指曾被大量翻译进汉语的语言，如佛教用语梵语和巴利语。家喻户晓的夜叉／药叉来源于梵

语 यक्ष（yakṣa），即可说明当年夜 / 药的读音很可能接近 ya 或 yak，和现代汉语中的读音不同。

最后，还有些散见于文献中并不系统的描写。如《吕氏春秋》中，东郭牙观察到齐桓公口型"呿而不唫"（开而不闭），成功判断出齐桓公"所言者'莒'也"，由此将齐桓公和管仲谋划讨伐莒国的事泄露了出去；与之相反的是，今天的普通话呼"莒"的口型甚小。由此可以看出，古书中的类似描述可以帮助人们推断古音。

通过以上方法综合分析，我们可以回溯古代汉语的读音体系。

举例来说："塔"来自巴利语 थूप（thūpa），在《广韵》中为"吐盍切"，一般认为属于盍韵，而在现代方言粤语中读作 taap，朝鲜汉字音读作탑（tap），综上所述，我们可以认为"塔"和同韵母的所有盍韵字（如阖、盍等字）在古代韵母非常有可能均为 ap。

目前，学界普遍以《切韵》《广韵》等书中记录的语音作为中古汉语基准，复原可信度已经相当之高。

以此来对照，粤语是否就符合汉字的古代读音呢？广东人就可以顺利穿越到唐朝，交流无碍？遗憾的是，这是个彻头彻尾的幻想，没有一丁点儿可信的成分。

和现代一样，古代不同地区之间也存在语音差别。唐朝时，广东还属于中原人眼中的"蛮荒"地区，韩愈被贬至潮州时绝望到写出了"知汝远来应有意，好收吾骨瘴江边"的诗句。当时的广东话和其他地区，特别是"高大上"的中原口音存在着显著差别。

禅宗六祖慧能出生于新州（今广东新兴），他初见五祖弘忍时，弘忍责曰："汝是岭南人，又是獦獠，若为堪作佛？"后来慧能拜别弘忍时也自称："慧能生在边方，语音不正，蒙师传法，今已得悟，只合自性自度。"其实，慧能本籍为河北范阳，家在岭南不过一两代人的工夫，但是已经"语音不正"，说明至少唐朝中原人氏并不觉得岭南人讲话与自己相同。

当时真正地位崇高的语音，一向是中原读书人的口音，尤其是洛阳一带的口音。

东晋永嘉南渡后，士大夫诵读的口音被称为洛生咏，备受推崇。《颜氏家训》中谈及语音时称："榷而量之，独金陵与洛下耳。"唐宋时期，洛阳读书人的发音仍然有极高的地位。北宋寇准和丁谓一次谈及语音，论及天下语音何处为正，寇准说"惟西洛人得天下之中"，丁谓则说"不然，四方各有方言，唯读书人然后为正"。到了南宋，陆游《老学庵笔记》中仍有"中原惟洛阳得天地之中，语音最正"的说法。

但是即使粤语不是唐朝官话，相对于北方官话，粤语仍真实地保留了不少中原旧音。中唐以后，北方陷入长期战乱，汉语由中古汉语演变为近古汉语，唐懿宗时胡曾作《戏妻族语不正》一诗，其内容就生动反映了当时的语音变化。此时，偏居一隅的岭南却很少受到北方发生的音变影响。

南宋朱熹《朱子语类》中有如下评价："四方声音多讹，却是广中人说得声音尚好，盖彼中地尚中正。自洛中脊来，只是太边南去，故有些热。若闽浙则皆边东南角矣，闽浙声音尤不正。"可以看出，当时的读书人认为广中人继承了中原洛阳地区的语音，所以"尚好"。

宋元明清四朝，北方语音变化愈厉，相对而言，岭南地区更加安定，语言的保守性愈加突出。经济上的发展，更令曾经的"蛮荒之地"挺起了腰杆，尤其是广州的发展水平逐渐超越了中原地区，岭南人的文化自信逐渐提高，并自视为古中原的继承者。

广州人陈澧在《广州音说》里面就明确指出"广州方音合于隋唐韵书切语，为他方所不及者，约有数端"，并举例论证：广州话能分阴上阳上阴去阳去，有 -m 尾，"觥公""穷琼"读音不同等。

（不过广州"九""狗"无别，"呼""夫"不分等不合古音的方面就被选择性地无视了。）

由此他提出了一个我们很熟悉的论断："至广中人声音之所以善者，盖千余年来中原之人徙居广中，今之广音实隋唐时中原之音，故以隋唐韵书切语核之而密合如此也。"陈澧可算是以粤语为唐朝官话说法的滥觞了。

与粤语对中原语音的继承相比，北方汉语则被认为因为"胡化"而丢失了自己的传统。

多数人并不了解真正"胡化"的语言是什么样子。金元时期曾经流行过一种奇怪的汉儿言语，语序近似蒙古语，语法也受阿尔泰语系影响，具有如复数加"每"等与汉语明显不同的特点。

元碑中"长生天气力里，大福荫护助里，皇帝圣旨"这种现代看来很拗口的句式，即为汉儿言语的特征，但明朝以后这种语言就逐渐消亡了。实际上语音变化本为常态，虽然北方话由于社会动荡等原因可能变得比某些南方方言快了些，但很难将这些变化尽数归咎于胡语影响，如入声在中原的弱化至迟在北宋已经开始，彼时离"金元虏语"还早得很呢。

所以，想要穿越回唐朝，能讲一口流利的粤语恐怕也没有什么用。不过我的这本小书倒是可以分享给大家一些音韵学知识，告诉大家古往今来无以计数的语言中有过多少让人眼花缭乱、忍俊不禁的趣事，以及如果有朝一日你真的穿过了某个虫洞或者一梦醒来惊觉时空错乱，发现自己身处唐宋元明清，虽然你可能还是听不懂对方说的是什么（毕竟这需要掌握大量的音韵学知识并接受长久的专门训练），但如果你以前是死都不知道怎么死的话，那么以后可谓能死得明白了！

目 录

普通话与拼音

方言与古汉语

语言与文化

姓名与称谓

异域与新知

普通话与拼音

差点成为普通话的，是你没见过的老国音

传闻民国初立，为决定官方语言，粤籍议员与北方议员互不相让，在投票中粤语和北京话票数持平。关键时刻为顾全大局，孙中山对粤籍议员晓之以理、动之以情，并亲自投给北京话一票，才避免了更大的纷争。

还有一个与之非常相似的故事：1949 年，为决定官方语言，川渝元老与北方元老互不相让，川话和北京话票数持平。关键时刻为顾全大局，毛泽东晓之以理、动之以情……

显然，这两个故事源自同一母题并且都是虚构的。无论是 1949 年之前还是 1949 年之后，都根本没有过针对粤语、川话 vs 北京话的投票。

这类传说最早可以追溯到美国差一点选择德语作为官方语言的传闻。18、19 世纪，大批德国人移民海外，美国是其重要选择。如今，全美人口的 17.1% 自称德国后裔，比例远高于爱尔兰、英格兰、苏格兰，德裔遍布美国，特别在中西部有相当大的人口优势，当时也是一样——北美殖民地中，德国移民的比例高于英国移民。正因为德裔在美国的重要地位，德语差点成为美国官方语言的传闻似乎颇为可信。传闻中也有一个孙中山、毛泽东式的人物——美国首任众议院议长弗雷德里克·米伦伯格。为顾全大局，身为德裔的弗雷德里克·米伦伯格也对他们晓之以理、动之以情……

这与历史上的真实情况可谓相差十万八千里。1794 年，一些德裔移民要求美国政府提供部分法律的德文版，该提案以 42 比 41 的票数比被否决，米伦伯格在投票中弃权，但事后评价道"德国人越快变成美国人就越好"。而民国初年制定官方语时确有争议，只是和北京话竞争的并不是广东话、四川话、陕西话之类的其他地方方言，而是人造的老国音。

由于老国音早已不再使用，一般人全然不知，自然也无法在民间的各种段子中出场，历史的本相和制造老国音的缘起也就这样渐渐被遗忘了。

秦朝开始，中国就实现了"书同文"，文化、政治上的大一统格局由此奠定，但"语同音"一直没有实现。古代人口流动性不强，地区间的交流靠着统一的文言文就可以维系。汉字本身对读音指示作用低，也让各地区的差异化读音得以保存、发展。

不过在一个统一的政权下，各地方毕竟有语言上的沟通需要。同时，战乱等原因引起北方人大规模南迁，将中原一带的官话带至南方。文化上对中原的推崇，也在事实上推动北方中原官话成为地区间交流的主要方式。

到了明朝，官话已经形成了南北两支。北系官话的通行范围覆盖今天的华北大部，而南系官话主要分布在长江流域。两者虽有差别，但在今天学者看来，实质上都属于北方方言，交流障碍不大。

明朝传教士利玛窦在给欧洲同僚的信件中描述："中国十五省都使用同样的文字，但是各省的语言不通。还有一种通用的语言，我们可以称它为宫廷和法庭的语言，因为它通用于各省法庭和官场。"他还在回忆录中说道："各省的方言在上流社会中是不说的。学会了官话，可以在各省使用，就连妇孺也都听得懂。"例如，以明朝官话演唱的昆曲就在全国流行。

明朝的官话与现在的官方语言不同，其散播以自然传播为主，真正由官方推广通用语言始于清朝。明末清初的浩劫之后，官话在全国的流行度大大降低，在远离北方的闽粤地区更趋于萎靡，这引起了雍正的不满。《癸巳存稿》记载："雍正六年，奉旨以福建、广东人多不谙官话，着地方官训导，廷臣议以八年为限。举人生员贡监童生不谙官话者不准送试。"

此后，闽粤各县随即纷纷成立正音书院教导正音。措施不可谓不严厉，不过正音书院的教学成果实在有限。清朝已是权力最为集中的朝代，雍正无疑更是位雷厉风行的皇帝，正音书院一塌糊涂的教学成果实在是另有原因，位于福州的正音书院的失败案例可为镜鉴。

虽同属官话方言，但是江淮官话、西南官话、北京官话在语音上存在着差别。书院连应教仍有巨大影响的南系官话（尤以南京官话最著），还是教正在崛起的北京话都一直摇摆不定，权力再集中自然也没有用武之地。

当时既缺乏对官话的系统性整理，更没有编写体例科学的教科书。如福州正音书院因为没有师资，迫于无奈只得找了几个驻防福州的旗人。

这样的老师自然不可能会教，据记载福州驻防旗人上课头几句就是"皇上，朝廷，主子的家；我们都是奴才"，这样的教法只会沦为笑柄，反倒加重了当地汉族士子对北京话的反感。

普通话真正有效的推广还是在民国时期。清末民初民族热情高涨，很多人将目光投向四分五裂、有碍团结的地方方言上。1913年，民国召开读音统一会，决定在全国范围内推广"国音"。

当时北京话已有很高地位，有成为全国通用语的趋势。民国初期定都北京，并没有经历传说中的投票，而是与会者同意"国音"以京音为基础，但要经过一定的修改。

上古汉语	周代	尔雅，引申为雅言	复辅音声母，无轻唇音，无舌上音
	秦汉时代	雅言，也称正音、通语	复辅音声母，无轻唇音，无舌上音
	魏晋时代	大广益会玉篇音系、金陵雅音	平上去入四声形成，轻唇音逐渐产生，舌上音产生，庄组齿音声母产生
中古汉语	隋唐时代	切韵（隋）	平声 54 韵，上声 51 韵，去声 56 韵，入声 32 韵
		唐韵（唐）	帮滂并明、端透定泥来
	两宋时代	广韵（北宋）	36 个声母，206 个韵母（含声调），-m、-n、-ng、-p、-t、-k、-i、-u，8 个韵尾
		平水韵（南宋）	106 个韵母（含声调）
近代汉语	元代	中原音韵、汉儿言语	官方韵书是《中原音韵》，实际上是带有蒙古口音的汉语（汉儿言语）
	明清时代	南京官话、韵白（明，清初）	20 个声母，分尖团，76 个韵母
		北京官话（清中期以后）	21 个声母，39 个韵母（不含声调），前期分尖团，后期不分尖团

标准汉语的演变

辛亥革命后，北京话因为是清廷的语言招人憎恶，但它更麻烦的问题恐怕还是在于没有入声。

中古汉语中以 -p、-t、-k 收尾的音节即为"平上去入"中的入声。保留中古汉语入声格局的方言不多，粤语是其中之一。去过香港的人都知道，香港国际机场亦称赤腊角机场，英文为 Chek Lap Kok Airport。赤腊角三字均为入声字。在绝大多数现代汉语方言中入声都发生了相当大的变化，有的是一个尾巴丢失，如潮州话；有的三个都混到了一起，如上海话；还有的干脆失去了短促的特征，变成了一个纯粹的声调，如长沙话。

作为方言，入声的改变不会引人注意，但若是推广为国音，这就会成为招人攻击的把柄。中国传统的韵文，如诗词歌赋，往往讲究平仄和谐。中古汉语四声中，平声为一类，上去入三声为另一类，统称仄声。古汉语中平声时长较长，仄声较短，平仄有规律地交错会产生声音长短谐和的美感。人们为了追求这种谐和，在诗词创作时都非常注意平仄的使用。

平仄窜乱，被称作失格。在科举考试中出现这样的失误，不管该诗意境多好文采多么美妙，都是直接出局。虽然后世平长仄短的格局早已被打破，但规矩已根深蒂固，被视为传统文化的标志。北京话的独特在于入声消失后又派入了现代四个声调，大量入声字进了阴平阳平两个平声声调，所以平仄尤其混乱。

保守人士出于继承传统的考虑尤其不喜欢北京话，认为

诗词格律之一例：清康熙五十四年内府刊朱墨套印本《钦定康熙词谱》中的苏轼《水调歌头·明月几时有》

它会严重影响人们对古典文学作品的理解。这造成了另一个奇怪的对立格局：北京口语音和北京读书音。一直到民国初年，老北京读书人并不用市面上的北京口语音读书，而是另用一种北京读书音。其特点在于所有的入声字都读成短促的去声，韵母上也模仿南支官话，人为重现了在北京口语中已经消失了几百年的入声。

现代这种读书音已然式微，但留下了零星的痕迹。北京话的部分多音字，如"剥"皮—"剥"削、"削"皮—"削"弱、"择"菜—选"择"、家"雀"—"雀"鸟，后一个读音正是源于读书音。

所以北京口语音并不能获得读书人的认同。著名学者傅斯年在北京学了一口京片子，却被家人指责为在说"老妈子的话"。祖籍常州、生在北方的赵元任幼时在家里说北京话，读书却被要求用常州话。一次，赵家请的北方先生把入声字"毓"读成了去声，赵父大惊失色，旋即将其辞退。民国初期确立的国音，正是在北京读书音的基础上，恢复了入声的修改版本。

但是京音势力并不买账。主张纯用北京话的京音派仍有强大力量，不少学校甚至出现了国音派与京音派的互殴。1924 年，民国官方的国语统一筹备会改弦更张，决定以京音为国音。京音派胜利了，国音派主张的语音就成"老国音"了。

自此北京话取得了"京国之争"的胜利，顺利成为普通话。中华人民共和国成立后在标准语方面延续了民国的传统，普通话日趋强大，在不少地方已经取代了当地方言，读音统一

当年的推普教材。王璞是北京读书人的代表，书中比较了国音、北京读书音和北京口语音

正在从愿景变为现实。但北京话平仄混乱的毛病并没有解决。以普通话为母语的人若想写传统诗词，须逐字记忆声调，十分辛苦。

天无绝人之路。让民国时期的读书人怎么都想不到的是，后来的国人学会了一种新的旧体诗词，即所谓的"老干体"。它以豪放大胆出名，对格律要求完全不顾，押韵、平仄随心所欲。从此普通话克服了曾经最大的障碍，"续接传统有望"，老国音可以彻底退出历史了。

从南系官话到普通话：国语是如何统一的

中国历史悠久，而且和欧洲情况不同。在整个历史时期当中，中国政治上时分时合，文化上却一直是一个较为统一的整体，尤其以汉字为载体的书面语，自秦以降始终通行全境，避免了像西欧语言那样分化导致文化差异拉大，最终造成永久性政治分隔的局面。

但是，与高度规范统一的汉语书面语相比，汉语口语的情况要复杂得多。

历史上的普通话

虽然中国历史上的跨区域交流以书面交流为主，但是古人对口语的标准音也不是全然无视。早在春秋时期，孔子在教学时就采用了当时的标准音"雅言"。而中古时期创作近体诗时更是要严格根据《切韵》系统韵书的规矩，如果出现错韵，在科考中是会被直接判作不及格的。

传统上中国人向来尊奉中原地区的方言，所以中原地区的方言也就一次次地对其他地区的方言进行洗刷。在不少方言现今的读法中还能看出这种历朝历代标准音留下的痕迹，如上海话"行"在"行李"中读 ghan，在"行动"中读 yin，后者即受到近古标准音的影响。

标准音影响力的大小随时代不同而有所变化，大体上说，越是在全国政治统一、交流频繁的时代，标准音的影响力就越强，甚至可以整体取代地方方言，反之则越弱。

但上古中古的标准音距离现在已经相当遥远，论及推广国语的历史，明朝是最佳的起点，建国伊始即发布《洪武正韵》，试图推广标准音并设立新的尺度，一扫前朝"胡风"。但是《洪武正韵》是一本相当保守的韵书，间杂有吴音影响，它记载的语音并未真正在明朝人的口语中通行过。明朝真正的官话是一种以读书人口中的南京话为根基的语言。

宋元以来，由于南北地方长期的隔离和政治中心变动，中国通行的官话逐渐发展成为南北两支。北系官话主要流行于华北地区，《中原音韵》反映的语音即其代表，而南系官话则在南方流行。

两支官话最主要的区别在对入声的处理上，北系的入声消失较早，甚至演化为双元音，而南系的入声仍然保留，如：白字，北系读 bai，南系读 beh；鹤，北系读 hau，南系读 hoh；黑，北系读 hei，南系读 heh；瑟，北系读 shy，南系读 seh。此外，两系官话虽然都有翘舌音，但在语音系统中的分布范围却不一样。如知、支、淄三字北系为知≠支＝淄，后两者同音，而南系则为知＝支≠淄，反倒是前两者同音。

按理说经过元朝的统治，北系应该更占优势。从其主要分布来看，华北几乎都是说官话的地方，而东南地区普遍说和官话相差甚大的六种南方方言（吴、闽、客、赣、湘、粤）。据明朝西方传教士观察，只有读书人和上流社会使用官话，北系的群众基础远远好于实际使用范围限于南京附近的南系官话，如此看来南系官话覆灭似乎是顺理成章了。

但是南系官话也有其独到的优势——南系官话保留了入声，

因此在保守的文人看来远比北系更适合用来阅读传统的诗词歌赋。明朝作为一个"以复古为己任"的朝代自是更中意保守的南系官话。更为重要的是，明朝对西南地区的开发在当地引入了大批移民，这些移民为了交流方便也采用南系官话，从而让它有了一大片稳固的领地。随着昆曲在士人阶层中的流行，南系官话的传播更加广泛，以至于华北地区也受到了南系官话的影响。

混乱的清朝标准语

进入清朝以后，在相当长的时间内官方通行的标准音仍然是以南系官话为基础，但是这种标准音的日子可是越来越不好过了。

比如东南的读书人逐渐抛弃了官话，转而采用当地方言。清朝成书的《儿女英雄传》中有个非常有趣的片段：

安老爷合他彼此作过揖，便说道："骥儿承老夫子的春风化雨，遂令小子成名，不惟身受者顶感终身，即愚夫妇也铭佩无既。"只听他打着一口的常州乡谈道："底样卧，底样卧！"

论这位师老爷平日不是不会撇着京腔说几句官话，不然怎么连邓九公那么个粗豪不过的老头儿，都会说道他有说有笑的，合他说得来呢。此时他大约是一来就持过当，二来快活非常，不知不觉的乡谈就出来了。只是他这两句话，除了安老爷，满屋里竟没有第二个人懂。

原来他说的这"底样卧，底样卧"六个字，底字就作何字讲，底样，何样也，犹云何等也；那个卧字，是个话字，如同官话说"甚么话，甚么话"的个谦词，连说两句，而又谦之词也。他说了这两句，便撇着京腔说道：

"顾（这）叫胙（作）：良弓滋（之）子，必鸭（学）为箕；良雅（冶）滋（之）子，必雅（学）为箕。顾（这）都四（是）老先桑（生）格（的）顶（庭）训，雍（兄）弟哦（何）功滋（之）有？伞（惭）快（愧），伞（惭）快（愧）！嫂夫呐银（二字切音合读，盖"人"字也）。面前雅（也）寝（请）互互（贺贺）！"

　　书中的常州师爷在说"良弓之子，必学为箕"这种《礼记》中的古奥用词时仍然使用方言，可见官话并不熟练。距离北方较近、人文荟萃的苏南一带尚且如此，更靠南方的地区官话的衰落程度可想而知。也难怪雍正因为听不懂原籍福建、广东的官员说话而下令在闽粤两省设立正音书院了。

　　同时，新起的北京话对南系官话的地位形成了挑战。

　　北京虽然位于华北平原的北端，但是自中古以降一直是华北乃至全国重要的政治经济文化中心，由于江南士子在科举考试方面的压倒性优势，大批习用南系官话的江南籍京官作为社会上层在此活动。在这些南方人的影响下，北京话虽然底子是北系官话，却深受南系官话的影响。南系官话往往作为北京话中的文雅成分出现，如北京话的剥字，南音为 bo，北音为 bao，前者用在文化词上，后者只是口语。还有不少字如瑟、博等，北京话更是完全抛弃了北系读音，只保留了借入的南音。

　　北京地区的读书人甚至搞出了一种叫北京读书音的玩意儿，只用于读书。这种北京读书音在入声方面极力向南系官话靠拢，入声字被读出似去声的短促独立声调，以供分辨平仄。

　　随着历史演进，融合了南北两系官话的北京话在北京首都地位的加持下地位愈来愈高，甚至西方传教士也逐渐开始记录北京话的发音，用作教材。威妥玛拼音就是其中影响比较大的以北京音为准的拉丁拼音，这说明北京话正在逐步建立起通用语言的地位。

　　传统的力量是强大的，于是晚清时期的汉语标准语出现了极其混乱的局面，新贵北京话、影响力逐步下降但实力犹存的南系官话和各地方言互相争抢地盘，情况极为混乱。

　　随着中国逐渐向现代民族国家转型，加之跨区域交流需求的急剧增加，这种混乱局面亟待改善。

国语的确定

　　退一万步说，随着中国渐渐融入全球体系，对外通信变得频繁。国内无论方言如何混乱，地址写成汉字后都可以确保准确投递，但是如果是一个不通汉字的老外给一个中国地址去信，一套统一的拉丁字母表示法就相当重要了。

　　1906 年春，在上海举行的帝国邮电联席会议决定设置一套拉丁字母拼写中国地名的系统，这套系统被后人称为邮政式拼音。邮政式拼音充分体现了晚清时代标准语的乱局：方案总体上采纳用来拼写北京话的威妥玛拼音，但又对老官话进行了相当大的妥协。

　　如邮政式拼写分尖团音，新疆用 Sinkiang 表示，天津则为 Tientsin。而入声字也在相当程度上得到保留，如承德拼 Chengteh，无锡拼 Wusih。甚至为了区分陕西、山西这对省份，在陕西的拼写上用了非常保守、当时已经消亡的老官话音 Shensi 以和山西 Shansi 区分。在闽、粤、桂这三个方言特别强势的省份，则采用当地方言拼写，如厦门拼 Amoy，佛山拼 Fatshan 等。

　　这种混搭风格延续到了民国时期。中国的长期贫弱很大程度被归咎于中国国民人心涣散，而语言不统一则被时人认为是人心不齐的罪魁祸首。因此民国刚建立即着手制定标准音，并于 1913 年经"读音统一会"讨论制定出一套老国音。

读音统一会讨论过程相当激烈，会员中江浙代表占了多数，甚至出现了"浊音字甚雄壮，乃中国之元气。德文浊音字多，故其国强；中国官话不用浊音，故弱"之类令人啼笑皆非的说法。这令北方各省会员极其不满，以"是否苏浙以外更无读书人"为由，强烈要求采用一省一票制度。最终北方代表的呼声被采纳，读音统一会以一省一票的方法表决出了6500多字的老国音。

和邮政式拼音一样，老国音也相当混搭。总体上说老国音采纳了北京音作为基础，但是在中间糅合了不少老官话的内容，如入声和尖团音之别。而在入声的读法上，则有按照南京式的短促高音和北京读书音式的似去而短两种处理方法。此外，与老国音配套的注音字母也应运而生，这套注音字母相当流行，甚至于有人改进后用作方言的注音，如苏州人陆基就设计了苏州话用的注音字母，效果尚可。

但是老国音的推行并不顺利。老国音的杂糅性质使得其很难被人自然地宣之于口，因此推广需要投入大量成本，而对于始终处于混乱状态的民国而言，推广一种普通话显然并不是首要任务。于是在整个民国初年，主张直接采用北京话作为全国标准语的京音派始终和国音派争吵不休，甚至发生过学校老师因分属两派而互相斗殴的事件。

到20世纪20年代后期，老国音终于被废，北京音取得了标准语的地位。伴随京音派的胜利，民国政府颁布了新的拼音标准，即所谓的国语罗马字。

国语罗马字迎合了"汉字不废、中国必亡"的思潮，因此创作目的即是彻底取代汉字。其特点是用拼写来区分声调，不加附加符号，如七、其、起、气，分别是chi、chyi、chii、chih；抛、袍、跑、炮，分别是pau、paur、pao、paw。由于难学难用，也相当不美观，因此国语罗马字在使用上非但没能取代汉字，甚至连威妥玛拼音都未能替代。只有在诸如"陕西""山西"这种威妥玛难以准确记录其发音的情况下，国语罗马字才有一定使用价值，现代的 Shaanxi 和 Shanxi 之分即来源于国语罗马字的 Shaanshi 和 Shanshi。

　　整个民国时期，标准音虽然已经制定完备，但由于战乱频仍，并未得到很好的推广，官定的拉丁方案国语罗马字更是沦为小众文人孤芳自赏的产物。不过无论如何，历经晚清到民国、包容南北的北京话彻底建立起了其语言权威，它作为全国范围内的通用语已经成为既成事实，这种态势一直延续到了今天。但民国常用的拼音方案如威妥玛、邮政式、注音字母乃至国语罗马字则均在中华人民共和国成立后被汉语拼音所取代，今天在中国大陆已经少有人使用了。

汉字能简化为拼音文字吗

民间一直以来都有呼吁恢复繁体字的声音。2015 年两会期间，有全国政协委员提议要从文化传承角度适度恢复繁体字，理由看似非常有道理——繁体字更有文化内涵，如"親"和"愛"，分别有表明了其某种特质的"见"和"心"，意蕴深长，优于简体字版本。

这不是"部分恢复繁体字"的呼声第一次在两会中出现。2008年，几位全国政协委员就曾经联名提出恢复繁体字，他们认为繁体字是中国的根，为了文化传承，就算不使用也要认识。

这些提案具有相当的代表性，他们分别从使用功能和文化传承的方面力陈繁体字的优越性，而这也正是多数主张恢复繁体字的人格外看重的因素。

实际上从使用角度来看，简体与繁体的功能性差别非常小，根本谈不上取代与否，历史上汉字演变经历了从甲骨文、金文、篆文到隶书、楷书的过程，它们并没有功能上的本质差别。与之逻辑相似，却更有讨论价值的，其实是彻底用拼音文字取代汉字。这个争论早在 20 世纪初就已经出现，并在 50 年代《汉字简化方案》出现前后达到高潮。

目前，世界上绝大部分文字均为拼音文字，汉字是主流文字中唯一一种没有演变为拼音文字的。从功能性方面反对汉语拼音化的理由中，同音字多可能是最有道理的一个，这也是汉语和其他主要语言相比非常鲜明的特点。

汉字简化若纯用拼音，容易导致歧义，甚至会造成现实经济损失——韩国修建京釜高铁时，由于防水、放水读音相同，均为**방수**（bangsu），在不标汉字的情况下，工人竟误把水泥上的防水字样当成了放水，导致大量混凝土枕木龟裂。

更有人喜欢引用赵元任教授的游戏之作《施氏食狮史》来讲述拼音化的不可行：

石室诗士施氏，嗜狮，誓食十狮。施氏时时适市视狮。十时，适十狮适市。是时，适施氏适市。施氏视是十狮，恃矢势，使是十狮逝世。氏拾是十狮尸，适石室。石室湿，施氏使侍拭石室。石室拭，施氏始试食是十狮尸。食时，始识是十狮尸，实十石狮尸。试释是事。

如果用拼音的话，就会出现所有文字拼写都相同的一幕：

Shi shi shi shi shi shi, shi shi, shi shi shi shi. Shi shi shi shi shi shi shi shi. Shi shi, shi shi shi shi shi. Shi shi, shi shi shi shi shi. Shi shi shi shi shi shi, shi shi shi, shi shi shi shi shi shi. Shi shi shi shi shi shi, shi shi shi. Shi shi shi, shi shi shi shi shi shi shi. Shi shi, shi shi shi shi shi shi shi shi shi. Shi shi, shi shi shi shi shi shi, shi shi shi shi shi. Shi shi shi shi.

表面上看，汉语的同音字确实很多，光是一个 yi 的音节，就有几百个常用字和次常用字。如果使用拼音，"意义""异议""熠熠""意译""翼翼"就全都变成一个写法了，确实会产生很大的不便，这样看来，似乎汉字的地位无可取代。

不过,现代人的难题在历史上早已有了解决方法,用不同的拼音文字来书写汉语早已有之,它们也都有不错的使用效果。现今最早用大段拼音文字记录的汉语可能当属唐朝时吐蕃汉人用藏文拼写的汉语。

吐蕃曾是一个有相当实力的帝国,极盛期曾北进控制塔里木盆地,东边频频侵扰唐朝,并于公元 763 年一度攻陷长安,唐朝被迫请回鹘帮忙才把吐蕃人赶了回去。

从公元 781 年开始到公元 848 年,河西走廊长期被吐蕃盘踞,直到归义军兴起才摆脱了吐蕃的桎梏。众所周知,河西走廊是长期讲汉语的地方,但吐蕃百余年的统治相当程度上藏化了当地汉人,诗人司空图甚至有"汉儿尽作胡儿语,却向城头骂汉人"的感慨。

敦煌为河西走廊的文化中心。由于吐蕃腹地文化水平较低,吐蕃攻陷敦煌后借助汉人善造纸的技能建立了抄经所,强迫汉人用藏文抄

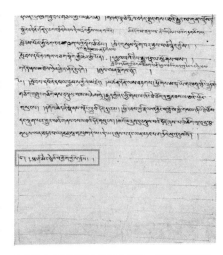

在某封文档下的藏文字母的签名。根据读音推测,文本前几个字为"副使孟怀玉"的藏文拼写,其实签名者是一个汉人

经,敦煌就此成为藏文经卷的主要传抄地,当地汉人也多通藏文。

这其实就是一种汉字拼音化的改造。藏文字母不仅被用于较短的应用文中,颇多较长的文本也用了藏文字母拼写,譬如下页图所示的这份敦煌经卷中,有一段藏文字母拼写的《游江乐》民歌全文:

春风细雨沾衣湿／何时恍惚忆扬州／

南至柳城新造口／北对兰陵孤驿楼／

回望东西二湖水／忽见长江万里流／

白鹤（鹭）双飞出溪壑／无数江鸥水上游。

尤为有趣的是这一文本写成的年代已是归义军时期，文本正面即为汉文抄写的《大般若波罗蜜多经》，这说明了敦煌汉人可能并不觉得汉文相对藏文就特别好用——虽然官方恢复了汉文的使用，抄经的任务不再必须使用藏文应对，但这不妨碍他们继续用藏文字母拼写汉语。

这个改造的例子延续时间有限，随着河西走廊慢慢摆脱吐蕃影响，用藏文写汉语的做法也渐渐消亡。而且唐朝敦煌方言与现代汉语有所不同，它的语音较为复杂，同音字较少，因此藏文拼音这种特殊写法使用起来具有更高的识别度。

中古以后，汉语的语音体系剧烈简化，同音现象骤增。但即使如此，也并不一定非要依赖汉字来消除歧义。近现代时期，也仍然有用其他书写形式书写的汉语。人们在不依赖汉字的情况下不仅仍能满足基本的交际需求，还在此基础上诞生了复杂的文学作品。

元明清时期，中国整体文盲率高，尤其是在远离文化中心的西北地区。但是人们生活中总有对书面语的要求，如学习、通信等，西北某些回族人为了克服不识文字带来的不便，从阿拉伯字母中取材，创制出了一种被称为"小儿锦"的文字。

小儿锦也称小儿经，大体上就是用阿拉伯字母拼写的当地汉语方言。由于地域和个人差异，拼写法上往往也稍有不同。阿拉伯字母本身在表示声调方面乏善可陈，小儿锦也不区分声调，幸好西北陕甘地区的汉语声调体系本就相当简单，并未造成严重不便。

而在 19 世纪中叶之后，陕甘地区一部分回族人迁居中亚。他们被当地的突厥语民族称为东干人，他们说的汉语也就成了所谓的东干语。

东干人中的绝大多数都不通汉字。在 20 世纪中叶，苏联为他们创制了用西里尔字母拼写的东干文——实质上就是一种用西里尔字母书写的汉语。

这两种文字都较为忠实地记录了口语。由于不标声调，也存在类似小儿锦的弊端，但他们创造性地发明了不少解决方法——口语中遇到歧义时，往往会以其他词语替代，虽然这样做有时会造成书写文字和口语的差异。这就好比文字上很少有人会避免使用"期终"，但在口语中则颇有些人会说"期末"以避免和"期中"相混淆。

东干文的使用者并不局限于日常生活的交流，还在新文字基础上创造出全新的文学形式。由于距离较远，他们对于汉语文化中雅正的诗词歌赋较为陌生，而且不指望科举功名，也并无需求，所以他们的文学和自己的生活更贴近，并富有族群特征。这种差异可能会让汉族人难以理解。

东干文豪亚西尔·十娃子（Ясыр Шывазы）的诗歌是东干文学的代表作品：

Бый хӳтер【白蝴蝶儿】

Тэйон җошон, бый хӳтер，【太阳照上，白蝴蝶儿】

Ни тэ гощин.【你太高兴】

Ни лян жин гуон фадини,【你连金光耍的呢】

Чиди чун фын.【骑的春风】

Йисыр ни до тяншонли,【一时你到天上了】

Зущён бый юн.【走向白云】

Йисыр зу до хуайүанли.【一时走到花园里】

Ба щян хуар вын.【把鲜花儿闻】

Жяр хуардини, вə канди,【拣花儿的你，我看的】

Ниди щин го.【你的心高】

Дусы ниди да хуайүан,【都是你的大花园】

Ни ющир луə.【你有心儿落】

Ни лян хун хуар фадини,【你连红花儿耍的呢】

Тэённйибан.【太阳一般】

Дын нидини мо жүхуар.【等你的呢毛菊花儿】

Щүəбый модан...【雪白牡丹】

Нисы чунтян, гуон зоди【你是春天，光找的】

Хуар кэди вон.【花儿开得旺】

Зун луəбудо, хүтер-а,【总落不到，蝴蝶儿啊】

Жин фуершон.【金树叶儿上】

　　在当下任何一个受过教育的中国人看来，这首所谓的诗恐怕都有些过于通俗，但是文学根植于语言使用者的环境之中。东干人只是语言上选择了汉语，他们的习俗、环境迥异于中原，对文学的理解自然也相当不同。在他们看来，这是一首真正的好诗。

　　历史上的案例对当下争论的借鉴意义毕竟有限，虽然汉字在功能上有被取代的可能，但对汉字体系的彻底放弃会造成巨大的文化断层，而繁简的区别远不能说可以产生这么重大的文化影响。

对于一个熟悉简体字的中国人来说，从识简到识繁并非一条不可逾越的鸿沟。20 世纪 80—90 年代，大陆的大量音像产品来自港台地区，可并没有太多人抱怨片子的繁体字幕看不懂。

恢复繁体字对接续传统的有效性更是值得怀疑，就算以繁体字进行基础教育，也未必就能提高对传统文化的认知。真正的差别或许主要在于对古文的体系的理解，无论是用简体还是用繁体，未受过系统教育的人对于文言文的理解其实都非常有限。普通人突然学会繁体字，也不可能就摇身一变，成了"龙的传人"。

当下，简体字在中国已经全面铺开，擅动文字体系的益处相当有限，而且很可能需要支付类似韩国高铁事件的高昂的经济和社会成本。

但是，繁体字作为自汉字隶定以来几千年稳定使用的传统文字，社会不妨对其多点宽容，在非官方的场合对使用繁体字（如店招等）的限制可以放宽。

至于和中国港台地区乃至韩国等使用繁体字地区接轨的问题，语言学家郑张尚芳的意见颇有参考价值：将并（並、併）、后（后、後）等简繁一对多的情况加以小范围的校正，以使简体、繁体能够建立固定的一对一关系。如此一来，在当今的技术条件下，简体、繁体都可以非常方便地互相转化。

东干文等案例的最大启示或许是无论繁体字还是简体字，功能性上都并非不可替代。从实用角度来说，即使是改造为拼音文字，也总能有合适的手段出现。但文字的使用从来都不是规划的产物，它镶嵌在使用者的具体环境中，汉字能不能有简化字，可不可以简化为拼音文字的讨论，或许本就不适合以提案的方式进行。

汉语拼音为什么和英语读音对不上号

汉语拼音是中国人必不可少的辅助工具，学习语文要用，办理证件要用，出国生活也要用，但是它给很多人带来了意想不到的烦恼——老外似乎并不习惯汉语拼音的读法，如：Xing（邢）先生老外就鲜少能读对；Quan（全）小姐可能被读成关小姐；北京的复兴门最倒霉，Fuxing 的拼写可能会让人产生不好的联想。

就连著名大学似乎也对汉语拼音有抵触情绪。北京大学不叫 Beijing University 而要叫 Peking University，清华大学则是 Tsinghua University。

汉语拼音为什么和英语读音对不上号？而这些大学的英文名又都是如何来的呢？

各国文字有着不同的书写系统。一旦有人要和使用不同文字的其他人群接触，那么出于进行经济、文化交流乃至学习对方语言的考虑，把本国文字以另一种文字的形态转写就是非常必要的。

对于多数主流拼音文字来说，字母之间都有相对明确的对应转化关系，设计一套转写方案相对容易。古罗马时期罗马人和希腊人交流频繁，就产生了一套标准化的以拉丁字母书写希腊语词汇的方法，两种文字的转化几乎完全程式化，如希腊字母 Γ、Δ、Η、Θ、Ξ、Ψ 在拉丁文中就分别转为 G、D、E、TH、X、PS。

但是汉字并不是纯粹的表音文字，因此在文字上和一种拼音字母建立对应关系并不现实。

直到近代之前，中国人自己也鲜少有使用拼音的需求——历史上用拼音文字表示汉语的情况并不常见，一般只出现在由于各种原因游离于汉文化外的族群中，如部分西北地区的回族人在内部通信时使用阿拉伯字母拼写的汉语，即所谓小儿经。

因此，早期汉语拼音的设计者和使用者主要是外国人，只有极少数例外情况，如敦煌被吐蕃占领时期当地汉人用藏文字母拼写汉语。

至迟在汉朝，中国就开始和文字不同的异族交往。他们将汉语的发音用自己的文字记录，形成了拼音的雏形，如往来中国的粟特胡商将店拼为 tym，前来广州的天方商人则把广州拼作 khanfu（广府）。

但是这些早期拼音非常零散，并不系统，只是对需要的人名地名或汉语借词进行转写，并没有对汉语进行整体的拼音化。汉语拼音化真正走上正轨，还是从明朝开始陆续来到中国的西方传教士的功劳。

为了向中国人传教，西方传教士热衷于学习汉语。学习汉语可能尚算容易，学习汉字则门槛极高。于是西方传教士想出了用拉丁字母拼写汉语，并编纂字典以便学习的方法。

最早对汉语进行系统性拼音化的传教士为利玛窦和罗明坚。他们在 1583 年至 1588 年间编写了《葡汉辞典》，并用上了自己设计的汉语拼音方案。该方案奠定了日后传教士汉语拼音的基础，但传播不广，很快就湮没无闻了。

影响力较大的则是 1626 年由传教士金尼阁编著的《西儒耳目资》，它反映了明朝后期官话的读音。由于是传教士为西方人学习汉语方便所创，金尼阁又是法国人，因此《西儒耳目资》拼音较为接近法语以及拉丁语的正字法，如然的声母用 j 表示，后鼻音韵尾则用 -m 表示（霜拼写为 xoam）。

金尼阁之后，传教士纷纷设计起了自己的拼音。这些由传教士设计的拼音和金尼阁一样，也主要是为西方人学习方便，因此根据传教士自身来源、在华所在地等因素，这些拼音也有着不同的拼写。同样一个"庄"字，英国人写 chuang，法国人写 tchouang，荷兰人更是能写出 tschoeang 来。

不过这些拼音方案也有共同特征，如对汉语的不送气清音和送气清音用附加符号区别，如波／颇、多／拖、戈／科的声母分别写为 p/p'、t/t'、k/k'，在西方语言中一般用来表示浊音的 b、d 等字母因汉语官话中没有严格对应的音而往往被弃之不用。

大量在非官话地区活动的传教士也设计出种种方言拼音，特别在闽语区，传教士设计的福州话平话字和闽南白话字流行甚广，并被用作在当地办学的教学工具。闽语和其他汉语方言相差较大，写不出字的词很多，用汉字书写口语困难，不少当地民众甚至把这些拼音当作了主要的书面交流工具。直到 20 世纪 50 年代，林巧稚大夫在进行对台广播时仍然使用传教士创制的闽南白话字撰写讲稿。

但是这些拼音的流传都有很大的局限性，往往只能传于一时一地，难堪大用。真正有全国性影响的拼音方案，还要到 19 世纪末才问世。

1892 年，英国人翟理斯修订完善了威妥玛于 1859 年设计的拼音，形成了今天所谓的威妥玛拼音。威妥玛拼音和现代汉语拼音在不少地方已经相当类似。如用 ao 表示奥，ch' 表示产的声母。与之前的诸多拼音方案相比，威妥玛拼音系统简洁统一，表音方便准确，很快成为第一个被广泛使用的汉语拼音方案。

虽然威妥玛拼音是现行汉语拼音出现前最普遍的拼音，但是如果按照威妥玛拼写，北京是 Peiching，清华则应该是 Ch'inghua，并非这些学校现在常用的名称。Peking、Tsinghua 的由来另有缘故。

SÀG-SÌ-KÌ.

1 Kaf-hàu kâi tĭ-bau Siàg-dì sàg-ciàg-hu hi kag dĭ. Dĭ tĭ khag-hu hùn-dūn; sim-u kâi miu-cio tĭ σu-àm : Siàg-dì kâi Tĭa bu
3 dù ciàg-túi kâi min-cio. Siàg-dì ciū kóg, Khiàm ū kui; ciū ū kui. Siàg-dì ò-kì ceh-kâi kui tĭ
4 hó; Siàg-dì ciū bun-bít kui kag àm. Siàg-dì seg kui toh Jít-hau, àm seg-toh Mê-han. Ū mê-hui ū hî-kui, ciū-tĭ ják-jít.
6 Siàg-dì kóg, Khiàm ū kog-sag dù ciàg-túi da-o, lâi bun-bít ceh-kâi túi kag bò-kâi túi. Siàg-dì
7 ciū toh kog-sag, ciū bun-bít kog-sag cio kâi túi kog-sag ᴇ̄
8 kâi túi : ciū ū ceh-io. Siàg-dì seg kog-sag toh Hì. Ū mê-hui ū hî-kui, ciū-tĭ don ji-jít.
9 Siàg-dì kóg, Hì-ᴇ̄ ciàg-túi khiàm toh-bô dù ják-kâi dĭ, lok-dĭ khiàu hín-hín : ciū ū ceh-io.
10 Siàg-dì seg kok-dĭ toh Hái-dĭ ; toh-bô kâi túi seg-toh Hái:
11 Siàg-dì ò-kì tĭ hó. Siàg-dì kóg, Dĭ khiàm tᴇ sáu, su-sài kit-cí, kóe-cí-siu tᴇ kóe kóh sᴇ̌g i-kâi lūi, dū-lâi bau-dó i-kâi hut, dù dĭ cio-cio; ciū ū ceh-io. Dĭ ciū
12 hoat-sáu, kag nᴇ̌g kit-cí kâi su-sài, kag nᴇ̌g tᴇ kóe kâi siu, dù-lâi bau-dó i-kâi hut.

bun-bít jít-mᴇ̂; lâi toh kì-ho, lâi dia tĭ-kâi, lâi kì hî-jít: lâi 15 toh kui dù hi-tog kâi kog-sag ciò-kui dù dĭ-cio: ciū ū ceh-io. Siàg-dì toh ceh nô-kâi doa-kui ; 16 jiág-doa kâi kui lâi kui lâi kóa-lí jít-hau, jiág-doa kâi kui lâi kui lâi kóa-lí mᴇ̂-han: iáh toh sᴇ-tín sàu. 17 Siàg-dì bàg i dù hi-tog kâi kog-sag lâi ciò-kui dù dĭ-cio, lâi kóa- 18 lí jít kag mᴇ̂, lâi bun-bít kui tĭ kag àm: Siàg-dì ò-kì tĭ bó. Ū 19 mᴇ̂-hui ū hî-kui, ciū-tĭ doa mᴇ̂-jít.

Siàg-dì kóg, Túi khiàm tᴇ tᴇ-tᴇ oáh-hãg kâi mîh, iáh khiàm ū boe-ciáu lâi boe dù dĭ-cio, dù hi-tog kâi kog-sag hò-nài. Siàg- 21 dì sàg-tàu don-hû, kag ják-khâi nᴇ̌g bôu-lᴇ̄ oáh-hãg kâi mîh, ciū-tĭ túi ciàg-io kâi, kóh sᴇ̌g i-kâi lūi, kag ják-khâi ū tít kâi boe-ciáu kóh sᴇ̌g i-kâi lūi : Siàg-dì 22 ò-kì hó. Siàg-dì ciū hú-fok ioh i, kóg, Khiàm tᴇ hoat-tᴇ, sog-mó dù hái-lâi-lâi kâi túi, boe-ciáu iáh khiàm tᴇ hoat-tᴇ dù dĭ-cio. 23 Ū mᴇ̂-hui ū hî-kui, ciū-tĭ doa gǐu-jít.

Siàg-dì kóg, Dĭ khiàm tᴇ hoat tᴇ-oáh kâi mîh kóh sᴇ̌g i-kâi

海南话版《创世纪》，反映了早期海口／府城口音

1906 年，在上海举行的帝国邮电联席会议要求对中国地名的拉丁字母拼写法进行统一和规范以方便通信。在此之前，海关总税务司，英国人赫德已经要求各地邮政主管确定地名的拉丁字母拼写。赫德希望各地能用地方音拼写，但各地邮政局长则往往用已经通行的威妥玛拼音交差。

当时中国邮政系统高层由法国人控制，威妥玛拼音英文色彩浓厚，不为法国人所乐见，因此在 1906 年的会议上最终确定了一个混合系统的拼音方案。这个拼音方案引入了大量北京话中已经消失，但是在老官话中还存在的发音区别，如分尖团（青岛 Tsingtao、重庆 Chungking），保留入声（无锡 Wusih、广西 Kwangsi）等。对闽粤地区的地名，则依照赫德的指示，往往用当地方言拼写，如佛山 Fatshan、肇庆 Shiuhing、厦门 Amoy（今天的厦门话门读 mng，但是早期厦门话更接近漳州话，门读 mui，故拼为 moy）。这套拼音方案即所谓的邮政式拼音。

北京大学、清华大学的英文名如此奇特的原因正是他们都采用了邮政式拼写，其中 Tsinghua 为老官话拼写的清华。

而 Peking 更加特殊，它并非老官话中北京的读音，也不是方言音，而是北京的外语惯用名——依照邮政式拼音的规则，对

有惯用名的城市，邮政式拼写继续沿用已有的外语惯用名。

所谓外语惯用名，即某地在外语中有一个和来源语不一样的名字。这种现象并不算罕见，如英语中中国并不用 Zhongguo 而用 China，埃及并不用 Miṣr 而用 Egypt，而德国则以 Germany 称之，不用德语自己的 Deutschland。

外语惯用名的形成一般是因为该地非常重要，因此说外语的人在长期使用中并不遵从该地所说语言中对它的命名，而用自己早已习惯的叫法。

比如英语里面绝大部分外国地名都遵照来源语言的拼写，但欧洲各国的首都往往例外。临近英国的法德等国名城多早为英人所熟知，也往往拥有惯用名，意大利长期作为欧洲的文化中心和商贸要地，也不乏有惯用名的城市。而长期作为英国殖民地，和英国交往密切的印度，不少大城市在英语中也有惯用名。

部分城市名与英语惯用名对比

部分首都名

哥本哈根	København	Copenhagen
布鲁塞尔	Bruxelles	Brussels
布拉格	Praha	Prague
罗马	Roma	Rome
里斯本	Lisboa	Lisbon

法国部分城市名

里昂	Lyon	Lyons
马赛	Marseille	Marseilles
敦刻尔克	Dunkerque	Dunkirk
兰斯	Reims	Rheims

印度部分城市名

孟买	Mumbai	Bombay
加尔各答	Kolkata	Calcutta
班加罗尔	Bengaluru	Bangalore
金奈	Chenna	Madras

德国部分城市名

慕尼黑	München	Munich
科隆	Köln	Cologne
汉诺威	Hannover	Hanover
纽伦堡	Nürnberg	Nuremberg

意大利部分城市名

佛罗伦萨	Firenze	Florence
热那亚	Genova	Genoa
米兰	Milano	Milan
那不勒斯	Napoli	Naples

相应地，英国最有名的城市 London（伦敦）在许多欧洲语言中也有自己的惯用名，如法语、西班牙语的 Londres、意大利语的 Londra 等。

外语惯用名是个具有普遍性的现象，中国的名城在外语中往往也有着自己特别的称呼。公元 311 年前后，有一群在华经商的粟特人给故乡撒马尔罕去信描述中土近况，这些用粟特语写的信件却在玉门关以西被截获，并未到达目的地。

其中一封信由旅居金城（今兰州）的粟特胡商发出，收件人为其老板，大意是他跟老板汇报说：

中国发生了大动乱……在酒泉、姑臧的人都平安……洛阳发生了大饥荒。最后一个皇帝也从洛阳逃出去了。洛阳宫殿城池都烧毁了，没有了。洛阳没有了！邺城没有了！匈奴人还占领了长安……他们昨天还是皇帝的臣民！我们不知道剩下的中国人能不能把他们赶出长安和中国……四年前我们商队到过洛阳，那里的印度人和粟特人全饿死了……

信中对中国地名的处理非常有意思——洛阳在信中写为 sry，长安写为 'xwmt'n，而邺则是 'nkp'，姑臧为 kc'n，金城为 kmzyn。

邺、姑臧、金城的粟特名称均为这些地名的古汉语发音的转写，唯独长安和洛阳两座当时中国最重要的城市用了惯用名。

这封粟特信札并非孤例，西安北周史君墓墓志铭的粟特语提到长安时沿袭了 'xwmt'n 的写法，一个世纪后的拜占庭文献将长安称作 Χουβδάν（Khubdan），后来的波斯和阿拉伯书籍把长安称作 Khumdan，8 世纪《大秦景教流行中国碑》中长安为 Khoumdan，该碑中洛阳为 Sarag。而盛唐僧侣利言的《梵语杂名》中则显示当时梵语中长安为矩亩娜囊（Kumudana），洛阳在梵语中则为娑罗俄（Saraga）。

框内文字大意为："洛阳没有了！邺城没有了！"

　　关于长安和洛阳惯用名究竟如何得来，至今尚没有共识，有研究认为 Khumdan 来自上古汉语咸阳的发音，而 Sarag 则可能和古代西方对中国的称呼 Seres 有关。不过无论如何，长安洛阳两地正是因为在中古中国有重要地位，才会拥有这样的外语惯用名。

　　近古以降，作为首都的北京自然是中国有最多外语惯用名的城市，如英文的 Peking，法文的 Pékin、意大利文的 Pechino、西班牙文的 Pequín/Pekín。而另一个惯用名较多的中国城市则是广州，英文、法文、意大利文写作 Canton，西班牙文是 Cantón，葡萄牙文则是 Cantão（均来自"广东"），毫无疑问这和广州作为贸易大港的历史有关。

　　相比之下，上海虽然在 19 世纪后迅速发展，但是由于历史相对较短，并没有机会形成外语惯用名，上海大学也就无法像北京大学那样自己起个特立独行的外文名。不过上海人很快就不用担心历史上的短板了。

　　1957 年，新的汉语拼音方案出炉，拼音的目的发生了本质性的变化，其初始目标为最终取代汉字，后因不现实改为帮助识字、推广普通话。因此，汉语拼音主要是为本国人服务，其拼写法是否符合外语习惯不再重要，系统的简约和学习的高效成为设计时更大的考量。新的汉语拼音用上了全部 26 个字母，至于 Fuxing、Xing、Quan 等，老外会怎么读本就不在考量范围之内。

　　虽然汉语拼音主要是对内的，但它也被赋予了成为汉语拉丁化转写标准方案的光荣使命——1978 年开始，中国出版的外文出版物涉及中国专有名词转写时均须使用汉语拼音，1982 年，汉语拼音被国际标准化组织认可为汉语拉丁转写的标准。在中国坚决要求下，所有汉语专名的拉丁转写都应该以汉语拼音为标准。诸如 Peking、Canton 这样的惯用名渐渐为 Beijing、Guangzhou 所取代。以此而言，至少在外文名称上，上海和北京竟算是平起平坐了。

滦平人说普通话比北京人更标准

普通话在中国大陆已推广使用数十年，但各地使用时仍带有明显的方言特征，特别是在南方，"胡（福）建人""寺（是）不寺"等说法屡见不鲜。湖南人和四川人的普通话还因为特征突出，而分别获得了"塑料普通话"和"椒盐普通话"的雅号。

一向以口音周正骄傲，其发音被认为是标准的北京人，普通话说得似乎也不够"普通"。在流传甚广的"全国普通话排行榜"中，北京市却居于河北省承德市、内蒙古赤峰市及辽宁的朝阳市、阜新市等城市之后。

普通话是以北京语音为标准制定的，为什么会出现这样的排名次序呢？这些地方的普通话真的比北京人说的更标准吗？

排名	地区	点评
1	原热河省（河北承德，内蒙古赤峰，内蒙古通辽部分地区，辽宁朝阳，辽宁阜新）	"北京官话"就在此
2	北京	网友认为名副其实
3	安徽	网友普遍感到惊讶
4	浙江	北方网友觉得不服气
5	江苏	多人表示前后鼻音不分

普通话都是怎样来的

普通话的概念并非中国独有，世界其他语言区也有自己的标准语（standard language），比如日本的现代标准日语、法国本土的标准法语和意大利的标准意大利语等。

理论上说，只要人们在公共场所和口头书面交流中频繁使用某语言的某种变体，该变体就能够演变成为这种语言的标准语。也就是说，方言本身的特质，与它是否能成为标准语毫无关系，最有希望成为标准语的，通常是在经济和政治中心使用的方言。

比如法国的标准法语，就是以巴黎话为代表的法兰西岛方言为基础形成的。其成因主要在于像巴黎这样的中心地区汇集着各地人群，大家需要一种通用语来降低交流成本，而通用语成型后，巴黎的强势地位又能吸引更多人学习这种语言。

同时，标准法语的统治地位也受到了法国政府的强力支持，不但宪法明确规定"共和国的语言是法语"，而且政府在历史上一直对推广法语不遗余力。特别是在大革命后，法国将法语与"法兰西民族"相联系，立法要求政府公文和学校教学必须使用法语，从而发起了浩大的消灭方言运动。

布列塔尼地区是运动的重灾区。学校向学生灌输布列塔尼语粗鄙不堪的观念，不但规定学生必须使用法语，而且禁止在学校甚至靠近学校的地方使用布列塔尼语，违者会遭到羞辱乃至体罚。时至1925年，法国教育部长阿纳托尔·德·蒙齐依然宣称"为了法国语言的统一，必须消灭布列塔尼语"。

汉语普通话也是以北京语音为标准音，在其诞生前的讨论过程中，甚至有人提出过"只有北京市西城区的方言才标准"。不过文化的力量对标准语的形成也有影响，一些方言正是凭借着文化上的强势而成功"上位"的。

标准意大利语就是源自佛罗伦萨地区的方言，但丁、薄伽丘等文艺复兴巨匠用这种方言写成的著作功不可没。正是这些文学经典成为后世语言和文体的典范，极大地提升了佛罗伦萨方言的影响力，奠定了其演变为标准语的基础。相比之下，罗马虽然贵为教皇国首都，但经济地位和文化影响力均逊于佛罗伦萨，其方言也就没能加冕为意大利标准语。

在德国，标准德语经历了数百年的发展过程。现代德语的第一次标准化来自马丁·路德 1534 年翻译的德语版《圣经》，而他使用的高地德语方言也由此得到了有力的扶持。

然而，标准语和其所源自的基础方言并非一回事。北京人的普通话越说越不标准并不奇怪，其他语言中也不乏类似的现象。

越说越走偏的基础方言

所有自然语言都始终处于变化之中。随着时间的推移，标准语发源地的方言也会产生新的变化。但标准语时常有人为规定的因素，其变化往往跟不上方言的脚步，结果标准语发源地的人说话就不再那么标准了。

最突出的例子是意大利语的情况。现代的标准意大利语和但丁在 13 世纪使用的佛罗伦萨方言无大差别，而佛罗伦萨方言却在 700 年间发生了不少变化。今天的佛罗伦萨方言会把房子发成类似 la hasa 的音，在习惯说 la casa 的标准意大利语使用者看来，这种口音显然不太地道。

法语的情况则较为复杂。理论上，标准法语应该区分 un/in 和 a/â，但巴黎方言却从 20 世纪早期开始即混淆其区别，现代巴黎绝大部分人的口语已经完全无法区分这两组音。

与意大利语的情况不同，巴黎方言在法语中的地位极其强势，结果就是在巴黎人口音走偏一百年后，标准法语竟不得不承认既成事实，近年出版的许多法语字典都开始按照当代巴黎人的读音来标音。

汉语普通话由于确立时代较晚，相对北京方言的偏离尚不明显，但苗头也已开始出现。许多北京人会把 wa、wan、wen 的音节发成 va、van、ven，还有人把 j、q、x 发成 z、c、s，把 s 发成类似英语 th 的读音。这些新出现的音变均未被普通话采纳。

除了语言本身的演化外，有些产生标准音的大城市因为人口众多、来源复杂，其市民的口音本来就不统一。如英语的"伦敦音"虽然是很多中国人想象中的标准音，但很多伦敦市民说的英语和英语的标准音差别甚大。英国的标准语被称为公认发音（Received Pronunciation），有时也称 BBC 发音、牛津英语。跟其他标准语不同，标准英语没有统一的官方标准或中央标准，只是约定俗成的产物。

这种公认发音常被认为是基于英格兰南部和东米德兰兹地区的口音。这一地区发达的农业、羊毛贸易和印刷业以及伦敦—牛津—剑桥所形成的政治优势和文化优势使得这种方言受到社会的公认，成为英语的标准发音。作为良好教育和社会地位的标志，公认发音更经由公学推广至全英格兰上层阶级。

但是伦敦普通市民，尤其是居住于东部的下层伦敦人，则始终使用一种被称为考克尼（Cockney）的方言。和公认发音比起来，考克尼有 th 读 f、音节尾的 -p、-t、-k 混淆等诸多很不"标准"的特征，即使是英语水平不足以盲听英语影视剧的中国观众对照字幕，都可以发现不少略显粗鄙的发音，反倒是在人口以学者和学生为主的牛津地区，多数人说的英语更加标准。

日语的情况也有相似之处。现代标准日语来自江户时代的东京，且是以江户山手地区（今东京中心一带）的社会上流阶层方言为基础的。而下町地区虽然同在东京，其方言却不分 hi/shi、缺乏复杂的敬语，也被认为是没有文化的象征。

　　北京内部也存在类似的方言差异，如在选择北京话为标准语的时候，有些北京人操持的口音就成了他们说好普通话的障碍。

　　20 世纪早期的北京话中，倾有 qing、qiong、kuang 三种读音，最终 qing 成为标准，说 qiong、kuang 的北京人的普通话就出了问题。同样有把佛香阁说成"佛香搞"的京郊农民和把竹读得像"住"的城里读书人，他们的普通话也难免显得不太利索。

　　台湾地区现行的"国语"和大陆普通话的发音不同，也往往源自不同阶层北京市民的口音差异。根据台湾《"国语"一字多音审订表》及大陆《普通话异读词审音表释例》，两岸的字音有许多差异。以期字为例，台湾地区念 2 声，大陆念 1 声。二者在读音上的不同取舍显示出台湾地区较重视字音的渊源，故音多来自北京读书音，而大陆重视字音通俗化，偏重北京普罗大众的口音。当然也有部分反例，如台湾地区读"和"为"汗"就是一种非常乡土的读法。

普通话说得比北京人好很难吗

　　北京人的普通话未必最好，其他地方的人普通话说得好也不一定就怪。非标准语发源地的居民，在某些特定条件下，其普通话反而可能比普通话发源地的发音更加标准。比如接受过公学教育的英格兰北部绅士，英语发音远比土生土长的伦敦东区码头工人更标准。"公认发音"与其说是某个地理区域的方言，不如说已经演化成了一个特定阶层的社会方言。

　　而且，标准语确立较长时间后，在口音和标准语差距较大的方言区，居民反而往往会更加认真地学习标准语。跟普通话使用者对话时，四川人一般不会遇到严重的交流困难，而上海人如果只会上海话，就会感到非常痛苦了。长此以往，最终后者的标准语往往会更加标准。

德国的情况在这方面就较为突出。虽然标准德语并不源自某个特定方言，但标准德语的几乎所有特征，反映的都是德国中南部地区高地德语的情形。在靠近北海的低地地区，传统上则说较接近荷兰语的低地德语。

伴随标准德语在德国的普及，低地地区的德语方言几乎完全被标准音所取代。如今，属于低地的汉诺威地区的德语被公认为十分标准。反之，和标准德语本来就较为接近的高地地区学习标准语的动力和热情则弱得多，至今还往往带着较为严重的口音。以此类推，200 年以后，上海人说的普通话可能反而会比北京人标准得多。

还有另一种情况也会让人把标准语说得特别好：当大量来自不同地方的移民进入某地，人数远远压倒本地人口时，为了交流方便，他们往往会选择使用标准语沟通。虽然第一代移民容易带上各种各样的口音，但是他们的子女往往都能说流利的"普通话"。

例如，17—18 世纪的魁北克地区作为法国殖民地汇集了带有各种法国口音的移民，新移民为了生存和交际而自发适应，在各种方言交杂的情况下，魁北克的语言竟迅速统一起来。反观当时的法国，虽然着力推广标准法语，但缺乏现代传媒助力，效果并不显著，能说标准法语的人口占比极低。这一时期访问魁北克的法国人，往往对魁北克人的法语标准程度啧啧称奇。

在中国，经历过明朝初年大移民的西南地区居民，普遍采用了当时的标准音南系官话作为交流工具，形成了覆盖数个省区的巨大标准语区。相比之下，当时自南系官话源头南京的东、南、西三个方向出城只需几十公里，就会进入吴语或其他方言的地盘。清朝末年对东北的开发也让北京话迅速扩展至东北，而且越是靠北、本地居民越少，当地的口音就越与北京话接近。相比之下，北京西郊延庆等地的口音反而和北京语音差别巨大，东面的天津和南面的河北则差得更远。

但是移民语言的标准程度不一定能持久，随着时间推移，最终仍然会发生漂变，导致移民说话不再"标准"。比如曾以发音标准著称的魁北克，被英国统治后与法国联系中断了一个多世纪，当地的法语更多保留了古法语的特点，同时又有了新的变化。而法国本土法语的变化更加剧烈，于是 19 世纪后，访问魁北克的法国人再也不称赞当地的法语发音了，反倒会觉得魁北克发音又土又怪。在当代自诩正统的本土法国人之间，魁北克法语被蔑称为 Joual（常与讲法语的下层工人联系在一起），其某些特征甚至会被中国的法语教师当成笑话讲给学生，以活跃课堂气氛。

如今的四川话，也已经和几百年前的明朝普通话有了相当大的差别。东北话也有了自己的特征，现在东北话甚至成了中国最容易识别的方言之一。

到底中国哪里的普通话最标准

不少人认为河北滦平县是普通话的标准采集地。滦平县政府网站上的资料显示，20 世纪 50 年代，有关专家学者曾来到该县金沟屯、火斗山等地进行语言调查活动。滦平作为"普通话标准语音采集地"，为我国普通话语言规范的制定提供了语言标本。

当地文史专家认为，滦平方言之所以与标准普通话如此接近，与滦平独特的地理位置和迁民历史密切相关。

明初，北方边境面对着蒙古造成的巨大压力。朝廷实行了塞外边民强制迁入长城内的空边政策，滦平地区在之后约 200 年时间里一直是无人区，直到清朝康熙年间因承德庄田的建立才真正得到开发。早期来滦平的移民以王公大臣和八旗军人为主，通行北京官话，因此该地方言形成过程中既无土著语言的传承，又少受到北京土语的影响，语音比较纯正。

滦平方言之于普通话，正如17—18世纪的魁北克法语之于标准法语，只是滦平方言更加年轻，还未有时间发生漂变。当代的北京土著要想说好普通话，可以先做练习，把"zhei事儿听姆们的"的土音都替换成200公里外的河北滦平乡音。

"台湾腔"是怎么出现的

"我宣你""你不要这样啦""这个包子好好吃哦"……在不少大陆人眼中，台湾人的说话风格一直是"娘炮"的代名词。台湾腔的绵甜软糯，给收看台剧的大陆人留下了深刻的印象。有些观众觉得这种腔调温文尔雅，而有些人则表示不大习惯，很难适应。

台湾腔是怎么出现的？至少在 20 世纪 80 年代之前，荧幕上的台湾口音跟大陆还没什么区别——70 年代琼瑶戏中的林青霞、秦汉与同时期《庐山恋》中张瑜、郭凯敏的说话腔调并无明显差异；以甜美可人著称的邓丽君在 1984 年"十亿个掌声"演唱会上与主持人田文仲互动时，二人的口音更像是接受过高等教育的大陆人，与《康熙来了》等节目中台湾艺人的腔调完全不同。

对台湾腔有些反感的大陆人可能已经忘了，现在央视主持人的说话腔调与早年的播音腔也不是一回事。

从著名京剧演员北京人言慧珠 20 世纪 40 年代当选评剧皇后的讲话录像来看，当时无论主持人还是嘉宾，咬字都极为清晰，一个个字仿佛都是蹦出来的，风格与现今大陆、台湾的播音都相差很大。而且 1949 年之后，这种播音腔并没有马上消失。

以现在的眼光来看，这种播音腔显得刻意做作，但当时这种播音腔调自有其不得不如是的原因。

首先是彼时广播技术不成熟。早期广播的调制方式主要是调幅（AM），即侦测一个特定频率的无线电波幅度上的变化，再将信号电压的变化放大，并通过扬声器播出。虽然技术简便，方便接收，传播距离也比较远，但这种广播音质较差，不但音频带宽狭窄，而且任何相同频率的电信号都可以对其造成干扰。

音质受限的情况下，保证语音清晰无疑就非常重要了。本来就嘈杂的背景音中，如果播音员的语速快而模糊，听众的耳朵就会受到折磨。而且，高频声音在早期技术条件下音质损失较少，因此老录音在现代人听来一般都更为尖利。

技术水平只是一方面，播音腔之所以"怪里怪气"，更直接的原因是早期广播听众说话就是这个调。在广播技术诞生的 20 世纪初期，负担得起接收费用的人还不多，最早的听众主要是社会中上层。而且其时正值大量新富人士试图挤入传统精英阶层，口音向上层靠拢是提升身价的捷径之一。

那社会上层的口音为什么就这么怪呢

在世界各地，上流社会的口音一般都比较清晰，下层口音中消失的某些对立在上层往往得以保存。如英国上层的 RP 腔 lip、lit、lick 分明，而伦敦工人阶层的发音则大多模糊难辨。同样，20 世纪初北京上层的口语音系虽已与平民没有音位上的差别，但他们读书时仍保留入声。

考虑到教养和身份，上流社会往往更重视家庭成员说话的清晰度。例如有着悠久正音和演说传统的英国，连国王乔治六世和撒切尔夫人都要请专人指导发音，中国的《颜氏家训》也多次强调正音的重要性。在大众听来，这种对正音的执着往往显得做作而疏离。

反过来，吞音、连读等大众常见的语音模糊现象（如一般北京人读大栅栏、德胜门的第二个字时），在注重清晰的上层口音中表现得往往不大明显。

所以，出身北京蒙八旗的言慧珠说话时就几乎没有普通北京人常见的吞音连读现象。同样，擅长古诗吟诵的叶嘉莹教授由于在成年后移居台湾，口音也得以保留这种早期的播音腔，与现在的北京人说话不太一样。

这种口音区隔甚至到今天也没有完全消失——在科教文卫机构密布的海淀区和机关大院里长大的北京人，与出身南城胡同的各位"爷"口音仍有相当差距，前者发音吐字明显比后者清晰得多。

不只是中国，美国早期上流社会人士主要聚集于东北部的纽约和新英格兰地区，和英国交往密切，相对来说更崇尚英国文化，因此早期美国广播的发音也和罗斯福总统等上流人士的发音一样，非常类似清晰又有截断感的英国 RP 腔，被称为"中大西洋口音"。

无论大陆还是台湾，民国口音都曾在一定时期得以延续。但不久之后，这种口音在大陆就不合时宜了。新中国成立以后的电台播音求声音的力量感，要体现血性和气魄。之前那种发音清晰、感情相对中立的播音方式自然不符合要求。有力量感的播音腔在某些国家仍是主流。

改革开放以后，这种充满力量感的播音方式虽在部分纪录片中仍有保留，但在普通电视节目中已几乎完全淡出。不过大陆人的说话方式早已深受其影响，甚至不限于普通话——香港回归前内地曾制作过一档宣传基本法的粤语节目，播音员沿用了当时内地流行的播音方式，但在香港播出后市民纷纷反映语调听着有些不习惯，考虑到听众的感受，该节目最后邀请了一位本地播音员以香港口音重新录了一次。

此时台湾的播音腔调仍是以前的老路子，一直到 20 世纪 80 年代台湾社会剧变时，播音腔变化仍不明显。而 90 年代后，两岸的播音腔普遍都被生活化的语言所取代。

大陆文化产业高度集中于北京，京腔的影响力自然越来越大。更重要的是，口音不再是阶层鉴别的标志——正式场合操一口南城胡同腔的北京话不再被视为"土鳖"；尽管电视节目主持人被要求说标准普通话，但很多地方台的节目为了体现亲民感和生活气息，主持人都憋出一口半咸不淡的京腔。

赵本山在春晚的崛起，也让东北话占据了很高的"生态位"。在大陆中部和南部的不少地方，广播时，主持人甚至经常会冒出两句东北话，否则放出罐头笑声时就不太自信。

台湾地区的情况更特殊。标准意义上的"国语"来源于北京地区的方言，但台湾本地没人说北京话。国民党败迁台湾后，外省人来自大陆各地，这些主要聚居在台北的"天龙人"很长一段时间内主导了台湾社会，他们通常用"国语"交流，因此其后代一般都能讲一口相当标准的"国语"。

为什么台北"国语"会导致台湾腔变"娘"

说话带有"台湾腔"的相关人群大多是外省人出身。外省子弟的上层多来自江浙地区，台北"国语"的鼻音比较轻，ing/eng这样粗重的后鼻音在很多人的口语里面不出现，和苏州话、上海话类似，听感自然比较软糯。外省人中也有很多人说山东话等北方方言，但他们大多是眷村的下层军官和士兵，对台北"国语"的形成产生不了什么影响。

台湾本地人则以说闽南话为主，闽南人讲"国语"相当粗硬，被喻为"地瓜腔"。在文化中心台北，这种腔调显然不入流。在国民党的推广下，台湾本地人极力模仿外省人的台北"国语"。但本地人的方言底子使得模仿结果除了鼻音较轻外还会保留一些闽南话的特征，如翘舌音的缺失、轻声的匮乏等等。

另外，闽南话中语气词的出现频率远远高于大陆的普通话，这使得台湾人的语气比大陆人要亲和得多。"太热了嘛！没差啦！我好热哦"也自然比"太热了，没差别，我好热"显得"娘"一些。

音高也是"娘"的主要原因。台湾"国语"的音高比大陆的普通话要更高一些，由于女性的音高天然高于男性，较高的音高自然让人感觉更加女性化。这很可能是因为台湾从闽南话转向"国语"的过程中，女性起到的先锋作用导致她们的口音成为模仿对象。

这种模仿女性口音的现象极为普遍，大陆诸南方方言区的人说普通话时音高也往往高于方言。究其原因，恐怕在于女性比男性更注重自身形象，除了在穿着、举止上更讲究时髦，在语音也不甘落后，因此女性往往比男性更先模仿语言。

因为女性在家庭生活中与后代接触更多、影响更大，最终往往导致全社会口音的变化。例如北京有种口音叫女国音，20世纪早期在女学生中流行，大致是把j、q、x读成z、c、s，显得更加娇嗲。但现在这么说话的北京人已远不限于女学生——当年的女学生已经成长为母亲和奶奶，她们的后代无论男女，口音往往都有"女国音"的痕迹。

19世纪时苏州话毛、叫这类字的元音接近英语cut中的u，现今苏州评弹仍然如此发音。1928年赵元任在苏州调查吴语时已经发现男女发这个音的区别，女性发音时，韵母变成了发音部位更靠前、声色也更尖利的 /æ/（英语cat中的a），男性则仍发旧音。但现在苏州人已经几乎全部发成了受女腔影响的 /æ/。

男性的影响则小得多——北京上海少数男性会把s发得和英语的th类似，竟被视为"小混混""瘪三"说话，故始终难以扩散。

除了语言本身，更重要的是由于一段时期台湾地区的教育相比大陆留下了更多的儒家痕迹，也更注重"富而知礼"，多数台湾人的说话方式自然显得更文气。台湾大学洪唯仁教授在80年代后期访问厦门、潮州等地时，就已注意到台湾女性说话相比同样母语是闽南话的厦门女性要温柔得多。

最近几十年，国民党之前力推的台北"国语"的权威地位逐渐被年轻一辈的腔调所取代。罗大佑在他演唱于1982年的名曲《之乎者也》中，还曾讽刺过年轻人的说话腔调，这种区隔到现在仍能看到，不少老辈艺人，如金士杰、李立群等人就保留了原本的"国语"口音。

"抗日神剧"里，日军说话为什么总是那么怪

从《地道战》《地雷战》到各种横店"抗日神剧"，几十年来日本人在中国银幕上都是这样说话的："你的，花姑娘的，哪里的有？"多数情况下，汉奸们会无障碍地听懂日本人的意思："太君，这里的，花姑娘的，大大的有！"

这样奇怪的说话方式让人不得不怀疑这是否是一种有意的丑化，也让人好奇日军那时到底是如何与中国人交流的。

日军还真是这么说话的

日军为什么要这么说话？这种影视剧中常见的奇怪汉语并非没有来头，抗日战争期间，日本人和中国人之间的交流很大程度上依靠的是一种叫作协和语的中介语言。

汉语和日语相差较大，互通性极低。自 1931 年日军占领东北到 1945 年抗日战争结束，其间有大量日本人来华，不可避免地要和中国人打交道。高级官员有翻译，但普通日本军民显然没有这个条件。日本人在占领区往往推行所谓的"皇民化教育"，日语教育是重点内容，台湾地区就在几十年的日语教育后培养了大批会说日语的民众。但日军在中国大陆活动的时间相当短，且长期处于战争状态，语言教育效果十分有限。

"皇民化运动"的第一项内容就是在台湾地区强制推行日语。许多商店门口都挂着"只用国语（当时指日语）买卖"的牌子

其实侵略者有时会反过来被对方的语言同化，而且这种现象在历史上并不鲜见。入侵法国的法兰克日耳曼人最终改说了属于罗曼语的法语，1066 年入侵英格兰的诺曼人最终也改说了英语。

但以上情形要么是被征服者的文明程度远远超过征服者，征服者觉得应该主动学习，要么是征服者人口数量极少，在长期传承中被慢慢同化。无论如何，改学被征服者的语言并不会发生在征服过程中，一般要到第二代乃至第三代后裔以后才会发生。

对于侵华日军，"劣等的支那文化"不值得学习。而在中国的日本军民绝大多数都是第一代移民，又相对集中地居住在军营、开垦团等地，无法指望他们能够有效学习汉语。即使日本军方从甲午战争初期就开始编撰《兵要中国语》《日清会话》《速成"满洲语"自修》之类的教材，绝大部分日本军人的汉语水平还是非常低下。

在这种情况下，日军会说一种不中不日、又中又日的语言，就成了历史的必然结果，即所谓的"协和语"。作为一种两个人群临时的交流工具，协和语与一般语言相比特色十分鲜明。

首先是较低的词汇量。协和语前身是侵华日军所谓的"大兵中国语"，即临时用语，表达上不会追求语言的丰富精确，对方能听懂就行。词汇往往局限于满足简单交流的需要，如"要不要""你的""我的""他的""买不买""多儿钱""干活计""来""什么""王八""没有"之类。相应地，协和语在句式上也比较固定，方便在不同场合机械套用。

作为汉语和日语混合的产物，协和语也会引入一些通俗易懂的日语词汇。中国人熟知的"哟西（よし）""咪西（めし）""哈依（はい）"等日语词，很大程度上正是拜协和语所赐。而诸如用"料理"表示菜、"便所"表示厕所、"料金"表示费、"出荷"表示交公粮之类的日语汉字词就更常见了。

此外，协和语受日语影响，出现了谓语后置等一般在汉语中不会出现的语法特征。而由于词汇和表达上的局限性，协和语中语词重复就有了重要的语法功能，如表示强调等等。

以上这些特征导致协和语与正常的汉语、日语差别都很大，如一句简单的"你把这个给我"，协和语的表达则是"你的，这个，我的，进上"。而"我吃饭"则用中国人听来非常奇怪的"我的，めしめし，干活计"来表达。

这两个短句颇能体现协和语的上述特征：词汇和句法都非常简单，谓语放在了句子最后，使用了重复的日语借词めしめし（咪西咪西）。而滥用"的"这个受日语影响产生的习惯正是中国人刻板印象中侵华日军说话的一大特征，所以各种"抗日神剧"中"大大的有""你的""花姑娘的"之类的说法还真不是完全的臆造。

"我想给你点颜色看看"

协和语的怪模怪样正是皮钦语形成初期的典型特点。首开近代规模化中外混搭语言先河的并不是协和语，而是"皮钦语"。皮钦语是英语 Pidgin 的翻译，一般认为是 Business 被广州人讹读的产物，后来上海开埠，又出现了上海版的皮钦语——洋泾浜英语。

英国和美国在东亚贸易中占据主导地位以后，在广州这样的大型口岸就产生了和中国人生意往来的交流需求。洋商来中国一般都是短期的商业行为，不会像传教士那样苦学汉语以争取能在华传播福音。出于统治考虑，清廷也不鼓励中国商人学习外语，更忌讳他们教外国人汉语，甚至还出现过处死外商请来的汉语老师这样的恶性事件。于是，把简单破碎的英语当作中介就成了唯一可行的选择。

与协和语类似，这种皮钦话同样是敷衍交流的产物，词汇和语法都较为简单，语音上也深受当地语言的影响，如在早期的《红毛通用番话》中，"一"标音为"温"，"非常"标音为"梭梭"，"医生"标音为"得打"，"酒杯"标音为"湾蛤"，"女人"标音为"乌闻"，"买卖"标音为"非些淋"，词汇多为生意场上常用的，标音也是以广州方言趋近英文原音。

上海开埠后，中外贸易迅速发展，交流需求也随之增加。相对于排外情绪浓烈的广东人，江浙人对洋人更友好，学习外语的热情也更高，渐渐形成了上海版的皮钦话——"洋泾浜英语"。洋泾浜是上海黄浦江的一条支流，1845 年英租界建立以后，洋泾浜成为英语和汉语接触最频繁的地方。上海洋泾浜英语就在此处诞生。以吴音标英语的《英字指南》也于 1879 年问世。

为了尽快学会洋泾浜英语和洋人交流，上海甚至出现了以歌谣

学习的方式：

来是"康姆"（come）去是"谷"（go），

廿四块洋钿"吞的福"（twenty-four），

是叫"也司"（yes）勿叫"拿"（no），

如此如此"沙咸鱼沙"（so and so），

真崭实质"佛立谷"（very good），

靴叫"蒲脱"（boot）鞋叫"靴"（shoe），

洋行买办"江摆渡"（comprador），

小火轮叫"司汀巴"（steamboat），

"翘梯翘梯"（chow tea）请吃茶，

"雪堂雪堂"（sit down）请侬坐，

烘山芋叫"扑铁秃"（potato），

东洋车子"力克靴"（rickshaw），

打屁股叫"班蒲曲"（bamboo chop），

混账王八"蛋风炉"（damn fool），

"那摩温"（number one）先生是阿大，

跑街先生"杀老夫"（shroff），

"麦克麦克"（mark）钞票多，

"毕的生司"（empty cents）当票多，

红头阿三"开泼度"（keep door），

自家兄弟"勃拉茶"（brother），

爷要"发茶"（father）娘"卖茶"（mother），

丈人阿伯"发音落"（father-in-law）。

《英字指南》在修订多次之后，1901年，商务印书馆出版了《英字指南》的增订版，名为《增广英字指南》

洋泾浜英语不但发音奇怪，语法上也深受汉语影响，如 catch 和 belong 出现的频率畸高，近乎无所不能，而英语中各种复杂时态和人称体系也被彻底抛弃。"已经变冷"本应说 It has become cold，但在洋泾浜英语中为 This thing hab catchee cold。Have 不但音讹了，而且也没有按照英语第三人称单数该有的形式变成 has。名词不但单复数混淆，而且引入了汉语使用量词的习惯，本应说成 three streets 的"三条街"在洋泾浜英语中则是 three piece streets。

在实际应用中，洋泾浜英语由于缺乏规范，不少词到底怎么来的已经失考，如"辣里龙 /la-li-lung（贼）"，上海人以为是来自外国的洋词，洋人又觉得这是中国话。甚至会出现真老外根本难以理解的情况，如洋泾浜英语 I want give you some colour see see 是中文"我想给你点颜色看看"的直译，但是洋人们能不能理解那就天知道了。

何谓"克里奥尔语现象"

协和语和洋泾浜英语在历史上都是昙花一现，前者在日本战败后很快消失，后者也在上海失去"冒险家乐园"的魅力后自然消亡。只剩"拿摩温"（number one）等少数词至今仍存留在方言之中。

可是对这种混合语言来讲，消亡并非必然的宿命。混合语言虽然初期粗糙不堪，但假以时日功能逐渐完善，在一定条件下，甚至会变成某个人群的母语，形成所谓的"克里奥尔语现象"。

如元朝北方的汉语口语就受到蒙古语的影响。古本《老乞大》（朝鲜学习汉语的课本）中就有大量当时受蒙古语影响的口语，如"死的后头，不拣甚么，都做不得主张有""穿衣服呵，按四时穿衣服，每日出套换套有"。

　　这种有些奇怪的汉语非常普及，《老乞大》中甚至有"如今朝廷一统天下，世间用着的是汉儿言语。咱这高丽言语，只是高丽田地里行的，过的义州，汉儿田地里来，都是汉儿言语"的说法。而在公文中，更是出现了逐词硬译蒙古语的汉语，这种影响一直持续到了明朝早期。

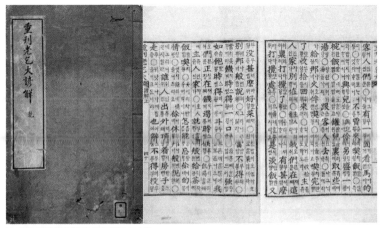

18 世纪后期的修订本《重刊老乞大》

　　更成功的是海地的克里奥尔语。海地旧时经济以蔗糖产业为主，劳动力需求非常大，因此有人从非洲运来大批黑奴，这些黑奴占据了海地人口的绝大部分。但是他们来自不同地方，互相之间需要用殖民者的语言法语交流，最终形成了一种较为稳定规范的新语言——海地克里奥尔语。这种语言以法语为基础，对法语复杂的语法进行了一定程度的简化，又杂糅了大量非洲原乡语言和其他语言的特点。

　　克里奥尔语不但成为海地土生黑人的母语，甚至为数不多的欧洲后裔也操起了这种语言。由于其势力实在太大，1987年这种起源和皮钦语、协和语差不多的语言被认定为海地的官方语言，和法语并列。

事实上，协和语当时也已经有了去俚俗化的兆头。它不但在口语中被广泛使用，甚至还进入了书面语，而且已经很大程度上脱离了"大兵话"的低级粗糙感，如民国二十年（1931年）8月14日的《关东报》中出现了这样一篇广告：

> 梅雨时泼渐过、酷暑天气已来使至今日、为一年中皮肤生病发时之盛之际。故药物肤法，莫逾于天恩水，因杀菌力破强富于深奥之理想，且毫无刺力痛苦之者而皮肤病竟得豁然冰释。欲购虞请问日本东京芝区田村町东京药或各药房、订买定也！

幸而中国人民英勇抗战，并取得了最终胜利，否则如今东北人的话语中就很可能掺杂那种奇奇怪怪的"协和语"了。

真有可以作为军事密码的语言吗

温州话素以难懂著名，不但北方人一个字都听不懂，就连温州的北邻台州、南邻福州的居民对温州话也"无能为力"。温州话不但在中国声名远播，美国电视剧《盲点》中也将温州话称为"恶魔的语言"，剧中以温州话编译的信息甚至难倒了美国 FBI 情报人员。于是产生了这样一种说法：抗日战争期间中国军队把温州话当作秘密通信时的工具，日军对此无能为力，只能干瞪眼。

使用敌方听不懂的语言通信并非现代人的发明。《左传》中即有所谓"楚言而出"的记载，说明中原各国均难以"破译"楚国人内部交流时使用的楚国当地语言。

第二次世界大战时期，也确实有过一种语言因为其难懂，起到了为通信加密的作用，这种语言就是美国新墨西哥州土著居民纳瓦霍人的语言纳瓦霍语。

1942 年，洛杉矶工程师菲利普·约翰斯顿向美国海军陆战队提议使用纳瓦霍语通信以增加敌方破译情报的难度。建议被海军陆战队少将克莱顿·巴尔尼·沃格尔采纳，海军陆战队招募了 29 名纳瓦霍族男性用以传递秘密信息。

美国海军陆战队与这批特招入伍的纳瓦霍人合作制作了一套以纳瓦霍语为基础的语音密码，这样就算情报被会纳瓦霍语的人截获，对方也不能轻易听懂其中意思。他们屡建奇功，尤其在硫黄岛战役中发挥了不可替代的作用。纳瓦霍人的英雄事迹后来还被改编成好莱坞大片《风语者》。与之相比，温州话在抗战期间大显神通的故事在重要细节上却显得语焉不详：到底是谁决定组建温州话情报队？是什么时候派上用场的？在哪些情况下使用过？这类信息统统付之阙如。

稍加检索，我们便会发觉温州话作为通讯密码的另外一个更早的故事版本：中国在对越自卫反击战期间曾以温州话作为密码，随着抗战话题渐热，这个版本逐渐没了市场，故事场景才变成了抗战。但无论哪个版本，都像是受《风语者》启发才形成的产物。

对越自卫反击战时确曾有过以方言"加密"军事信息的史事，只是与《风语者》中的电报加密不同，说方言是为了阻止越南人窃听阵地通话——当时中越两军阵地犬牙交错，有线无线都极易被窃听，越南人普遍懂汉语，而解放军少有人懂越南语。

20世纪90年代出版的某出版物曾用相当篇幅介绍解放军如何应付越军窃听。当时越南人不但窃听，甚至嚣张地用汉语干扰通话，前线士兵被迫发明了一套暗语系统，还用上了方言，不过出场的是唐山话而非温州话。

这大概是一种战场上以方言击败敌人之类传奇故事的早期版本。只是唐山话基本不构成理解屏障，当时各猫耳洞官兵自创的"黑话"意义有限——无非是以常见动植物替换军事名词，几无任何智力含量，监听者无须太费脑子就能猜出他们在说什么。

如果当时真用上温州话，它确实能阻断越南人监听——但如果不在每个猫耳洞配备至少一名温州士兵的话，自己人也会被一起"阻断"。而且实际上，除了猫耳洞的基层士兵，解放军似乎根本不在意越南人肆意监听。

这个传说更不靠谱的地方在于，八路军远没有富裕到可以大量使用电话或步话机的地步。退一步讲，纳瓦霍语之所以能胜任密码语言，和其本身的特点密不可分，遗憾的是，就算当时八路军真的有足够的条件大量使用电话，温州话也并不具备能够胜任密码语言的特质。

一种适合作为秘密传输用具的语言通晓人数不宜过多。纳瓦霍语的使用人口基本限于美国新墨西哥州和亚利桑那州的纳瓦霍族人，今天纳瓦霍人人口也不过 30 万，其中还有 10 万左右不会说纳瓦霍语。"二战"开始时，外族人懂得纳瓦霍语的据统计甚至不超过 30 人。美国的敌国德国和日本几乎可以肯定无人能懂纳瓦霍语。

但能说温州话的人要多得多，能听懂的就更不可计数了，1931年全温州地区人口即有 255 万。除了乐清清江以北是台州话片区，洞头、平阳、苍南、泰顺的居民各有一部分说闽语，苍南金乡的则说北部吴语外，其他地方均通行温州话。此外，丽水青田部分地区、台州玉环一角的人也说温州话。由于温州的重要地位，浙南其他地方的人会说温州话的并不鲜见。

温州 1941 年 4 月 19 日就沦陷于敌手，日占地区能懂温州话的人数少说也有几百万。就算日本没有占领温州，日军也不难找到懂温州话的人——温州是著名侨乡，从 20 世纪 20 年代开始，温州就有大批农民、手工业者和知识分子或迫于生计或由于其他原因东渡日本。《温州华侨史》中论述道，他们在日本"大多数从事小商贩，少数从事苦力，极少数从事服务业"。

从语言学本身特征来看，温州话的"难懂"和纳瓦霍语也不在一个层次上。纳瓦霍语语法相当复杂，其句法以动词为核心，通过在动词词根上附加各种各样的词缀来表示英语等语言中需要不同词类如形容词、代词等才能表示的含义。而动词词缀则按照一定的规则以后置宾语、后置介词、副词、迭代、复数、直接宾语、指示、副词、式 / 体、主语、分类词、词根的顺序一一堆砌而成。

如 yibéézh 在纳瓦霍语中是"煮沸"的意思，由词根 béézh 和第三人称宾语前缀 yi 组成，而要表示"他在煮沸"的意思时，纳瓦霍语的做法是在分类词缀的位置上加上使动／及物词缀 -ł-，动词就变为 yiłbéézh。

同样，纳瓦霍语在区分主语和宾语时也经常需要动词词缀帮忙，如在"男孩正在看女孩"一句当中，可以说 Ashkii at'ééd yiníł'į̄，也可以说 At'ééd ashkii biníł'į̄。纳瓦霍语 Ashkii 是男孩，At'ééd 是女孩，动词在带上 yi- 前缀时就暗示第一个名词是句子的主语，而在带上 bi- 时则说明主语是第二个名词。这看似冗余的区分对于纳瓦霍语实在是非常重要，因为纳瓦霍语对名词顺序有严格要求，有生性高的名词必须出现在有生性低的名词之前，所以在诸如 At'ééd tsídii bishtąsh（鸟啄了女孩）这样的句子中，由于女孩的有生性高于鸟，所以 At'ééd 必须出现在 tsídii 前，而动词宾语前缀就只能使用 bi- 才恰当。

纳瓦霍语的语法对从小会说纳瓦霍语的人来说并不构成任何问题，但其语法无论是和德语还是和日语都相差非常之大，甚至和同属纳－德内语系的种种近亲都无法进行有意义的交流。如此一来，学习纳瓦霍语对于外族人来说就成了一项异常艰巨的任务。

事实上，希特勒早就设想过美国人可能会利用当地印第安土著进行秘密通信，"二战"爆发前就派出 30 位德国人类学家赴美国学习当地语言。因此，美国"二战"时用印第安语言通信主要是在太平洋战场，在欧洲战场出于安全考虑并未大规模采用。

他们的担心似乎是多余的，由于美国印第安部落语言方言众多，语法结构和逻辑架构与德语相比天差地别。纳粹德国苦心学外语的阴谋彻底失败——这些人类学家学习美洲土著语言的效率极其低下，直到"二战"爆发也未能掌握几种美洲土著语言。

温州话虽然难懂，但远不像纳瓦霍语一样难学。温州话和其他方言互通度极低的主要原因在字音的区别上，如普通话中除了声调读音基本相同的艺、衣、益、逸、屹、遗，在温州话中分别读 nyi、i、iai、yai、nyai、vu。温州地名双屿、灵昆岛在温州话中分别读 shiuao zei、len kiu teo。

温州话"我是前年到北京个"发音为 Ng zy yi nyi teo pai cian ke。不要说北方人完全听不懂，说闽语的人听来也如同天书，吴语区其他地区的人跟温州人往往也是"鸡同鸭讲"。这点和北部吴语从常州到台州都有相当高的互通度完全不同。

刨除语音上的差别，温州话并不那么复杂难学。在词汇和语法上，温州话和其他汉语方言的差距就要小很多。

温州确实存在相当多的特色词汇，如间歇雨称"汏浪"、打闪称"龙烁起"、现在称"能届"、早籼米称"白儿"、马铃薯称"番人芋"、猫头鹰称"逐葎"等，皆非外地人能听得明白的。语法上也和官话有所不同，如表示完成说"爻"、有加 -ng 的独特儿化方式，不用普通话常用的从、自等。

不过作为汉语方言的一员，温州话的基本架构总体而言仍然和其他汉语相当接近，和各吴语方言则更为类似（上述特征不少也见于台州话等）。也就是说，克服字音障碍后，温州话其实并不算难懂。

作为浙江南部的重要方言，温州话很早就受到语言学家们的注意。早在清末民初时，永嘉人谢思泽即编纂出温州话韵书《因音求字》，到抗日战争时，先后还有《温州方言初稿》《通俗字书》《四声正误》《瓯音求字》《瓯海方言》《字衡》《东瓯音典》等一大串温州地方字书韵书出炉，学习材料可谓极为丰富。

退一万步，就算日本没有占领温州，日本本土也没有懂温州话的人，同样也难不倒他们学会温州话，他们甚至连学会汉字都不用——作为基督教进入中国的桥头堡之一，活跃于温州的传教士们为了传教之便纷纷学习温州话，并留下大量拉丁字母写成的教材。如英国人苏慧廉（W. E. Soothill）就利用自己编的"温州方言教会罗马字"写了《温州土话初学》（*Ue-tsiu T'u-'o Ts'u-'oh*），并用以翻译出版圣经《新约圣书》（*Sang Iah Sing Shi*）。

有如此便利的学习条件，侵华日军若真想学会温州话其实并不困难。与之相比，纳瓦霍语在"二战"前纯属口语，不但没有正字法，甚至连本字典都没有，就算有心人想要学，也是困难重重。

因此，抗战时期温州话被作为密码语言使用不但于史不合，从语言学的道理上也很难说通。温州籍士官之间临时用温州话保密交流有可能，强说中国军队曾专门指定用温州话秘密通信，那就太侮辱中国军人的智商了。

中国历史上的"黑话"，与电视剧中的可不一样

"天王盖地虎！""宝塔镇河妖！""么哈么哈？""正晌午时说话，谁也没有家！"

"我记得，好像全城的人都翘头了，而且到处都被放火，他一个人要去堵拿破仑，后来还是被条子削到……"

"昨儿呢，有穴头到我们团来瞧这事儿，想让我们给出个底包，看了我的大鼓说我这活儿还能单挡杆，每场置点黑杆儿总比干拿分子强啊，虽然没腕儿那么嗨吧，可也念不到哪儿去……"

中国观众对这种用词怪异难懂甚至句法都不合常理的"黑话"台词并不陌生，只要使用得当，黑话不仅可以使影片变得生动有趣，而且能在简单的对话中体现出角色的身份、背景和生活方式，自然会受到影视创作者的青睐。

黑话在近年的电影中频频出现，《智取威虎山》中的杨子荣和座山雕连对了好几分钟的暗语，《老炮儿》里主角和他的朋友之间也是满口北京市井黑话。

在早年一些影响较大的影视剧中，类似的情况也不鲜见，如电视剧《傻儿师长》的袍哥黑话和《我爱我家》中和平女士的北京戏曲黑话（被家人讥讽为"说日本话"）都为粉丝所津津乐道。经典电影《牯岭街少年杀人事件》中则大量使用了台湾眷村黑话，香港黑帮片中的洪门黑话更是不胜枚举。

在这些影视剧中，大多数人说黑话都是为了保密，使用者并不希望"外人"听懂自己说话的内容。然而恰与所谓的"军事密码"温州话的故事相仿，这些影视作品中出现的所谓"黑话"也与真正的黑话相去甚远。

害人更害己的替换式隐语

一般来说，影视剧中的黑话都是以正常语言为基础，只将少量的关键词替换成其他用词，以达到保密效果。这种"黑话"是一种常见的隐语，使用范围也绝不仅限于黑帮交流。网络流行的"淋语"中，就有"天了噜""本质骑士"这样的隐语，实际意义与字面意思相差甚远，令一般汉语使用者不明所以。

类似的黑话在西方也大量存在，如中世纪时，经商的犹太人为了避免关键商业信息为人所知，往往会在公开场合使用一套特定的词汇，来描述交易的商品和价格。直到当代，仍有犹太人延续此传统，比如在犹太人垄断的纽约珠宝加工业中，有一套只有他们自己能懂的隐语，大大提升了非犹太人进入珠宝业的门槛。

在使用替换式隐语的黑话中，最常见的替换方法是给事物起别称。

经常在网上逛 ACG（动画、漫画、游戏的总称）或体育论坛的人往往会发现核心用户们给圈内熟知的人物起了亲昵的外号，外人看得云里雾里。如曼联球迷喜欢自称"我狗"，国际米兰球迷喜欢自称"我纯"，拜仁慕尼黑球迷则自称"我其"。这些本是有戏谑成分的绰号，但是因为外人听不懂，就逐渐演变成为小群体隐语。

这类别称式隐语的发明过程粗暴武断，其存在非常依赖小群体的使用。而这些小群体常常可能会随时间更换事物的别称，旧的别称即随之消亡。此外，小群体成员的构成改变，乃至散伙的情况也不稀见，他们使用的这类隐语也就随之灰飞烟灭了。

但也有少数别称式隐语，会在机缘巧合下被保留下来，演变为俚语，甚至最终登上大雅之堂。

在古代的拉丁语中，"头"本来是 caput，但后来出现一种隐语，用"壶（testa）"来指代头，这可能起源自部分小群体的谑称，意外的是，这个用法并没有逐渐自行湮灭，反而不断发展壮大，先是成了全社会普遍知晓的俚语，后来甚至喧宾夺主，夺取了 caput 的地位。拉丁语的后代语言中表示头的单词（法语 tête，意大利语 testa、西班牙语 testa）都来自这个"壶"。

奇妙的是，汉语中"头"的来源也颇为类似。上古汉语中，头主要用"首"表示，头本是"豆"（一种容器），在某种隐语中被用来表示头。随着汉语历史上的音变，首和手成了同音字，极不方便使用，结果首就被头取代。

当然替换法并不都只能如此简单粗暴。替换式的隐语还有其他的来源。在"淋语"中，就有大量隐语来自某种"典故"，如"一百三十刀"即来自某新闻事件。

旧时苏州的隐语则使用了缩脚法，也就是隐藏成语的末字，例如雨的隐语就是"满城风"。同样在苏州，还有一种隐语将一、二、三分别称作"旦底""挖工""横川"，以字形取名。

犹太隐语则多利用犹太人的语言优势，将族人多少都会一点的希伯来语词汇引入对话，以起到混淆视听的效果。这种隐语的存在范围相当广泛，如"淋语"中的"孩柱""噶腰子"，都是通过方言发音来生成隐语。

隐语要更为隐晦的话，就需要把弯子绕得更大一些。如英国伦敦街面上的"押韵话"主要利用了英语中常用的搭配词组。举例来说，英语 stairs（楼梯）与 pears（梨）押韵，因此用词组 apples and pears 来指代 stairs，再将 pears 省去，就可用 apples 作为 stairs 的隐语。这种隐语的逻辑非常混乱，外人往往觉得岂有此理，但也因此而提高了破解的难度。

不过，并非所有的单词都能找到方便的隐语，所以在大部分情况下，替换法的使用者都只替换关键性的词汇，如贼的隐语一般为"钱""警察""财主""跑路"之类的词，商人则更喜欢替换数字和商品名称。因此，使用替换性隐语的黑话使用者，对一般的词汇都会照常使用，因此其谈吐不会完全异于常人。

当然也有例外存在。在新疆和田地区一个叫艾努人的维吾尔人支系中，就有一种堪称登峰造极的替换式隐语。他们的语法遵循维吾尔语的框架，但几乎所有的实词都采用波斯语的说法，一般的维吾尔人闻之如听天书。

由于替换法隐语的编码过程相对简单，被编码的词也较少，基本上不可能起到特别好的保密效果，有心人只要稍加学习，即可听懂和掌握此类隐语，甚至混入小圈子。就算是伦敦押韵话这样较为复杂的隐语，学习者在经过必要的熟悉过程后，也能建立起条件反射式的对应关系，迅速破解出隐语使用者的真实意图。

中世纪市场上的犹太隐语，就被当地的贼帮完全掌握，结果成了贼帮黑话的来源。而无论是"淋语"还是其他网络群体的黑话，也都在现代网络的支持下，在短时间内完成了高速的扩散，基本丧失了保密性。像艾努语这种黑话的极端形式，虽然保密性更高，但是学习成本相当大，在多数非强关系社团中都不太具备可操作性。

对于一种真正需要保密的隐语来说，只是把眼睛称为"招子"或者管便衣警察叫"雷子"是远远不够的，顶多能起到些鉴别"自己人"的作用。要想有保密效果，必须从整体上对语言进行改造，同时又要考虑语言规律，让使用者的学习过程不至于特别痛苦。

有一类隐语的保密机制，是扰乱正常语言的听觉接收机制，让"外人"产生理解障碍。如北京历史上的一种黑话，在正常的语句中以循环顺序插入"红黄蓝白黑"。如"他明天也去北京"，就会说成"他红明黄天蓝也白去黑北红京黄"，对于不熟悉这种黑话的人来说，混淆视听的能力非同一般。

与之相比，广州流行的"麻雀语"就相对糟糕，只是把所有字的韵母都换成 aa 而已，如"我听日落深圳（我明天去深圳）"就变成了 Ngaa taa jaa laa saa zaa。此种隐语虽然容易说，但该听懂的人很容易不懂，不想让其懂的人却往往意外听懂，所以实际使用价值相当差。

这种增改音节的方法虽然能起一时作用，但还是很难抵抗人脑的纠错能力：如"红黄蓝白黑"之类添加的方法，会很容易被听者大脑过滤掉插入的多余字——各种民歌中经常插入所谓的"衬字"，如红色歌曲《十送红军》"一送（里格）红军，（介支个）下了山"中的"里格""介支个"，基本不会对听者理解造成困扰。

中国式"黑话"的巅峰

在汉语悠久的发展史上，真正意义上的隐语主要以反切语为主。中国人经常把黑话称作切口，说明了反切语在黑话界的地位。事实上，反切语在清朝就已经作为黑话出现。乾嘉年间精通音韵学的北京才子，《镜花缘》的作者李汝珍就已经在作品中使用了疑似反切语的黑话。

就地域来说，反切语虽然在各地有不同的具体形式，但作为一种普遍的隐语制造法，在全国各地的秘密团体（甚至盲人）中都很流行。北方的北京、胶辽等地流行一派，南方闽粤又有一派，江南吴语区流行的"洞庭切"，在广州被称作"燕子语"的，在福州被称作"廋语"的，都是形式各异的反切语。

以北京的反切语为例，北京旧时最流行的是所谓 mai-ga 式反切语。即将一个字的声母和韵母拆开，以声母配 ai 韵上声，以韵母和声调配 g 声母，将一个字拆成两个。

如妈就被拆为 mai-ga（买旮），吹就是 chuai-gui（踹归）。只有当北京语音不允许的组合如 iai 等出现的时候，会进行相应的调整，如想就是 xie-jiang（写讲），诗则是 she-zhi（舍之）。

如此拆法可以让绝大多数字的读音变得面目全非，但对于有些字则仍需加工一下——如本身 g 声母起头的字，下字附加的声母就不用 g 而用 l 了，如棍会被拆为 guai-lun（拐论）。在种种规则的作用下，所有字被拆开后，生成的两个字都不会和原字读音重合。

广州的燕子语在进行反切之外，还要颠倒声母和韵母的顺序，更是加大了难度。如"十"在粤语中本为 sap，燕子语中则提取韵母 ap 到前面，配上声母 l，再给声母配上韵母 it 放在后面，最后十就变成了 lap-sit。而如果字本身声母就是 l，则会根据声调配 k 或 g 声母，如乱 lyun 会变成 gyun-lin，落 lok 会变成 kok-lik。

反切语的破解难度很大，对于没有学习过的人来说，就算一字不落地听也很难掌握其奥妙。而对于熟悉的人来说，无论听还是说都可以进行高速交流。因此，反切语才是旧时中国切口中最普遍通行、用处最广的一种，是中国隐语的集大成者。

可惜，对于中国大部分的编剧和导演，反切语似乎仍然超越了理解的限度，因此在表现黑话的时候，观众们也只能看到实际并没什么隐秘作用的"天王盖地虎""宝塔镇河妖""招子""粽子"了。

双语儿童梦怎样实现

"从小学英语，不能让孩子输在起跑线上"，中国人对英语学习的热情无人能敌。痛感于自己成年后苦学英语的经历，家长们对儿童的英语教育更是不遗余力——大多数城市的学校已经从小学一年级开始设置英语课，各种英语补习班亦不可胜数。

尽管倾注了如此之多的心血，中国人的英语水平仍惨不忍睹。2015 年的雅思学术类考试，中国人的英语平均总分不过 5.7（满分 9），不但在世界上排不上号，甚至在亚洲亦敬陪末座，连英语发音怪异的日本人（5.8）都比中国人得分高。

中国学校能否教出双语儿童

由于多数中国人学英语时缺少语言环境，所以"早期沉浸式教学法"得到广泛的关注，被认为可以直击国人英语顽症的病根——从小在良好语言学习环境下成长的孩子，自然会从小就有一口标准发音。

不过，外籍教师稀缺是这些被家长寄予厚望的双语教育机构中的普遍现象。即使是一些兼收中、外籍儿童，价格不菲的"国际幼儿园"和"双语幼儿园"，保育和大多数教育工作也常由中国籍教师完成。

以北京两所著名的标榜双语教学、学费最为昂贵的幼教机构为例，"YD"幼儿园宣称其双语幼儿园的外教、中教比例为 1∶5；

"AY"幼儿园的网站上显示一些年级甚至没有配备专职外教。这类幼儿园中英语环境的质量值得怀疑。

价格中游的公、私立幼儿园就更难提供达标的英语环境。调查研究显示，即使是大城市标榜为"双语教育"的幼儿园，也普遍存在师资短缺的问题。例如2013年一项对青岛市一线幼儿园"双语教师"的抽样调查显示只有2%的教师参加过专业英语考试，分别有14%和2%的教师通过了公共英语二级和三级的考试。

这种师资状态下的双语教育水平到底如何，中国少数民族地区的双语教育情况或许是个极好的参照。中国有在民族聚集区大量使用民族语言教学的民族学校，这些民族学校一般会从小学三四年级或初中起开设汉语课，汉语学习强度大大高于内地学校学英语的强度。

但在本民族语言环境比较强势（人口较多、相对聚居、传统文字和教育体系相对完善）的地区，汉语教学成效普遍不佳。20世纪80年代末期的民族语言状况普查显示，维吾尔族的维、汉双语者不足民族总人数的0.5%，单语人口占99.46%，比例远高于其他少数民族。

幼儿园阶段的英语早教，实际效果更是与理论效果差异巨大。

理论上青春期前存在着一个习得语言的"关键期"，国外有大量针对移民的实验可以印证。例如80年代末一个针对母语为汉语和韩语的美国移民的研究发现，被试者语法测试成绩随着年龄的增加而下降，只有3～7岁到达美国的被试者的测试成绩与非移民没有显著差异。后续研究亦证实，个体所处的第二语言暴露程度（二语环境）与其第二语言的掌握水平正相关。

不过，几十年来关键期具体在哪个年龄都无统一说法。有语言学家认为，二语的习得效率将随着年龄的增长逐渐降低，并不存在明确的临界点，更何况语音、词汇、句法学习等不同的语言模块的关键期年龄也可能不同。但即便是"关键期假说"的反对者，也并不否认这样一个事实：越早开始第二语言的习得，就越可能在语言能力，尤其是发音准确性上获得优势。

潜在影响语言学习的具体因素很多，除了尽早开始学习之外，另一个可控的主导因素是学习者在语言中的暴露强度。研究双母语（Bilingual First Language）的学者，一般将 3 岁左右视作区分"双母语"和"第二语言习得"的标志。3 岁后，由于幼儿意识中的基本语言系统已经形成，此后即使暴露在一种新的语言环境下，幼儿势必会受到已有母语的影响，其第二语言也只是接近而并不能达到母语水平。

此外，成为双母语者，对幼儿在两种语言中的暴露强度都有要求。语言学者曾在加拿大魁北克省（英法双语社会）进行实验。被试儿童在 6 ～ 20 个月不等时开始暴露于双语环境，他们与英、法语单母语的儿童一同参加语言水平测试。研究后发现，只有在一种语言的暴露程度高于 40% 时，该种语言能力才与单母语儿童不存在差异。根据这个实验的成果，只有一个孩子在 3 岁以下的时候开始双语教育，且暴露在英语中的程度不低于 40% 时，才能算作以英语为母语。

自小上汉校的少数民族学生能说一口流利的汉语，而时下国内的英语教育则远不能及，更不要提"双母语"：能够让自己的孩子从 2 岁开始就一直暴露于 40% 的英语环境，这样严苛的要求，家长们更不敢指望。

何况即使真能找到理想的英语学习环境，恐怕多数家长反而会望而却步，因为这可能导致孩子的母语读写能力不如同龄人。而且中国的"沉浸式"教育，至多能让学生战胜他们的中国同胞，并不能保证他们交流自如。

中国父母可能教出奇怪的"克里奥尔语"

即使在中国最好的双语教育机构，合格的外教师资都非常缺乏，而教授外语的中国老师自身的英语水平就值得怀疑，自然无法指望孩子们的英语达到理想水平。不少家长对此心知肚明，因此在家也坚持和孩子说英语，最极端的甚至禁止孩子说汉语。

假如老师和家长的英语水平都不能达到理想的要求，却要在封闭的环境里强行"推广"英语，历史上有些例子或可作为其可能导致后果的参考。

欧洲人殖民美洲时，语言不通的黑人奴隶只能用殖民者的语言交流。不同母语的黑人结合，后代的母语是父母所掌握的欧洲语言，但通常又不标准。例如法国殖民海地时要求来自西非的黑人用法语交流，但他们最后说出的是一种法国人听不懂的法语——受西非居民语言影响变异后形成的法语——克里奥尔语，这种克里奥尔语逐渐成了海地人最主要的交流用语。

海地克里奥尔语与法语存在诸多差异，法语较为复杂的尾辅音系统在海地克里奥尔语中被简化，如 famille 读为 fanmi，argent 读为 lajan，livres 读为 liv。在语法方面，海地克里奥尔语将法语中相对复杂的动词变位统统省略，如人称和时态系统。

汉语	标准法语	海地克里奥尔语
（我）吃	mange	manje
（你）吃	manges	manje
（我们）吃	mangeons	manje
（你们）吃	mangez	manje
（他们）吃	mangent	manje

　　海地的克里奥尔语并非孤例。有两种或更多语言使用者长期混居的地方，尤其是前殖民地，几乎都诞生了相应的克里奥尔语，并以口语或者通用语的形式存在。但其地位和认同程度往往因使用者的社会地位不同而各异。

　　南非语即为一例。荷兰殖民者到达南非后，陆续又有其他移民混入，于是形成了一种在荷兰语基础上融合了葡萄牙语、马来语以及一些非洲原住民语言的新语言，它随着南非白人（布尔人）的民族自觉而得以标准化。南非语在南非白人反抗英国殖民统治的运动中被赋予很高地位，南非独立后，白人政权大规模推行南非语，但黑人族群则将之视为种族主义象征，这些说祖鲁语、科萨语等语言的民众遂选用英语来反抗白人的强权。

　　于是 1994 年南非种族隔离结束后，英语竟逐渐成为政府的首要使用语言。

南非种族隔离时期，一块"仅限白人"的警示牌。上为英语，下为南非语

　　这些克里奥尔语的形成相对自然。但就算有足够强大的教育系统，完成母语转换也不是那么轻松的事情。以色列人复活希伯来

语是一个语言复活的经典案例，通过几十年的努力，以色列人成功让以说意第绪语和其他东欧语言为主的犹太人后代改以希伯来语为母语。在以色列教育体系的支撑下，复活的希伯来语和古希伯来语差别并不算大。饶是如此，欧洲人不适应的诸多喉音在"新希伯来语"中也不见了踪影。

同样以华人为主的新加坡在官方多年强推下，英语已是首要通行的语言，随之而来的就是所谓的"新加坡英语"，充斥着 la、hor 等语气词的新加坡英语大概也的确是华人社区大规模学习英语最可能的产物。

从纯粹的语言学角度看，海地克里奥尔语、现代希伯来语和新加坡英语并不比法语、古希伯来语、英语低劣，然而，几乎所有中国人学习英语的目标都是一口"地道的伦敦音／纽约音"。以目前中国的语言环境，这无疑是一项只有极少数生活在金字塔尖的人才能完成的任务。

为什么有那么多说得出来，却写不出来的字

duang duang duang! duang 一词首现于"恶搞版"成龙洗发水广告，创作者将庞麦郎《我的滑板鞋》与某洗发水广告剪辑为《我的洗发水》，并配上了 duang 的声音，随后这个词以不可思议的速度迅速蹿红。

但这个 duang 带来一个巨大的烦恼——似乎没有任何一个合适的汉字可以用来写这个音。虽然一些有心人做了尝试，譬如有人试图把 duang 解作"多党"合音，也有人把 duang 写成了上"成"下"龙"的形式。不过此类诠释很难获得大众认同，所以至今 duang 还是主要以拼音形式流传。

为什么 duang 用汉字写不出呢？这当然是因为汉语（普通话）中并没有任何一个字读 duang 音。事实上这个音节在普通话中根本就不存在，自然也写不出。

汉语有严重的同音字现象，同时又有大量音节被白白"浪费"。一个音节在汉语中不存在，一种原因是汉语里头没这个音节的构成单位，所以该音节根本没有存在基础。譬如英语中的音位 /z/ 在普通话里缺失，所以很多中国人就连字母 z 也读得不算准，往往以拼音 z 代替。

但这种解释对 duang 是无效的——d 和 uang 都是普通话中存在，甚至司空见惯的声母和韵母，可是当它们组合到一起时，就成为不存在的音节了。

　　duang 远远不是汉语中仅有的不存在音节，拼得出来却根本不存在的音节多得简直不胜枚举，如 báng、dén、kī、hō、puàng、chēi 等等。事实上，普通话有 22 个声母、39 个韵母、4 个声调（相关概念的定义不同，统计数量会有偏差），简单连乘即可计算出普通话可能的音节排列有 3432 种，但实际使用的不过 1300 余个，尚且不到可能数值的一半。也就是说，类似 duang 这样声母、韵母都存在，但整个音节不存在的情况非但不罕见，甚至可被视为普通话语音系统的主流，真正存在的音节反倒是少数。

　　duang 这样的音节虽然不能出现于普通话的语音系统当中，但在英语中是允许出现的，譬如英文 twang 一词和 duang 就相当接近，所以普通话中没有 duang 这类音节与人的发音机理无关，也不是因为中国人就是不爱用 duang——如果把视角暂时从普通话放大到汉语方言，则海南话中"庄"读音即为 duang，老南京话"短"也读为 duang。

　　也就是说，duang 音在普通话中不存在，并不是因为这个音本身有多难发，而是普通话的语音系统里面并不允许这种组合。亦即在普通话的语音组合法里，d 和 uang 的组合是"非法"的。

　　一个音节是否符合某一特定语言的语音组合法，并不是完全随机的，而是跟该语言的历史演变历程息息相关。

　　上古汉语只允许 -u- 在 g、k、h 等舌根音后出现，其他声母后都不能跟 -u- 这个介音，普通话其他声母后带 -u- 的音节多是后世由于种种原因增生而来。如"端"（duān）中的 uan 实际上来自上古的 on，"庄"（zhuāng）在近古时代以前并没有 u，后来受到卷舌声母的影响才有了 u。

　　但就 duang 而言，一方面 d 并没有增生 u 的能力，另一方面上古汉语的 ong 在普通话中读 ong，和 on 的命运迥然不同，并没有变成 uang。如此一来 duang 音没有了合适的来源，自然就不存在了。出于同样的道理，和 duang 情况相近的 tuang、nuang、luang、zuang、cuang、suang 也都统统不存在。

Peking 和 Tsingtao 分别是北京和青岛的旧译名，至今北京大学英文校名仍沿用 Peking University，而青岛啤酒商标也有个大大的 Tsingtao。这不是因为老外不谙汉语听岔了音，而是由于在近古时代，官话中在 i、ü 前的 z、c、s 和 g、k、h 均腭化为 j、q、x。

腭化后，两组声母就此混淆，例如将、姜本分别读为 ziāng 和 giāng，现混为同音的 jiāng，也因此形成了两条新的语音组合法，即 z、c、s 和 g、k、h 声母后不能跟 i、ü 开头的韵母组合（汉语拼音 zi、ci、si 中的 i 并不是真正的 i），这就是所谓的尖团合流。

这个音变对汉语语音组合法的影响如此巨大，以至于当下不少中国人发英语字母 Q 的读音都成了问题。不少人根本发不出不合语音组合法的 kiu，只能以"抠抠"之类的错误音节代替。

不过也有能人能够突破这条规律——在保守的戏曲音如京剧的韵白音中，至今演唱者尚能以 ziāng、jiāng 的形式区分将、姜。在几年前红火一时的流行歌曲《One Night in 北京》中，歌手很敏锐地抓住了普通话和京剧音的这点区别，把"想"正确地唱成了 siǎng，"情"唱成 cíng，可惜终归没能完美地提炼出读音规则，结果矫枉过正，连"京"都成了 zīng，几乎变成了一些姑娘发嗲时用的所谓"女国音"了。

在现代汉语词典中，几乎不存在 b、d、g、z、j 开头，-n、-ng 结尾，声调为第二声（阳平）的音节，所以几乎没有字读 bíng、déng、zún、juán。

这其实也和汉语语音演变有关。今天阳平声调的大多数字来自古代的浊音字。上古、中古汉语的浊音声母在现代汉语大部分方言中已经清化，其表现形式各不相同。在普通话中，古代浊音声母逢平声则使声调分化为阳平，自身清化为送气清音，变成了汉语拼音中的 p、t、k、c、q 等声母。这样 b、d、g、z、j 等声母逢阳平声时就自然而然都成空位了。但是后来普通话中中古汉语浊音声母入声字也派入阳平，由于入声属于仄声，普通话中清化为不送气的 b、d、g、z、j 等声母，如白（bái）、集（jí）等字古时皆为入声，那些空位在很大程度上由此填补。只有 -n、-ng 为韵尾的韵母不可能来自入声，因此这些音节也就只能虚位以待了。

各个语言中语音组合法的限制千差万别，汉语普通话是一种限制较多、组合较少的语言。普通话不存在 sp-、st-、sk- 这类两个辅音凑一起开头的音节，在韵尾方面，普通话就只有 -n、-ng 两个韵尾，相比而言英语的韵尾就丰富多了，除了 -h 外，其他辅音都可用来收尾，因此英语中就出现了 script、twelfths 这样结构极为复杂的音节。当然，还有比普通话语音组合法更加死板的语言，如夏威夷语中只有辅音加元音的开音节形式，类似 pan、pang、hin 之类的音节统统违反它的语音组合法。

英文 tin 作为度量单位在汉语中被译为"听"，韵母是 ing 而不是和英语发音更接近的 in，这仍然是语音组合法在作怪——普通话中 t、d 声母不能和 in 组合。这是由于古时候和 in 组合的 t、d 都被 i 带着卷舌了，tin、din 变成了 zhen、chen，又没有其他音节变过来补位，因此就出现了 tin 无字可用，被迫用"听"的怪象了。

自然，符合语音组合法的音节也未必就一定能正好有个字，如 zěi 是一个理论上完全合乎普通话语音组合法的音节，但这个音节在普通话中并没有对应的字。需要指出的是，语音组合法虽然在一般情况下相当严密，但也不是全无漏洞，有一些音节仍然能突破语音组合法的束缚，变不可能为可能。

　　拟声词往往可以突破一种语言原有的语音限制，只是这种新的口语音有时候很难记录下来罢了。如表示巴掌扇到皮肉的 pià，就突破了普通话的语音组合法。而 duang 本质而言也是个类似的拟声词，在口语中已经出现，但在相对封闭的汉字系统中没有出现与之相配的新字。

　　尽管如此，成功进入书面语的拟声也不是完全没有。"啧啧"是常用来表示咂嘴声的字，虽然名义上有个字典读音 zé，实际上恐怕没人真在拟声时字正腔圆地念"则"。就这样，咂嘴声幸运地拥有了汉字写法。

　　相对来说，较为开放的拼音文字系统可以记录的超出常规的语音组合法的拟声词就更多了。同样的咂嘴声，在英语中写作 tsk，还有表示猪哼哼的 oink、长舒一口气的 whew 等实际上也都是不被英语语音组合法允许的音节，却都打破了规律。

　　此外，借词有时候也可以打破一种语言的语音组合法定律。如英语 sphere 借自希腊语，英语本来不允许 sf- 开头的组合，这个希腊借词却突破了这条语音组合法规律。粤语在借入了英语的 pump 后也多了个 baml（泵）的音节，突破了广州粤语本有的 b、p、m、f 声母后不能跟韵尾为 -m 的韵母的定律。

　　两字合音有时候也能创出一些违背语音结合法的音节。普通话里有个"不用"的合音"甭"（béng），就突破了 b 声母阳平声调没有 -ng 韵尾音节的规律。而很多吴语都有"不要"的合音，写作"覅"，读音往往超出当地方言常规。普通话从吴语中引入了这个"覅"，竟也多了个本不存在的 fiào 音。

　　未来如果 duang 流行的时间足够久、范围足够广，人们也未必不会最终创造出一个为社会承认的字来表示这个音。譬如陕西名吃 Biángbiáng 面，就有了专门为之创制，并在社会上广泛流行的一个笔画数高达六十、根本没有字库收录的字。为了方便记忆该字写法，有人甚至编出了"一点戳上天，黄河两头弯。八字大张口，言官朝上走。你一扭，我一扭，一下扭了六点六。左一长，右一长，中间夹了个马大王。心字底，月字旁，拴钩搭挂麻糖。推着车车走咸阳"的顺口溜。这样看来，duang 的上"成"下"龙"写法的用户友好度可要算高得多了。

方言与古汉语

为什么"姑苏""无锡"含义难解

 中国方言众多，各方言的使用人口也千差万别。其中使用人口第一多的官话，其使用人数高达 8 亿以上，分布范围包含中国整个北方和西南地区，而东南地区的方言一般只占一省之地，偏于一隅。在这些东南部的方言中，以分布于江苏南部、上海、浙江等地的吴语的使用者数量最多，达到 7000 万人以上。

 由于现代吴语的分布地区大致在长江南侧，与江北的江淮官话可谓划江而治，正应和曹丕"此天所以限南北"的老说法。因此吴语在本地被认作江南话，以和被称作江北话的各类江淮官话区分。在老一辈吴语人眼中，语言上的分隔远比地理上的分隔更为重要，南京和镇江虽然地处江南，但由于居民主要说江淮官话，因此南京人和镇江人也被认为是"江北人"。

 众所周知，江南地区自古以来是全国重要的经济文化中心。这样的一个地方居然说一种和全国主流迥异的方言，可说是非常奇特的现象。

 汉语是一种发源于中国北方的语言。整个夏商时期，中国历史都是围绕着今属河南、山西西南、河北南部、陕西东部和山东西部的中原地区转。江南地区在那时属于遥远的边鄙，不入中原人的法眼，主要居民是断发文身的百越人群。

 称"百"，自然是说明这个族群的多样性。不同的部落，其文化、发展状态都千差万别。其中分布于今天浙江的一支发展较快，形成了较为完善的国家结构。这也就是后来的"越国"。

根据传世文献记载，越国是个在所谓的夏朝时代就存在的古国，到战国被楚国灭掉时已历经 1600 年。这个长寿小国的主要竞争对手是在其北面的吴国。

吴人称自己的祖宗是在周朝时因不愿与弟弟争夺天子之位而从陕西北来的周朝宗室成员泰伯，故事虽精彩，但疑窦丛生——在当时的条件下，泰伯要从陕西安全跨越整个中原落脚江南并成为当地部族领袖，实在不是件能轻易办到的事。传世吴国世系中历代吴王更是有"彊鸠夷""熊遂""屈羽""颇高""句卑"之类显非汉语的名字。泰伯奔吴之说很可能是后来的吴国王室为了往自己脸上贴金而捏造出的一个神话，这种冒认北方贵胄作祖宗的戏法在吴语区乃至整个南方后来还将不断上演。

当时吴越地区通行的语言以现有的资料并不能完全复原，但从史料中可以看出，吴越的部分王室成员似乎汉语相当流利，和中原诸国交流并没有遇到什么严重困难。吴国的延陵季子更是久享中原饱学之士的赞誉。

但这完全不能表明当时的吴越民众已经在说汉语了。《越绝书》中有一篇叫作《维甲令》的记录，大致意思是越王勾践督促越国民众厉兵秣马，准备迎战：

> 维甲　修内矛　赤鸡稽繇　方舟航　买仪尘　治须虑　亚怒纷纷　士击高文　习之于夷　宿之于莱　致之于单

可以看出，即使其中一些词句已是汉语，《维甲令》中大量语句依然令人难以理解，里面越人谓船的"须虑"之类的词，显然只是音译。

其实，江浙地区司空见惯的地名中往往也暗藏这种玄机。比如姑苏、无锡、余杭、盱眙、余姚之类的江浙地名与大兴、汴梁、曲沃、咸阳、长安、洛阳之类的中原地名相比，会让人感到格外难解。

这些地名都是古越语的地名，在吴越地区彻底汉语化后，地名却顽强地存留了下来。这种情形在历史上一再发生，如今天的东北地区几乎完全汉语化，但哈尔滨这种来自满语的地名仍然得到保留。

根据语言学家郑张尚芳的解释，无论是《维甲令》中的怪词，还是今天江浙的各种怪异地名，实际上都可以在泰语等侗台语言中找到根源，如"须虑"为船，与泰语的船 /rɯa/ 相合；而姑苏则含有令人称心的意思。

今天以产小龙虾出名的盱眙在上古时代也属于吴越文化圈，而盱眙两字意为善道。无锡则更为传奇，"无"上古音是 mɑ，其实即为侗台语"巫"的译音，而"锡"通"历"，锡山即为历山，因此无锡的名字有"历山之巫"的含义。

就此看来，恐怕在春秋时期吴越两国的大体情况，是至少上层已经有人可以说很好的汉语，而民众则继续操着百越自己的语言。吴越贵族操的汉语与现代吴语并无直接传承关系。

经过秦朝和两汉的发展，吴越地区的汉化程度越来越深。居民已经开始整体转用汉语，百越语言只在地名和某些词上有所保留，如温州话把柚子称为 /pʰ3/（櫜），即为越语遗迹。两汉之交王莽下令把无锡改为"有锡"，则充分说明无锡的本义已经被人彻底遗忘，王莽不知其本义，故做出此等糊涂事了。

但是此时江南地区的汉语仍然和中原地区的汉语有着相当大的距离，这时的江南汉语与其说是现代吴语的祖先，还不如说是现代闽语的祖先。而真正为当今的吴语打下牢固基础的，其实是发生在两晋之交的永嘉南渡。

永嘉南渡对吴语的影响非常巨大。在南渡过程中，大批北方家庭南下，定居于设置在江南的各侨郡侨县，如在今常州地界设置的南兰陵郡，便安置了从山东兰陵南下的避祸难民。就如今天大量涌入长三角地区的人士对当地语言生态产生了重大影响一样，永嘉时期南渡的大量北方人也深刻影响了江南地区汉语的发展。

当时南下北人中有大量的士族家庭，其政治文化地位更高于江南土著，因此他们在江南地区形成了一个说当时中原汉语的群体。这些家庭往往力图避免江南地区"语音不正"对家庭年幼成员的影响，来自山东琅玡的颜氏家族就是典型。

《颜氏家训》的《音辞》篇着重强调了正音的重要性和颜氏家族对正音的执念，所谓"吾家儿女，虽在孩稚，便渐督正之；一言讹替，以为己罪矣"，在这样严格的训练下，南下士族的语言并没有受到迁入地太多影响。

由于当时北方不断动荡，语言变化剧烈，到了颜之推的时代，南下士族的语音已经比留在北方的人保守不少，其"正音度"更胜中原。故而颜之推会有"然冠冕君子，南方为优；闾里小人，北方为愈"之叹。只是毕竟寓居江南日久，小范围的"南染吴越"总是难以避免，譬如《颜氏家训》中提到"南人以钱为涎，以石为射，以贱为羡，以是为舐"，即 dz/z 不分，这种特征在今天的不少吴语中仍然存在。

永嘉南渡过去几百年后，当年的南渡士族带来的中原语音渗入下层，把江南地区的汉语彻底洗刷了一遍，原本的江南汉语就此退出江浙地区。江浙地区的语音和中原语音的距离因此才拉近了不少。

到了唐宋时期，今天的吴语区长期处于一个行政单位内，唐朝开元二十一年（733年）江南道拆分后，今天的吴语区几乎全部属于江南东道。到了宋代，吴语区又被划入两浙路，只是这次南京被划入了江南路，埋下了南京和吴语区分道扬镳的伏笔。

在此期间吴语区语音变化的速度仍然比中原地区慢得多。陆法言的《切韵》本来是以中原汉语为基础，但到了唐朝后期李涪居然写出一本《刊误》指斥其"然吴音乖舛不亦甚乎？上声为去，去声为上，又有字同一声分为两韵"。

李涪之所以产生如此误解，主要原因是《切韵》中的浊音上声字和浊音去声字如道和盗分得很清楚，而在中唐以后，这两类字在北方话中逐渐合并。《切韵》当中不少能分的韵母，如"东""冬"，虽在当时的北方汉语中也已合一，但江南地区的语音更加保守，仍然能分，加之陆乃是江南著姓，所以竟让李涪误以为实际上出身河北的汉化鲜卑人陆法言是在用吴音著书了。

吴语保守的面目一直维持到了明朝。明朝早期昆山地区的地方韵书《韵要粗释》显示，当时的昆山话 -m、-n、-ng、-p、-t、-k 六个中古汉语的辅音韵尾一应俱全，和今天的广州话一样。加之吴语声母向来保守，保留了中古汉语塞音声母的三分格局。

这种局面继续下去的话，今天吴语就会当仁不让地可称是保留了最多古汉语语音的汉语方言，北方人更无从嘲笑江南人分不清前后鼻音了。只是在这关键时刻，吴语区一直以来的文化中心苏州发生了重大变化。

明朝冯梦龙记载苏州民歌的《山歌》表明当时的苏州话已经发生了剧烈的音变，-m、-n、-ng 开始混而不分。山歌中经常出现 -im（如金）、-in（如斤）、-ing（如经）混押的情况。

这种情况在保守的文人看来简直是令人痛心疾首的——明朝

流行昆曲，昆曲相当讲究收音到位，昆曲中心苏州发生这种严重影响收音的音变让明朝绍兴才子徐渭感叹："吴人不辨清、亲、侵三韵。"彼时这个新音变波及范围其实不大，当时苏州附近的常州和绍兴都还能分清区别。

可惜好景不长，由于苏州在江南地区的文化核心地位，很快各地吴语全都走上音变快车道，自此吴语和北方话的距离再次越拉越大——这次不是北方变得快，而是吴语一骑绝尘了。

随着吴语在明清时期的快速音变，现代吴语的各项特征开始形成，如韵尾模糊、元音数量多等等。同时，北方话也在继续给吴语施加影响，如上海话"人"口语说"宁"，但是在人民一词中则读zen。不过，此时吴语在江南地区已经根深蒂固，北方话的影响比起永嘉南渡时的彻底清洗已经可谓极为有限了。

上海话是怎么取得江南地区的霸主地位的

　　1851 年，广东花县的落魄书生洪秀全纠集了一帮客家乡勇，太平天国运动由此开始，而在数千里之外的吴语区，却似乎一切照旧。虽然盛清的光辉已经渐渐过去，鸦片战争中国惨败，上海在列强逼迫下被迫开埠，但是对于多数江南居民来说，日常生活并没有受到太大影响。农民和市民仍旧各司其职，富裕的士绅阶层仍然努力在随着人口增长难度越来越高的科举考试中试图出人头地，而官府则忙于应付日常事务，譬如对付日趋流行的滩簧之类。

　　没有人会想到，在接下去的十几年中，这场当时看似不值一提的运动会席卷整个江南，并对吴语的发展造成不可逆的影响。

苏州永禁滩簧碑。乡民热衷滩簧，不喜昆曲一向令地方官极为头疼

1851 年，经过盛清时期人口的大规模扩张，全国人口大约为 4.336 亿，而江南地区人口尤其稠密。在江南诸多市镇中，居于顶端的则是苏州城。据估计，当时苏州府城的人口超过 100 万，可与首都北京相匹，是当之无愧的全国性大城市。苏州文化的繁荣更是趋于巅峰，一地的状元进士人数甚至可以和西部许多省份相匹敌。苏州制作的工艺品更是远销五湖四海，各种流行风潮也从苏州扩向四方，时人称许道"苏州人以为雅者，则四方随而雅之；俗者，则随而俗之"，至今四川地区仍然把洋气称作"苏气"。甚至连苏州人都成了被争相哄抢的紧俏"商品"——其时苏州有一个特殊产业，正是贩男鬻女供远地人作姬妾或伶人等用。

乾隆二十六年（公元 1761 年），为了给母亲庆祝七十大寿，乾隆皇帝在远离吴语区的北京特意仿造苏州的街景，从万寿寺到海淀镇修建了一条长达数里的商业街。该条商业街效仿江南风格，五步一乐亭，十步一戏台。皇帝又从苏州选来一批商人在此经营店铺，一时之间吴侬软语响彻该街，这条街也就是现在海淀区的苏州街。

苏州极高的经济文化地位为苏州话在吴语区乃至全国的流行奠定了良好的基础。苏州旁边的松江府在明朝时语言方面尚是"府城视上海为轻，视嘉兴为重"，到了清朝则演变为"府城视上海为轻，视苏州为重"——苏州一时风光如是。

在戏曲行当，苏州话的地位则更加崇高，甚至有"四方歌者必宗吴门"之说法。虽然昆曲自始至终是一种用官话演唱的戏曲，但是丑角念白则大量使用苏白，同时遍布全国的文人曲家在传唱昆曲时也多多少少带上了苏腔。

其时，吴语人口在全国仅次于官话人口，大约占全国人口的 14%，远远超过其他南方方言，以苏州话为代表的部分吴语文化地位更是远非其他南方方言可比。不过，大灾难已经在酝酿当中了。

太平军自两广起兵后逐渐北上，1852 年，太平军占领湖北湖南两省。由于两湖地区位于长江上游，顺江而下自然就成了太平军的进军选择。1853 年，沿江东进的太平军攻克安庆，并占领南京。南京虽然自身并不在吴语区范围之内，但是作为东南重镇一直是江浙西部的屏障，南京的陷落使得全江浙人心惶惶。

自此太平军时时袭扰江浙地区，江南各地纷纷组织团练试图阻止太平军进犯。因此在一段时间内，江南腹地并未遭受毁灭性打击。不过，事情终究朝着坏的方向发展了。1860 年，李秀成率军东进，接下来的一年多里，李秀成部陆续攻克常州、无锡、苏州。时任江苏巡抚徐有壬采取坚壁清野策略，纵火烧毁了苏州繁华已久的阊门外商业街，苏州作为主要商业中心的地位被永久性地毁灭。1861 年，太平军又攻占杭州，战事几乎让杭州全城居民死光，宁波、台州等浙东都市也先后陷落。

旷日持久的兵燹之祸对江南吴语区的一切都造成了毁灭性的打击。据统计，1851 年，江苏省总人口 4430.3 万，苏南、苏北分别为 3269.6 万和 1160.7 万，战后苏南人口减少了 1830.9 万，苏北增加了 208.9 万，自此吴语失去了江苏省第一大方言的地位。几乎全境都操吴语的浙江人口则由 3127 万减至 1497 万，浙江所有州府除温州府外人口统统剧烈下滑，其中湖州府人口更是由近 300 万跌至不足 10 万。

吴语区除了人口骤减外，地盘也缩小了不少——战后江南地区赤地千里，官府组织了不少垦殖移民以填充损失的人口。这些移民往往原籍非吴语区，在一些人口损失特别严重、移民数量特别多的地方，更出现了"喧宾夺主"的现象，吴语在日常交际中的地位让位给了移民的方言。

这种现象在皖南各地特别明显。太平天国战后皖南大片吴语区缩小，今天更只限于泾县等少数几个县。而本来地处江浙腹地的金坛由于人口灭杀严重，今天县城和西半部已经多说江淮官话，只有东半部仍然说吴语。

苏州在太平天国时期遭受的祸害尤其严重，经济虽然后来有所恢复，但是苏州引领全国风雅的那个时代已经一去不复返。吴语区陷入了群龙无首的尴尬局面，各地方言也纷纷发生重大嬗变，如宁波话早期记录和20世纪初的记录就已经相差不少。

如果说在江南竟有因太平天国运动而"受益"的，那非上海莫属。战争期间大量江浙两省的富裕绅民和平头百姓纷纷涌向相对安全的上海租界避难。虽然太平军一度也试图进攻上海，但是终究没能战胜洋枪大炮。

上海开埠早期租界内有大量闽粤移民，大批迁来的江浙移民不但重新巩固了上海当地的吴语，同时让本就有一定经济基础的上海得到迅速发展。上海取代了苏州和杭州，成了江南地区的经济中心，很快，上海的商贸就超过了千年商都广州。

大批迁徙而来的江浙移民对上海方言也产生了重大影响。上海本属松江府，当地的吴语和松江府其他吴语一样，由于地处偏僻一向较为保守，但是大批移民的迁入改变了上海话与周围松江府的吴语的连续性。

移民在学习和自己方言比较相近的另外一种吴语时往往会带上自己的口音。虽然苏州已然衰落，但由于苏州在历史上具有比较崇高的文化地位，苏州口音仍然有着较高的权威性质，新形成的城市方言上海话也受到了苏州话的强烈影响。

最能体现苏州话影响的是南、贪等字，这类字的韵母在松江府的吴语中本来读作 e，1853 年上海开埠不久后传教士记载的资料中也是如此表明的。但是到了 20 世纪初期，上海话中出现了两派并行的状况，一些人读近苏州的 oe，一些人仍然读上海本来的 e，两派人互相说对方上海话不地道，带有"苏州腔"或"浦东腔"。如今经过百余年的演变，oe 派已经大获全胜，市区居民的上海话已经极少有 e 的读法了。

江浙移民融合形成的上海话发音相对简单易学，又由于上海的急速发展，到了 20 世纪初期，已经具有江浙一带"普通话"的地位。语言学家赵元任先生的研究中就曾提到，当时常州人和无锡人见面时往往双方都说上海话，尽管常州话和无锡话其实本就能够互通。

不过上海话的强势终究是昙花一现，现代以来江浙地区始终没能出现如香港那样对外有巨大影响的吴语文化生产中心。上海电影虽然也一度兴盛，但是拍摄始终采用普通话。吴语更是从教育领域全面撤出，以至于如今一些人甚至看不惯写"上海人"而偏要写"上海宁"。在南方主要方言中，吴语的前景实在不妙。

乐观的角度看，虽然吴语未来可能会被普通话取代，但是江南仍将是人文荟萃、千载繁华之地——只是那时所谓的"吴侬软语"，人们就只能靠自行想象方知其中真味了。

无锡人钱穆为什么一辈子说苏州话

1895 年 7 月 30 日，钱穆先生出生于无锡荡口鸿声乡七房桥。在 20 世纪中国史学四大家吕思勉、钱穆、陈寅恪、陈垣中，钱穆先生最为高寿，又旅居物质条件较好的台湾地区。相比其他三位大家只留下文字著作，钱穆先生还留有一些接受台湾媒体采访的片段。在这些珍贵的视频片段中，讲述自己对传统文化传承看法的钱穆先生，操的是一口江南方言。

钱穆虽然是无锡人，口音却像苏州话。身为钱穆无锡老乡的许倬云先生在纪念钱穆的文章中提到宾四先生口音时曾说："他的口音比较偏于苏州方面。也许因此，他怀念的是苏州，而钱夫人替他安排的吉穴，也是在苏州的西山。"

钱穆先生本是无锡人，又曾在常州接受教育，年少时并无长期居住苏州的经历，他是如何染上苏州口音的呢？

不平衡的"苏锡常"

江苏省因省内经济文化差距较大，地域之间严重不平衡，在网上甚至被调侃为"内斗省"。在这个"内斗狂热"的省份，方言和文化基本分为三个大块。

徐州一带和山东、河南类似，从淮河流域一直到长江以南的南京和镇江以江淮方言为主，最靠东南的苏州、无锡、常州三市则是吴语"坚定的北方堡垒"。虽然苏锡常三市偏居全省东南角，人口也并不占优，但是由于历史原因形成的经济文化地位，在竞争中可谓独占鳌头，处在链条的顶端。

同属吴语区的苏南三市文化接近，互相往来频繁。虽然现代方言学者把常州话划为毗陵小片，把苏州话和无锡话划为苏沪嘉小片，但是苏锡常方言的相通度仍然非常之高。江苏电视台综艺频道一度曾有热门节目《江苏方言听写大赛》，来自苏锡常的选手一般均可轻易听懂另外两市的方言，而其他市的选手则视苏锡常方言为畏途。相比之下，常州人要想听懂同属所谓"毗陵小片"的丹阳话、通东话反而更加困难一些。

不过，苏锡常方言的势力可并不那么平衡。以当下政治经济文化的综合实力看，苏南三市大概是苏州强于无锡，无锡强于常州。而在90年代苏州经济崛起前，无锡是不折不扣的苏南第一大城市，但从方言分布看，无锡话的地位可远远没有这么风光，恰恰相反，无锡话在苏南可谓相当弱势的方言。

从分布范围来看，常州话分布于原武进县全境、江阴的西乡、金坛的东乡、宜兴北部、丹阳东部、无锡西部。而苏州话分布范围也基本覆盖原吴县（除最北部），无锡东乡大片地区以及其他一些周边县市最靠近苏州的地方。

已经可以看出，无锡话非但在外县鲜有分布，甚至于无锡本县也分别被常州话和苏州话咬掉不少地盘。不光如此，无锡话甚至在和常熟话的竞争中也落了下风，无锡东北部的部分乡镇说话就带常熟腔。

所以钱穆先生说苏州话毫不奇怪，鸿声正好处于无锡的东部，当地的方言本来就带苏州腔。可是令人奇怪的是，经济发达、人文荟萃的无锡，方言却格外弱势。

无锡话为何弱势

语言作为一种不断变化的物事，在绝大部分情况下有向中心城市靠拢的趋势，而在很长一段时间内，苏南地区的中心绝对是苏州。今天苏锡常三市虽然存在实力上的差距，但是大体而言三市市区相差并不算大。不过在古代，苏州城的地位则远远高于无锡、常州。

苏州的城市规模相当巨大，太平天国以前，苏州城市人口高达百万以上，与之相比，清朝常州城的人口顶多超不过 20 万，无锡城情况也类同。苏州不但是繁华的商业都市，同时也是富庶程度数一数二的苏州府的府城，非但如此，当时统领江南精华之地的苏州府、松江府、常州府、镇江府、太仓州的江苏布政使和江苏巡抚均驻苏州，苏州在一定程度上可算作江苏的省会。如此多的有利条件叠加，苏州话的地位日益高企是可以预料的结果，在极盛时，苏白作为四大白话之一不但被人写入文章，甚至影响到了北京——虽然昆曲理论上说不应该带苏腔，但北京昆曲界的念白读音就受到了苏州的影响。

在遥远的地方尚且如此，在地理相近的江南各地，苏州话更是有着极大的权威，对各地方言都有巨大的影响，江南民间普遍认为苏州话"好听"正是这种地位的体现。19 世纪后期的常州话本来越 / 欲不分，均读"越"，但在苏州话的影响下分了开来。而对于近邻无锡，苏州的影响就更加大了——旧无锡话中家音类"姑"，和常州较为接近。但是后来在苏州的影响下，无锡变得和苏州一样"家""街"同音了。

在文化界，苏州的影响至为明显。锡剧本脱胎于常州滩簧和无锡滩簧，普通话读 ou 的韵常州、无锡两地普遍读 ei。但是锡剧在碰上这种字的时候很多演员会刻意模仿苏州 eu 的读法——这样的处理方法实际上拉远了和听众之间的距离，但是带上这么点苏州腔调就往往会被认为更加"高雅"。文化人甚至以带苏腔为荣，如常州话本能分雪／息、春／村，但是有些常州的文人说话时却会模仿苏州口音，故意把这两组字读成同音。

由于人们对苏州心驰神往，离得近有模仿条件的，如无锡东乡就干脆变成了苏州话的地盘，也无怪乎钱穆先生连埋骨之地都一定要选择苏州了，甚至世代居住北京、出身皇族的红豆馆主也在遗嘱中嘱咐家人将他葬于苏州。

相比苏州，常州自然没有那么神圣的地位，但在近代以前，常州一直是常州府的驻地，而无锡则为常州府下辖的一个县。虽然在清朝由于运河淤积等原因，无锡在经济上渐渐超过常州并最终于民国时期脱离常州，但是在文教方面则仍然长期倚重千年府城。钱穆先生虽然出生在无锡东乡，和常州的距离远远远过苏州，但是仍然在 1907 年选择入读常州府中学堂。另一位民国史学大家吕思勉时任该校老师，常州文教之盛由此亦可见一斑。要等到无锡彻底脱离常州府后，无锡人才才出现了"孔雀东南飞"的景况，如出生稍晚的无锡名人钱伟长、钱锺书、杨绛等均在苏州接受教育。

长达千余年作为常州府属县的历史改变了无锡西乡的方言地理，常州话就这样渗入了无锡的西乡。同样都是县，作为幅员广阔、人口众多的苏南巨县的方言，常熟话相对无锡话也表现得更加强势也就不奇怪了。

当然，随着无锡经济地位和政治地位的升高，在近百年中，无锡话在很大程度上已经扭转了相对周边方言的弱势地位。无锡境内传统上讲周边方言的地区的年轻人有不少逐渐带上了颇有特色的无锡腔，假如不是普通话介入的话，钱穆先生老家的乡音变成道地的无锡话可能也只是时间问题。

粤语真的是古汉语的"活化石"吗

一次饭局上，某香港知名演员被同桌湖北女生对粤语的轻慢态度激怒，不但当场教育她中国古代唐诗宋词中很多词语至今还在粤语口语中有所保留，更是在微博上写文章力挺粤语，从而引发轩然大波，一时间响应者甚众：有人说普通话才是"胡语"，粤语被"联合国承认定义为语言"，唐诗要用粤语读才妥当……粤语"没文化"立马成了"政治不正确"言论。

然而如果刨除争论者对于自己母语的感情因素，他们的论据实在可谓错得离谱。

从侗台南越到华夏广东

对于生活在北方的很多中国人来说，粤语所在的两广地区一向是一片"天南蛮荒之地"。华夏人起源于现在的中原地区，就算是东周时期控制了南方广袤疆土的楚国，也没能对两广施加太多影响，上古时期的两广地区对当时的华夏人而言是一块极其陌生的区域。

秦朝南征，才将岭南正式纳入中国版图。出生于今天的河北正定、随秦军南下的赵佗后来更是成为南越王。汉语也由此被大规模带入岭南地区。

然而此时的岭南只有番禺（今广州）等几个城市才有汉语区分布，城外则是大片大片的俚人、僚人地区。无论是俚人还是僚人都是说侗台语的人群，上古时期他们广泛分布在中国东部地区，春秋时期著名的吴国、越国皆为他们所建立。但随着时间的推移，侗台人群的分布区域逐渐南缩西移。原本是侗台人分布核心地区的江南在先秦基本完成了汉化，岭南则成为侗台人新的核心区域。

广东一带俚人分布尤其广，粤西从茂名到雷州半岛的地盘基本都是俚人的乐土。俚人首领地位崇高，如南北朝时著名的俚人女首领冼夫人，就与统治岭南的世袭汉官冯氏联姻并征伐海南，将其再次纳入中国版图。

此时的岭南和当时的朝鲜、越南北部颇为类似，城市中的华夏移民讲汉语，而人口上占据绝对优势的土著居民则在受到汉语影响的同时仍然使用本土语言交际。从后来朝鲜和越南的发展可以看出，这种情况下只在少数中心城市才有人运用的汉语很难生存下去——在朝鲜和越南土著语言受到汉语重大影响的同时，当地汉语却逐渐绝迹。而这种由秦朝移民带入两广的汉语，也确实并非当今粤语的祖先。

进入中古时代以来，中国对岭南的统治较为稳固。虽然偶有南汉之类的割据政权，但是岭南地区始终被视为中国领土的一部分。

作为中国一部的岭南距中原实在太远，隋唐时期中原人对岭南人的歧视几乎不加掩饰。禅宗六祖慧能在初见五祖弘忍时，身为高僧的五祖竟然说："汝是岭南人，又是獦獠，若为堪作佛？"五祖作为高僧大德，本应知道佛教强调众生平等，但是歧视岭南人的风气根深蒂固，以至于竟无意失言。而六祖慧能以"佛性本无南北"巧妙地回避了出身问题，但后来也不得不承认自己"语音不正"。

事实上，六祖慧能虽然出生于新州（今广东新兴），但是祖籍却是河北范阳，家在岭南不过一两代人，就已经语音不正、遭人歧视了，可见当时岭南与中原的差别之大。

　　唐朝岭南文化发展水平还可从五代割据岭南的南汉政权的一次嫁女事件中窥得蛛丝马迹。

　　公元 925 年，统治西南的大长和国骠信郑仁旻派遣弟弟郑昭淳以朱鬃白马向南汉求婚。大长和国本是南诏权臣郑氏家族篡位所得，得国不正，因此亟须中国公主以固国本。然而，作为西南边民，大长和国并不十分被南汉君臣待见。因此，南汉提出要郑昭淳和南汉群臣共同赋诗以检验其文化水平，结果却让所有人始料不及。

　　南诏人虽为西南乌蛮、白蛮出身，但向来汉文化水平极高。大长和国继承了南诏传统，郑昭淳赋诗水平竟远为自诩中国的南汉群臣所不及，场面十分尴尬。最终南汉将增城公主和亲至大长和国。

　　在整个北宋时期，岭南的状况相比之前仍然没有太多改变，虽然岭南人口增长较快，但并无太多移民进入，这主要是土著人口迅速增长所致。

南蛮𫗦舌还是中原正音

　　诡异的是，到了南宋时，朱熹却说："四方声音多讹，曰：却是广中人说得声音尚好，盖彼中地尚中正。自洛中脊来，只是太边南去，故有些热。"作为博学硕儒，朱熹显然不会信口开河，莫名其妙地赞赏岭南人的语音。这是因为此时岭南语言和唐五代时相比已经发生了根本变化，由边陲"獦獠"之语变成较标准的语音代表了。

　　发生这一显著变化的原因要归结于南宋时期大规模进入广东的移民。广东人向来有"珠玑巷"的祖先传说，即自家祖上经南雄珠玑巷迁入广东其他地区，而南宋也确实是移民蜂拥进入广东的时代。这些移民绝大多数进入今天广东中部的广府地区，其中又以定居广州及周边各县的为主。据可考的宋朝珠玑巷移民入粤家族资料统计，香山县得四十九族，南海县得四十六族，新会县得三十一族，广州城得十九族，番禺县得十二族，东莞县得十族，其余各县均在五族以下，今天的客家地区和潮汕地区则一族都没有。

大量迁入广东的新移民来源极其多样：以今天江西、河南为主，兼有湖南、江苏、安徽、山东、河北等地。除了将岭北汉语带入，杂乱的移民来源使新入粤移民更倾向于以当时的标准语作为自己的日常语言，一种接近中原晚期中古汉语的新方言就此在广州附近形成。

大批移民不但带入了新的语言，同时也加速了岭南的汉语化进程，在之后的几百年内，广东地区居民基本变成了全盘说汉语。新形成的粤语区不但占据了广东中西部的大片地区，而且沿着西江西溯广西，抵达梧州、南宁、玉林、贵港等广西重镇。今天的粤语绝大部分特征并没有超出宋朝晚期的中古汉语范畴，少数存古特征如能区分泰韵和咍韵则是受到了移民源头的南方汉语影响，层次相当单纯，和早已分化形成的南方汉语如吴语、闽语在存留中古以前汉语痕迹的程度上不可同日而语。

由于粤语区在两宋成形后始终处于相对与中原地区隔绝的状态，并未遭遇近古时期以来的各种战乱动荡影响，粤语这种由两宋时期汉语南下形成的方言后来的演化远比北方的汉语慢。金元以来，北方话经历了入声的合并与消失、韵尾 -m 并入 -n 等诸多重大音变，不少本来押韵的诗词由于语音的变化，韵脚变得不那么和谐。与此相比，粤语虽然也经历了诸多音变，然而其韵尾变化远比官话保守，至今仍保留了中古汉语的六个韵尾。韵母虽然演变幅度较大，但是很多情况下押韵情况仍然比官话保留得好得多，尤其在押入声的诗词中，如杜甫的名诗《佳人》韵脚字为谷、木、戮、肉、烛、玉、宿、哭、浊、屋、掬、竹，普通话有 u、ou、yu、uo 四种韵，而粤语中所有韵脚字韵母均为 uk，押韵近乎完美。如果说粤语保存了不少古汉语的语音，那也主要是两宋时期的晚期中古汉语，和南北朝到唐中期的典型中古汉语已经有了不小的区别。

粤语是不是古汉语标本

在各种南方少数民族语言的包围影响和自身的演变下，粤语也远远说不上是一尊古汉语的活化石。

粤语中保留了大量古汉语的词汇，这是事实，但是同时粤语的不少词汇来自侗台语。广州话"这"说成 ni1，一般广东人会将这个意思写作"呢"。这个词在其他汉语方言中几乎找不到对应词，但是和壮语、泰语的近指代词却极为相似，可确定同源。

从语音上说，当今的广州话并非 8 个声调，而是 9 个声调，本来的阴入调依据元音长短分成了上阴入和下阴入。这种现象在汉语其他方言中非常罕见，在侗台语言中则是司空见惯，以至于有的侗台语由于长短分调，声调有 13 个之多。

南迁后千年的演变也让粤语语音在很多时候并不能还原古诗的押韵情况。如家喻户晓的《锄禾》诗中韵脚字是午、土、苦，中古汉语三字韵母都是 uo，普通话三字韵母皆变成了 u，但粤语三个字分别读 ng、tou、fu，完全不押韵。

土在百多年前的粤语中本和普通话一样也读 tu，至今一些广东乡下和广西的粤语发音依然如此。但是广州话在近一百多年产生了 u→ou、i→ei、yü→eoi 的音变，由于并非所有声母后都有这样的音变，因此许多本来押韵的诗歌就由于这个小小的音变也就变得不押了。可以看出，通过诗词押韵来推测一种方言是否"古老"有多么不可靠。事实上，与清朝初年广东韵书《分韵撮要》对照就可以发现，粤语仅在近几百年间发生的音变就已经不少了。

　　作为一种在天南之地发展了一千多年的汉语分支，粤语承载了极其丰富的文化信息，也隐藏着广府族群南迁并融入当地历史的线索。说这样一种语言"没文化"纯属想当然的呓语，只是反驳此类言论时可能要注意，因为粤语恐怕也不比其他方言"有文化"多少。

为何唯独粤语能与普通话分庭抗礼

比起其他方言，粤语不可谓不生猛。广东省电视台的不少频道直接用粤语播报，节目从新闻到电视剧应有尽有，广州的地铁也要用普通话、粤语、英语轮番报站。与之相比，另外一座南方大城市上海，其方言就可怜多了，电视上只有少数娱乐导向的节目如《老娘舅》使用沪语，而在地铁上加入上海话报站的提议更是多次以时间不够等理由被拒之门外。

中国方言众多，何以唯独粤语能兴旺发达，甚至在一定程度上和普通话分庭抗礼呢？

粤语白话文如何书写

但凡一种语言想要"上位"，有书面形式至为重要。历史上中华文化圈长期把以上古汉语为基础的文言文作为正式书面语，虽然唐朝以后白话文开始发展，但它主要还是应用于非正式的文体，如小说、戏曲等，各类其他方言仍然处在可说不可写的窘境中。

诸种南方方言真正进行书写上的尝试是到了清朝后期才开始大规模出现的。而在为数众多的方言入文尝试当中，粤语凸显出一项巨大的优势——书写容易。

粤语分布于整个汉语区的最南端，远离中原。但是它除了吸收过一些当地土著词汇以外，在其他各方面都堪称规整。

语音上，广州话能分中古汉语的六个辅音韵尾，四声各分阴阳，也极少有吴闽方言保留的中古早期甚至上古汉语语音的特征，可谓是很好地继承了中古晚期汉语的特点。宋人已痛感"四方声音多讹"，朱熹却赞同"却是广中人说得声音尚好"，他认为粤语音正，是因为粤音从中原正音中心所在地洛阳地区的洛音继承了许多特点。

词汇层面上，虽然粤语在谚语俗话方面极其丰富，但其中绝大多数都是汉语来源，只是和北方的用法不一样罢了。如北方人说"挑剩下的"，粤人则用"箩底橙"比喻；北方人说"叫人讨厌"，粤人则说"乞人憎"，找出正字书写完全不成问题。

西方传教士卫三畏在《汉英韵府》中甚至说宁波话中无字可写的土词多过粤语十倍。彼时西方传教士忙着创制各种方言罗马字用以传教——当闽南白话字、闽东平话字乃至苏州话《圣经》大行其道时，很早就和西方接触的粤语区却没有流行的粤语罗马字。就连教会的粤语教材仍旧老老实实地用汉字，试图避免改用拉丁字母书写容易遭遇的种种社会阻力。

粤语白话文就这样在晚清民国时期开始发展成熟，其中粤剧的功劳不可小觑。早期粤剧使用所谓的"戏棚官话"演唱，其音略近桂林官话，剧本也以浅显的文言写成。但是随着20世纪早期粤剧改革，唱腔中越来越多地使用粤语，与之相应，粤剧剧本也有了书写粤语的需求，很多早期粤语白话文正是粤剧的剧本。

话虽如此，和官话白话文里面有不少于古无据的字（如"这""什么"）一样，粤语中也存在一些难以书写的词语。

传教士为了传教热衷于学习方言，卫三畏的《汉英韵府》算得上一本大方言读音字典

　　相对官话白话文来说，粤语白话文创制比较仓促，显得有些粗糙。很多粤语字都采取"口"旁加上同音字或近音字的方法来充数，如咗、呃、嚟、喺、咁、哋等。显然，当年粤人对于考求其本字这样费时费工的行为没有多少兴趣，如粤语问"谁"的时候有种说法叫 mat1 seoi2，本字其实是颇为雅致的"物谁"，但通行的写法则是"乜水"，只是借了这两个字的音而已。

　　饶有趣味的是，粤语白话字本身就能反映其历史不长的特点。例如"嘢"在广州话里说 je5，意思是东西，和野同音，但实际上这个词在 18 世纪以前的早期广州话里和野并不同音，它在粤西和广西的不少粤语里至今仍读 nje5，这恰恰说明了粤语白话文之"野"。

　　作为一种主要出现于非正式场合的文体，粤语白话文在使用上也颇为自由。当下粤港年轻人的粤语白话文中，不但 cheap 之类的英语借词随处可见，就连早有约定俗成写法的"啲"都有不少人不写，而直接以 D 来代替，其懒惰程度真是令人大跌眼镜。

尽管粤语白话文始终有那么点野路子，也不常在正式场合使用，但到底让粤语有了相对成熟的书面语，提高了自己的地位。而在正式场合，机智的粤人想出了一个很巧妙的办法——用粤音读国语白话文，于是我们就听到在粤语歌曲《上海滩》中，是还是 si6，不是"系"；不还是 bat1，不是

《分韵撮要》是粤语最重要的韵书之一，后来更是被传教士用拉丁字母注音，编成《英华分韵撮要》，作者仍是卫三畏

"唔"。这样一来，虽然地道的粤语未必能上得厅堂，但是粤音则毫无问题。

香港粤语文化是如何在内地传播的

有了这样良好的基础，粤语只能说具备了成为强势方言的可能。但具备这种可能性的方言也不只有粤语一家，成都话、上海话等或多或少也具备一些这样的特质，甚至在某些方面更有优势。

粤语内部的方言差距并不小，距离广州没多远的东莞说的是莞宝片粤语，东莞人和广州人沟通起来就很费力。对于上海话而言，北到常州、南及台州的使用人群都能用其较为流畅地"轧山河"

（即侃大山），而成都话的使用人群更可以在川滇黔三省大部分地区交流无碍。其实粤语之所以能发展到如今的地位，主要还是依靠香港这个"大杀器"源源不断地输出文化产品。

香港开埠不久，港人就采用粤语作为主要的交流语言，但是彼时一方面流行的文化产品如戏曲等很难大规模传播，另一方面作为一个滨海小镇，香港并不具备输出文化产品的能力。一直到"二战"以后，随着广播、电影、电视在中国的发展和香港自身地位的提高，香港的文化产业才开始了大规模外销。

当时香港吸纳了大量的内地移民，文化界尤甚，因此香港的传媒产业在相当长一段时间内可谓五彩纷呈，并不只是以粤语为主。除了粤语，当年香港广播电台还用闽南话、上海话、潮州话等方言播音。电影方面，由于国民党时期推行国语，1937年后更是严令禁止拍摄以粤语片为代表的方言片，因此从上海南下并占据香港电影产业大头的各电影公司在很长一段时间内几乎只拍摄国语片。

雪上加霜的是，早期粤语电影多以粤语长片的形式出现，粤剧长片尤其受到观众的喜爱。因为对那些钟情粤剧又囊中羞涩的观众而言，看粤剧长片既可以饱览大佬官们的风采，又比进戏院捧场看戏便宜得多。但传统戏曲由于节奏冗长，不适应快节奏的现代生活，吸引力渐渐下滑。随着港人对粤剧兴趣的减弱，作为粤语长片顶梁柱之一的粤剧长片也慢慢走向衰落。

1968年，由粤剧名伶任剑辉和白雪仙主演，投资150万港币，历时四年拍摄而成的粤剧长片《李后主》上映，虽然创下了当时的票房纪录，但终因成本巨大而亏损严重。二十世纪六七十年代之交的粤语电影一度近于销声匿迹，1972年全香港甚至没有拍过一部粤语电影，粤语节目只是在电视上尚占有一席之地。

1967年香港发生"六七暴动"，暴动后港英政府开始重视香港华人的文化生活，遂决定扶植以粤语为代表的市井娱乐文化，鼓励市民多赚钱少闹事，开开心心生活。在此期间，学校国语教育逐渐消亡，而上海话、潮州话等地方方言媒体也逐步关门大吉。进入70年代后，以粤语为母语的移民后代长大成人。粤语电影开始复兴，更被电视反哺，摆脱了之前粤语电影或是俚俗，或是粤剧片的套路。粤语也从一门地方方言彻底完成了雅化"上位"的过程，制作精良的香港电视节目更是备受欢迎。

彼时的内地电视节目在趣味性、娱乐性上难以和香港电视节目匹敌。于是，珠江三角洲的居民纷纷借助地理优势架起"鱼骨天线"接收香港电视台的信号。粤地"鱼骨"林立的状况起初令人颇为不安，1980年，《羊城晚报》甚至在《"香港电视"及其他》一文中声称香港电视乃是"心灵的癌症"。但从1992年开始，广东省电视网络正式转播香港电视节目，粤语电视节目就这样名正言顺地在广东落地播出了。

香港输出的电影、电视节目影响力非常大，几十年间，澳门本地的香山粤语被洗成了广州粤语，广东省内粤语区的群众也普遍通过电视学会了广州腔，甚至于客家、潮汕等地不少年轻人也学会了粤语，粤语在岭南的通达范围大大扩张，最终成为在中国影响力仅次于普通话的语言。

不过随着国家推广普通话力度的不断加强，广州媒体已然惊呼"好多广州细路唔识讲白话"（很多广州小孩不会说粤语），粤语的强势地位在历史上可能终究只是昙花一现的景象而已。

"蓝瘦，香菇"真的是南宁口音吗

"蓝瘦，香菇"突然成为流行语，蹿红速度之快堪比流感病毒传播，不少人言之凿凿，称这句话其实是带有南宁口音的"难受，想哭"。

如果把"南宁人"定义为南宁城里和近郊的本地居民，那么南宁人是绝对不会说出"蓝瘦，香菇"的。南宁作为一座规模不大的城市，其语言分布和历史演变复杂程度在中国城市中都堪称首屈一指。

当今的南宁城区本地方言以粤语为主，当地人俗称"白话"。南宁电视台有限的方言节目几乎都用粤语播放，然而，粤语在南宁的历史并不算久。

翻开广西语言地图，就可以发现南宁的地理位置非常特殊。南宁几乎在广西连片汉语区的最西面，它的北面、西面、西南面都被壮语区包围，只有东面和东南面才和壮汉双语区衔接。在这片汉语岛中，南宁城又是岛中之岛——南宁汉语岛以平话为主，而南宁城区则以粤语为主。

南宁今天作为广西壮族自治区的首府，历史上却属于极其边远的地区。南宁唐朝时为邕州，虽然862年岭南道分东西后邕州是岭南西道治所，但中原王朝对这片区域的控制力度一直较弱，汉人稀少，南方的交趾（越南）更是对邕州一带虎视眈眈。以至宋朝的广南西路治所向北迁移到桂州（今桂林），此后桂林作为广西首府的地位一直维持到了民国时期。作为广西南部中原王朝的主要据点，邕州下辖 44 个羁縻州。

1052—1076 年，邕州一带先后遭遇了侬智高起义和宋越熙宁战争，邕州两度沦陷，原有居民大量死难散逃，战乱平息后，邕州一带开始形成一种新的汉语方言——平话。

平话的语音面貌和北宋官话有接近之处，有人认为其主要基础是邕州平乱后驻扎邕州的山东籍士兵带来的方言。从宋朝一直到明朝，南宁和其周围的大片区域都是壮语包围下的一个说平话的方言岛，南宁附近的壮语中的早期汉语借词读音也主要来自平话。

但是，南宁平话的地位到明朝遭遇了挑战。

宋朝以来，南宁失去了治所地位，文化上长期受到桂林的影响，而桂林恰恰可谓明朝南方官话大扩散的关键节点。明清时代，桂林在岭南以官话纯正闻名，甚至广东人在北上考学为官之前都热衷于先去桂林学习官话，广东大戏（粤剧）也用近似桂林话的戏棚官话演唱，桂林在岭南的地位可见一斑。桂林和附近的柳州一起成为官话在两广地区的"据点"，官话在广西也借助了桂林的省会地位渐渐打开局面。

也正是从明朝开始，南宁城内的方言逐渐转向官话。明朝时只是南宁城的达官贵人使用官话，到了清朝，南宁城内已经转变为官话为主，平话成了郊区乡下人的标识。

南宁城当时的官话和现在的柳州话比较类似，属于南方官话的一个分支，和北方官话虽然差别不算小，但是沟通起来没有多大障碍。

南宁城虽然转说了官话，近郊平话和远郊壮话的局面却未发生改变。作为一座小城市，南宁城内人口不过几万，官话的根基不稳，清朝晚期，南宁官话又遭遇了和平话类似的命运。

晚清时期，广东南海、番禺、顺德等地的商人溯西江而上进入广西经商落户，南宁作为广西南部的重要中心和西江上的大码头成为许多广东人的定居地。这些说粤语的广东商人很快凭借他们的财富成为西江沿岸各重要市镇的优势居民，南宁城区的语言环境也相应开始改变。

清末民初，南宁城大概维持了官话和粤语人口各半的局面，而到了 20 世纪 20 年代，粤语已开始占据强势地位。说官话的人改说粤语，南宁城的官话区域萎缩到老城区下郭街附近，抗日战争时期大批广东人西迁避祸更是加剧了官话和粤语之间的不平衡。

工尺谱	合	士	乙	上	尺	工	反	六
发音	ho	si	yi	sang	ce	gung	fan	liu
桂林话读音	ho	si	yi	sang	ci	gung	fan	lu
广州话读音	hap	si	jyut	soeng	cek	gung	faan	luk

今天的粤剧已改用粤语演唱，但是工尺谱的读法袭用官话

抗战结束，粤语一统南宁的局面已经彻底奠定，一直维持到 90 年代大力推广普通话为止，下郭街附近现在也只有少数高龄老人才会说官话了。

由于南宁的粤语是新近由广东迁来，因此和西江流域的其他粤语方言如梧州话一样，和广州话相似程度很高，跟广州南面的口音尤似，如南宁话八读 bet（广州 baat），包读 beu（广州 baau）的特征在广州以南的番禺和佛山一些地方也能听到。相反，广西远离西江的地区的传统粤语方言就不大一样，如玉林话就和广州话有比较大的差别。

因此，可算作南宁话的汉语方言竟有平话、官话和粤语三类，对于一座规模不算大的城市而言，这是相当惊人的。

然而，不管是说平话、官话还是粤语的南宁人，都不可能说出

"蓝瘦，香菇"来。这是因为要把"难受，想哭"说成"蓝瘦，香菇"得满足两个条件，一是 n、l 不分，二是把"哭"的送气声母 k 说成不送气的 g。

西南官话和粤语都存在不区别 n、l 的现象，如湖北、四川、贵州的方言普遍不分，甚至桂林话也分不太清楚。然而，南宁官话却和柳州话一样，仍然能够将两者区分。

去过广州或香港的人一定对"雷猴"的问候不陌生。当今广州、香港大多数中青年 n、l 都会读成 l，所以"你好"说成 lei hou。但是 n、l 混淆在广东不过是近几十年才愈演愈烈，广州城内的老年人多数能分，脱离广东的南宁粤语 n、l 分得更是很清楚，绝不混淆。同样，南宁郊区的平话也是能分 n、l 的。

混淆送气和不送气声母对于一个南宁人而言，可能性就更低了。事实上，几乎没有任何一种汉语方言会丢掉送气和不送气的对立，南宁粤语"哭"的声母甚至都变成了 h。

能同时满足这两个条件的人，只能是一个在说带壮语口音汉语的北部壮族人。壮语北部方言，即广西北部的壮语和贵州布依语在语言历史演变过程中都丧失了送气和不送气辅音的对立，他们的语音系统中不存在送气辅音，在学习汉语的时候也很容易把汉语中的送气辅音说成不送气的。而在说汉语时用的这种口音，即为广西人所谓的"夹壮"。

广西所用的壮语，其标准音基础是南宁北面的武鸣县（今已改为武鸣区）双桥镇方言发音，正是属于北部方言。因此从广西的壮文拼写可以明显看出这种"夹壮"口音的影响。如平果市壮文写作 Bingz goj（z、j 表示声调），甚至连本地壮语有送气音的南部壮语的凭祥市壮文依然按照"普通话"写作 Bingz siengz。

但是大多数壮语方言能够区分 n、l。因此，说出"蓝瘦，香菇"的人最可能是来自广西北部，不太能区分 n、l 的壮族人。他们既受到了北部壮语没有送气音的影响，说汉语时又带上了当地汉语 n、l 不分的特征。

对于几乎所有的汉语母语使用者来说，区分送气的 k 和不送气的 g 都是轻而易举的，很难想象有人会连这么明显的区别都听不出来。那为什么在长期接触汉语的情况下，北部壮族人说汉语时仍然会分辨不清这两个音呢？

以法语的 gâteau（蛋糕）和 cadeau（礼物）为例，绝大多数来自非江浙地区，又没有学习过法语的中国人一般会觉得两个单词的读音很难分辨，甚至不少学习法语多年的中国人也会觉得难以区分。

这两个单词间至少有两处不同（g/c、t/d），对于法国人来说，能区分这两个单词可谓再简单不过，对中国人却如此困难，主要原因在于法语中的 g/k、t/d 的对立是依靠清音和浊音的区别，这恰好是多数汉语方言中不存在的。因此，多数中国人听出 gâteau 和 cadeau 的区别有相当大的难度。而多数中国人对辅音送气与否的区分则非常敏感，所以送气不敏感的法国人说"想哭"时很可能会跟北部壮人一样说出"香菇"。江浙地区说的吴语则既能区分清浊又能区分送气与否（上海话冰、乒、平声母都不一样），虽然吴语的浊音和法语不完全相同，但他们听法语终究还是比其他中国人要占便宜得多。

这种听觉上的差异并非与生俱来的，一个刚出生的婴儿具备学习任何一种人类语言的潜力，婴儿父母是什么人、自身属于什么种族并不会影响他的语言能力。很多海外华人后代使用当地语言完全纯熟，他们祖先乃至父母来自中国并不影响他们完美地学会另一种语言。对 0 ～ 6 个月的婴儿的实验也显示他们具备区分任何人类语言语音的能力。

婴儿能够区分任何语音，在成长过程中丧失这种能力岂不是非常可惜？

不同的人类语言所使用的音位有多有少，但都大大少于人类所能发出的所有音素。很多语音差别在一种特定语言中都没有实际意义，甚至同一音位常会有数种变体（如普通话的 j、q、x 有人读音较接近 z、c、s）。对一个使用这种语言的个体来说，将不重要的语音差别归并可以大大提高处理语音信息的效率，而且在通用这一语言的环境下，这一归并不会造成任何误解。

反之，假如任何语音差别都被理解为实际的音位差别，就会对处理语音信息的效率产生负面影响。例如多数汉语发 t 的时候舌和口腔接触的位置比英语的 t 稍前一些，但就算发成英语的 t，一般人说汉语时也会不假思索将其理解为汉语的 t，而对一个新生儿来说，这小小的区别却是潜在的重要区别，归并的能力要通过长期学习才能获得。

在现代社会，学习外语成了普遍存在的需求，遗憾的是，在学习外语的过程中，已经被母语僵化的大脑在应付新的语音系统时常常力不从心。"蓝瘦，香菇"或许是所有痛恨自己僵化大脑的外语学习者共同心声的绝佳隐喻。

福建话不是中原古汉语孑遗

"你是哪儿人?""我来自一个 H 开头的省份。""湖北?""不是。""湖南?""不是。""海南?""也不是。""那是哪儿?""是福(hú)建啦!"

这个网络笑话广为流传,甚至被搬上了春节联欢晚会。由于演员实际上是河北人,模仿的福建腔普通话并不像真的福建人说话,小品随后还因为涉嫌歧视南方人引起了争议。与粤语的情况类似,有不少文化学者声称 h/f 不分、n/l 不分是古汉语的特点,闽人乃是古中原人的正统传人,福建话是古汉语的宝贵孑遗,难得地保留了中原古音。

这些似是而非的说法影响巨大,乍看之下也有一定道理,竟让不少人信以为真。

福建人不是古代中原人后裔

上古时期,现今中国东南广大地区主要是越人的天下,分布着各式各样的百越民族。汉人汉语尚未大规模进入。就连传说中祖宗是来自中原的吴国也有"断发文身"之风,国王名称中也颇有像阖间、夫差之类难以用汉语解释的名字。而由越人建立、以今浙江为中心的越国更是一度兴盛,在勾践带领下击败吴国,北进中原。

彼时作为东南沿海一部分的福建自然也是越人的地盘。江浙地区的越人政权还参与了中原政治，福建当年则完全游离于中国政权范围之外，属于地地道道的化外之地。到了楚威王六年（公元前334年），越国被楚国攻灭后，部分越国贵族南迁福建，形成闽越政权。

秦朝在福建设置闽中郡，但是也未能对福建进行直接管辖，福建实际继续由闽越首领无诸统治。秦末无诸积极参与反秦，并被汉高祖刘邦册封为闽越王。直到汉武帝元封元年（公元前110年），朱买臣率军灭闽越国，将闽越人迁徙到江、淮之间。《史记·东越列传》记载"将其民徙处江、淮间，东越地遂虚"，说明了彼时中央政权实质上放弃了闽地，直到西汉后期才置东冶县，隶属会稽郡。

由于闽越遭遇了人口清空的大难，导致福建现今保留的百越痕迹很多方面反而不如北边的江浙地区。如今江浙有盱眙、无锡、姑苏、余杭、余姚、诸暨等古越语地名，但福建能确定为越语的地名就相当少见。

蜀道难，难于上青天，其实闽道更比蜀道难。当时福建与业已汉化的江浙地区陆路交通非常不便，多山的闽地人烟稀少，其开发相当缓慢，与中原联系的紧密程度不但远比不上北面的江浙地区、西面的江西，甚至连更南方的广东都不如。代表中央政权的南侯官都尉孤悬闽江入海口，治所与其说是个统治中心，不如说是个通过海路联系南方交趾的海港补给站。汉朝末年许靖为避难，从会稽南奔交趾，选道东冶，尚且"经历东瓯、闽、越之国，行经万里，不见汉地"，他宁可逃奔遥远的岭南"汉地"，也不愿就近避难荒僻的福建。

如此荒僻偏远的地方被纳入中央政权的过程相当曲折漫长。东汉开始逐渐有南下汉人迁入福建，但是据《晋书·地理志》记载，西晋太康初年建安、晋安两郡人口合计不过八千六百户左右，相比而言，其他郡的人口普遍能有两万到三万户。

两晋之交，伴随北方移民大举南下，遂有所谓"衣冠南渡""八姓入闽"之说，即本属中原大族的林姓、黄姓、陈姓、郑姓、詹姓、邱姓、何姓、胡姓避祸迁居福建。至今福州市民中陈、林二姓占人口的近三成，如加上郑、黄，则更为可观。所以福州有"陈林蜀（蜀，一的意思）大半，黄郑满街排"的说法。

过惯了舒适生活的中原贵族会否甘心迁到当时尚是穷乡僻壤的福建，那可是个大问题。事实上所谓八姓入闽很可能和后来南方家谱普遍造伪一样，是福建先民冒称中原贵胄往自己脸上贴金。永嘉南渡时中原望族主要移居在今天的江浙地区，福建并未受到直接影响，后来的移民也多是来自长江流域的平民，并非中原望族，且数量有限。直到隋大业五年（公元 609 年）福建的居民也不过一万两千户。

八姓入闽的说法在古代也并未能受到普遍认可。《开元录》就明说："闽州，越地，即古东瓯，今建州亦其地，皆蛇种，有五姓，谓林、黄等是其裔。"当时的人认为林、黄两大姓实际上是当地土著汉化的后裔。事实上，大量汉人迁入福建得等到唐朝了，八姓入闽也是唐朝以后才出现的说法。现在有相当大一部分闽人将祖先追溯到陈元光、王审知率领入闽的军士，而非西晋永嘉年间入闽的八姓。

由此可见，福建人绝对不是上古汉人在闽地的一脉单传。台湾有些人把外人对闽南人的称呼 Hok-lo（福佬）解作"河洛"，当成是闽人源自上古中原河洛地区的证据则更是错上加错了。

福建话分布区域为何如此广泛

许多中国人一听到把"福"说成"hú"就认为对方是福建人，但在现实中，说福建话的人并不一定来自福建——福建方言的分布地区相当广泛，不光限于福建省，还远播海内外。

福建方言中，闽中、闽北话较为安稳，可谓固守山沟，福州一带的闽东话虽然在马来西亚泗务、美国纽约、日本东京等地都小有气候，但使用人口多为近现代移民。要说移民历史久、规模大，那还当数闽南地区。

清朝西方传教士在学习中国方言的过程中发现，闽南话分布区域远远不限于闽南漳州、泉州二府。杜嘉德在《厦英大辞典》中提到中国最类似闽南话的方言是广东的潮州话，并认为闽南和潮州之间的区别大约类似西班牙与葡萄牙或者荷兰与德国之间的区别，双方仍能进行勉强的沟通。除了潮州以外，海南岛和广东西南部雷州半岛的方言也与闽南地区相当接近。

闽南虽然开发历史较晚，但是人口繁衍得相当快，导致它迅速变得人多地狭。唐朝天宝元年不过有十七万八千多人，到了北宋崇宁年间竟已暴涨十倍，达到一百八十万左右，巨大的人口压力使得闽南从人口输入地转为人口输出区。

潮州地区因为邻近闽南，很早就成为闽南人的迁居地，隋唐时期即有居民从泉州迁入。与闽南本土漳州、泉州地区相比，潮州平原面积大，地理条件更加优越，进入宋朝后闽南人更是大举南下。潮州地区很快人口大量增殖，非但难以继续接纳移民，而且和闽南一样走上了输出人口的路子。

善于航海的闽南人在迁徙路线上也颇有特色，表现为沿着海岸线走，见缝插针，其中以粤琼台最成气候。除潮州外，粤东沿海的海陆丰、粤西茂名、湛江等地沿海地区的居民也多说闽南话的分支，如海陆丰话、雷州话等。而唐朝时近于荒地，人口不过五千户的海南岛在宋朝以后也陆续迁入了大批闽南居民。闽南人从岛东北的文昌登陆，沿着海岸线向东西两侧扩散，今天海南岛从澄迈到三亚的整个东海岸都讲海南闽语，即闽南话在海南岛上的变体。

自郑芝龙以降，闽南人大举迁入一海之隔的台湾岛，今天台湾绝大部分汉族居民均为闽南后裔。所谓台湾话也就是闽南话，并且由于离开本土时间短，它和闽南原乡语言的差别要远远小于粤琼闽语和泉漳闽南话的差别。

如果说闽南人南迁和东进实质上都主要是进据荒地的话，他们还能寻得机会向北方移民就更是不简单了。

明清时期，闽南人逐渐有北迁浙江温州的。清廷的"迁界"禁海撵空了沿海地区的居民，更是给闽南人扩张提供了千载难逢的机会。自此闽南人继承了浙江南部的大段海岸线地带，不但占据了温州地区的平阳、苍南，更是扩展到了台州地区的玉环、温岭，甚至北上舟山等地。太平天国战乱后原本人口极其稠密的江苏南部地区出现了暂时性的空洞，善于抓住机会的闽南人更是从温州向宜兴等地迁徙。至今宜兴山区尚有少数说闽南话的村子。

此后他们竟继续沿着海岸线北迁，有些闽南人定居在了胶东半岛，部分更是随着闯关东的浪潮远去辽东。只是由于移民规模小，迁至北方的闽南人早已经被当地人同化，不说闽南话了。

今天，除了福建本省外，台湾、广东、海南、广西、浙江、江苏、江西、四川等地以及马来西亚、泰国、缅甸、印度尼西亚、新加坡等国都有"福建村"的存在，福建话分布之广泛在全国各大方言中可谓首屈一指。

福建话与中原古音并不相同

福建各地方言确实保留了一些地地道道的古汉语说法，如普遍将锅称作"鼎"、筷子称作"箸"等，甚至有些闽南话表示应答还用"诺"，古雅得让人惊诧。但是保留古词和保留古音是两码事，何况所有汉语方言大部分词汇都继承于古汉语，顶多有量的不同，并无质的区别。

隋文帝开皇初年，陆法言与刘臻、萧该、颜之推等八人讨论音韵，二十年后的公元 601 年，陆法言编成《切韵》。随后《切韵》广泛流行，成为韵书典范，其所记载的语音系统成为中古汉语的代表。这个语音系统比起现代汉语任何一种方言都要庞大得多，共有37 个声母、160 余个韵母、4 个声调。

切韵音的重要性在于现代汉语绝大部分方言中的语音对立都可以其中找到源头。如普通话的平翘舌之分反映切韵音中精组声母和知庄章三组声母的对立，广州话的六个辅音韵尾基本完全继承了《切韵》的辅音韵尾系统。在这个层面上看，切韵音可被认为是现代汉语各方言的共同祖先，即所谓的"中原古音"，并不神秘。

福建方言的神奇之处其实在于，其中的一些语音现象并不能在中古切韵音系里面得到解释，反而需要追溯到上古音系。例如熊，闽南话读 Hîm，中古汉语及现代能分 -m、-n、-ng 韵尾的所有其他方言都收 -ng，正是反映了这个字在上古汉语中的读法。

成书于东汉末年的《释名》中描述过一个"风"字的同类现象："兖豫司冀横口合唇言之，风，泛也，其气博泛而动物也；青徐言'风'，踧口开唇推气言之，风，放也，气放散也。"则说明了这种变化在东汉末年从现在的山东一带开始扩散，但中原尚且是 -m。而到了《切韵》产生的时代，新读法已经渐入中原，彻底取代了旧音，只有地处偏远的福建还保留了老读法。

虽然福建方言相对其他方言有更多上古音残留的痕迹，但这并不代表福建方言就真是地地道道的古音。所谓 h-、f- 不分，n-、l- 不分是上古遗迹更是无稽之谈。事实上，闽语在历史上曾多次接受过中原汉语的冲刷。中原的 f- 本来自上古到中古早期的 p-、ph-、b- 声母，即所谓"古无轻唇音"。这点在福建方言中尚有不少遗存，如"芳"闽南话为 phang，"饭"潮州话为 pūng（汕头腔）。唐朝以后，福建诸方言引入已经产生 f- 的中原汉语以供读书之用，形成了所谓文读。但是闽人发 f- 有困难，于是就用已有的声母中和 f- 最接近的 h- 代替以蒙混过关，实际和现代福建人把福建说成 hú 建是一回事。

至于 n、l 之分，则更是古已有之，而且早期的福建话也必然是能分的。虽然现今闽南本土 n、l 完全混乱，但是早先迁出的潮州话、海南话逃过了这一劫，它们都可以在一定程度上区分这两个声母。福州话 n、l 混淆更是近几十年的事，至今不少福州老人都可以清楚地区分这两个声母。

如果认为这就是古汉语，那古汉语的"古"大概只有几十年光景，按此逻辑，现今在世的老人恐怕都可以称得上"活木乃伊"了。

"尴尬"读 gāngà 才是错的

　　台湾教育主管部门在新编的网络辞典中给"尴尬"收了个 jiānjiè 的异读音，消息一出，让习惯了以 gāngà 为正音的围观群众大惊失色，甚至有把问题的严重性提升到"文化传承"断绝层面上的。

　　jiānjiè 是否真是"秀才认字读半边"的产物呢？读作 gāngà 而非 jiānjiè 是不是就更承袭了传统，更有文化呢？

古老的"尴尬"

　　种种迹象显示，"尴尬"可能是个古老的词。从构词法上看，尴、尬两词声母相同，韵母相近，是上古汉语常见的"双声联绵构词"。类似的词还有辗转、踌躇、犹豫、仿佛、氤氲、参差、淋漓、褴褛、陆离等等。如果说其中如辗转、犹豫之类的词还勉强可以拆分的话，尴尬则是再典型不过的联绵词了——单独来看，无论是尴还是尬统统意义不明，两个字甚至几乎不可以单独出现，必须成对才有意义。

　　但恐怕让尴尬有些"尴尬"的是，尴尬并非这个词最原始的写法。尴尬两字的形旁均为"尢"。除了字形随着汉字发展，发生由篆书转为隶书，再变为楷书的小变化以外，尬的写法从古至今没有本质区别，一直是个"从尢介声"的形声字。

　　不过尴发生的变化就不小了。收录尴尬的字书、辞典一致指出，尴是一种俗写，并非正字，这个字的正式写法应该是"尲"。

"尲尬"一词由来已久，东汉许慎的《说文解字》中就已经有尬字，对尬的解释是"尲尬也，从尤介声"。奇怪的是，虽然在尬的释文中出现了尲字，但是尲字作为《说文解字》中的字头时，释文却无"尲尬"一词，至于是后世误删还是许慎漏写就不得而知了。无论如何，尲尬早在汉朝就已经出现了。

《大宋重修广韵》中"尬"的条目显示"尬"和声旁"介"同音

编修于宋朝、具备官方权威性的韵书《大宋重修广韵》并没有收入尴字，不过这回尲自己的条目里面有了尲尬。书中对尲的解释为"尲尬，行不正也"，而对尬的解释是"尲尬，行不正。尲音缄"。

通过《说文解字》和《大宋重修广韵》的记载，可以获知，无论对于汉朝人还是宋朝人来说，尲尬这两个字和现代的尴尬一样，只有拼合在一起才有意义，无法拆开使用。此外，尲这个字较为少见，读音不为人所熟悉，因此《大宋重修广韵》给尬解释时需要另外给尲注音。

除了文献证据之外，从语音特征上来说，尶也显然比尴更像是这个词的原本写法。

对一个熟悉现代汉语的人来说，声旁是监还是兼并无太大区别——普通话里面这两个字的读音完全相同。但是两个字在中古汉语中的元音并不相同。监中古汉语读 /kɣam/，属于衔韵，而兼中古汉语则读 /kem/。

尶在中古汉语中属于咸韵，读音为 /kɣɛm/，也就是《大宋重修广韵》中所谓的音"缄"。而尬在中古汉语中为"古拜切"，读 /kɣɛi/，音同介、诫。这几个字的读音在上古汉语和中古汉语相差不大，将这些读音推导至上古汉语，则尶为 kreem，尬为 kree(d)s。尶尬正好可以组成声韵协和的联绵词 kreem-kree(d)s。反之，以监为声旁的字元音基本为 a。由此可见，以监作声旁的尴是在中古汉语咸韵和衔韵，即 rem 韵和 ram 韵发生合并以后才产生的从俗写法。

既然古代韵书里面明确指出尶音同缄、尬音同诫，如果自然发展下去的话，尶尬理应读成 jiānjiè。这显然与我们熟悉的读音相悖。到底尶尬发生了什么，以至于读音演变超出常规了呢？

何时用"尴尬"

尴尬的"尴尬"之处在于，虽然它才是这个词语的正确写法，但是人们想表达尴尬之意的时候，几乎没人会用这个词——《大宋重修广韵》已经暗示这个词的使用频率不高，如果翻查宋朝以前的汉语作品，就可以发现除了韵书外，尶尬在其他文献中都几乎没有用例。光就书面语而言，尶尬基本属于死词，就如迻译、谿壑一般，只在部分词典中可以查到，但是现实生活中罕有人用。

表面上看尶尬似乎是注定要被时代淘汰了，然而天无绝人之路，进入元朝以后，㰫尬改弦更张，以“尴尬”的面目又活了回来。

虽然书面中㰫尬出现频率极低，但是作为一个非常生动的形容词，它在口语当中生命力可能要强得多。无论如何，元朝开始，随着俗文学的兴起和流行，尴尬也逐渐崭露头角了。

如明朝冯梦龙所编的《喻世明言》中，脱胎于元朝话本的《陈御史巧勘金钗钿》里面就有“我儿，礼有经权，事有缓急。如今尴尬之际，不是你亲去嘱咐，把夫妻之情打动他，他如何肯上紧”的用例。明朝《水浒传》第十回里也有“却才有个东京来的尴尬人，在我这里请管营、差拨吃了半日酒”的说法。

更为重要的是，曲是一种需要押韵的文体，尴尬也时有出现在韵脚。在元朝韵书《中原音韵》不收尴尬的情况下，曲中的用例为我们了解元朝人如何读尴尬提供了难得的例证。

著名的元末南戏传奇剧本《琵琶记》中，有这样一段戏文：“能吃酒，会噇斋。吃得醺醺醉，便去搂新戒。讲经和回向，全然尴尬。你官人若是有文才，休来看佛会。”这里韵脚字为斋、戒、尬、才、会。可以看出，这首曲子是押的 ai 韵。尬的韵如果不是 ai 而是现代的 a 的话，则和其他字无法和谐相押。

值得一提的是，元曲中“尴尬”经常有一些出乎意料的用法，如马致远《风入松》“再休将风月檐儿担，就里尴尬。付能捱得离坑陷，又钻入虎窟蛟潭。使不着狂心怪胆，恁却甚饱轻谙”；吕止庵《双调·风入松》“半生花柳稍曾耽，风月畅尴尬。付能巴到蓝

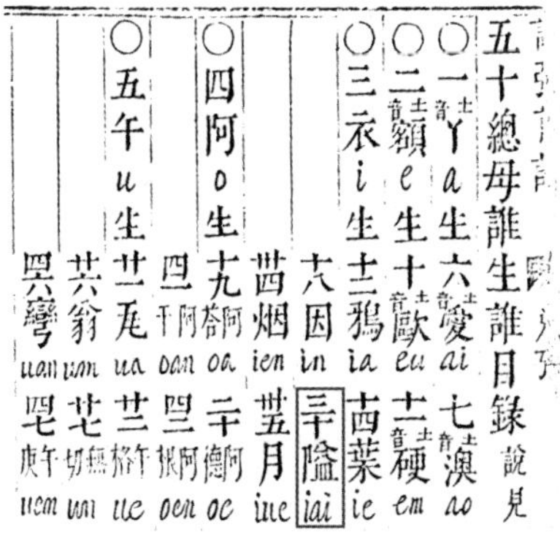

反映明朝官话的《西儒耳目资》中，iai 清晰可见

桥驿，不堪防烟水重淹……几度泪湿青衫"。其中虽然表面入韵的是尬，但是仔细看其他韵脚字，却均为 am 韵。也就是说，元朝人的口语中尴尬经常发生倒装，说成"尬尴"。和担、陷、潭、胆、谙、耽、淹、衫押韵的其实是尴。

现代普通话的 ie 韵不少字在近古汉语中读 iɑi。如鞋读 hiɑi、街读 kiɑi、介读 kiɑi。这些字都是中古汉语的二等开口字，中古时期韵母为 /ɣεi/、/ɣɑi/、/ɣε/，在北方大部分地区，中古汉语 k 组声母后的二等介音在宋元以降变成了 -i-，所以中古读 /kɣεi/ 的尴此时在官话中读成 kiɑi。同样道理，中古汉语读 /kɣεm/ 的尬也就变成了 kiɑm。ie 则是 iɑi 的自然演变——从 iɑi 到 ie 的音变发生得非常晚，北京话直到清朝中期仍然坚持 iɑi 的读音，甚至民国时期读书人念书还会用 iɑi。崖字至今还有旧读 yái，不少官话方言，以及京剧、昆曲念白唱曲中则仍旧保留了 iɑi 这个韵母。

至此，这两个字的读音演变仍然在轨道上，正常发展下去的话，随着清朝时候发生的两个音变——声母 k 被后面的 i 颚化，iɑi 变成 ie，"尴尬"在晚清以后读 jiānjiè 方属正常。但是，此时决定"尴尬"读音的另一股力量要登场了。

吴音的影响

要说中国哪里人用"尴尬"用得最勤快，那当数江浙吴语区。而巧合的是，吴语区"尴尬"的读音和 gāngà 也较为类似，如苏州话 keka、常州话 kaenka、温州话 kaka。这可不仅仅是一个巧合。

"尴尬"虽然是个不折不扣的古词，但是其使用范围并不广泛，虽然元明时期"尴尬"就已经出现了，不过其流行度到底多高还得打个问号。但对清朝人来说，"尴尬"却变成了一个地方色彩浓厚的词语，而其流行区域正是江浙吴语区。

　　段玉裁是著名训诂学家，对清代小学发展有卓著贡献。他撰写的《说文解字注》中，对尲的解释是："今苏州俗语谓事乖剌者曰尲尬。从尢，兼声。古咸切。七部。"在段玉裁心目中，"尴尬"是苏州人表示事情乖剌的词语。尤其值得注意的是，段玉裁是江苏金坛人，本就是吴语区出身。但是就连他也把"尴尬"归为苏州俗语，可见该词当时流行范围比较狭窄。

　　吴语从中古到现代的音变和北方方言走了不一样的路径。在吴语的演变过程中，中古汉语的二等介音并没有变成 -i-，而是直接消失，所以北方带 -i- 的江、巷、街、樱、间在吴语白读（苏州）中分别读 kaon、ghaon、ka、an、ke，都不带介音。而 ai 在吴语中则发生了单元音化，从 ai 变成了 a。就这样，krem-krei 在吴语中变成了 keka。只是对于初接触这个口语词的北方人而言，他们并没有对读音按照汉字来进行折换，而是直接用北方话中相近的读音去对，所以也就有了 gāngà。

　　直接引用方言读音的例子还有不少，如芥菜、芥蓝，有些字典也依照广东音把芥标为 gài。"拆烂污"的拆也有按照上海话读 cā 的，这几个读音如今因为群众倾向于按字读已经式微。然而现今不少北方人喜欢把搭界说成"搭尬"，他们并没有意识到本字是"界"，也就缺乏折换读音的意识。

　　最古怪的例子还是"癌"，这个字在苏州话和上海话中读 nge，折换成北方话有多种可能，最终选择的 ái 是个错误折换，然而却流行广泛，彻底取代了北方话中的旧读，也就是正确折换对应的读音 yán。原因大概是北方话中 yán 也是炎的读音，把肺炎和肺癌闹混了可不是开玩笑的。

　　因此，如果语音有正误之分的话，尴尬真正的正音毫无疑问应该是 jiānjiè，gāngà 才是积非成是的俗音。

卷舌音是受胡人影响产生的吗

中国人喜欢从语音上区分一个人的来路，是南是北，是西是东。纵使对方试图掩饰，一个人的口音也很难不"出卖"他的籍贯。这主要依靠的是人说话语音中的一个个鉴别性特征：他的声调是什么样的？他说话分不分 n 和 l？h 和 f 是混还是分？有没有前后鼻音的区别？将诸如此类的种种特征综合考量，一个人到底是哪里人的答案就呼之欲出了。

而在诸多可供参考的特征中，口音带不带卷舌音至关重要。大多数中国人对卷舌音的直观印象就是北方人说话带卷舌音，南方人不带。北方人要想模仿南方口音，往往故意把舌头捋直了说话。而有些发不出卷舌音的南方人则不甘示弱，他们认为卷舌音是北方受到游牧民族语言影响，把胡人语言当中的卷舌音吸收进了汉语才产生的。然而事实未必和人们的常识性经验符合。

南方不一定不卷，北方不一定卷

并不是所有北方人都惯于发卷舌音。在东北最大的城市沈阳，人们就更习惯发平舌音，而非卷舌音。山西中北部从太原一直到大同的大片区域语音都是不分平卷舌的。而在辽宁部分地区，则有居民平卷舌不分，全都读卷舌。若干年前，中央电视台科教频道走红栏目《百家讲坛》曾经有一位东北籍的教授，每每提到三，必然要说成 shan。尽管他的口音表面上和全读平舌的地区大不一样，实际仍属于平卷混淆。

南方人也不都卷不了舌头。位于江苏南部的常熟，其居民说话就以舌头卷闻名，西南边陲的云南省大部分汉语方言都能区分平卷舌。四川盆地巴中、自贡、乐山、遂宁等地都有平卷之分，安宁河谷畔的西昌亦然。湖南南部有成片的卷舌区，就连天南之地的广东，也不是全省人民都不会发卷舌音——广东梅州周围的五华、兴宁、大埔等县的客家话全有卷舌音。

我们如果能够穿越到几百年前，就会发现当时的语音情况更加复杂。

汉字的一大特点，即它可谓超乎时间和空间的存在，今天的繁体字和两千年前汉朝人用的汉字大体上有着相同的结构。然而汉字这一特点却对今人了解古人的语音形成了重大障碍，相比之下拉丁字母拼成的文字在反映语音上就比汉字强得多。现代英语 meet 和 meat、vain 和 vein、write 和 rite 语音上已经不能区分，但是拼写差异还维持着，今天的英语学者可以很轻松地推导出这些词在几百年前英语拼写定型时并不同音，甚至可以根据拉丁字母一般的读音规则推导出这些词当年的发音。

如果有用拉丁字母记录的汉语，那么我们就能更深入地了解历史上的汉语语音。幸运的是，一群外国人还真为我们提供了这样的材料。

明朝开始，来自西方的传教士陆续进入中国传播基督教。他们中有的出人头地、身居要职，如利玛窦；有的靠着在华经历甚至成为汉学先驱或外交官，如卫三畏；更多的则无籍籍名，在中国某个角落默默完成教会分派的工作。

传统上中国有重官话轻方言的习惯，语音上必尊崇官话，乃至前代的官话。清朝人用来指导作诗合韵的仍然是宋朝官修的《大宋重修广韵》，而它又是依据隋朝时期的《切韵》重修而成的，距清代已经逾一千年。

中国士大夫们将官话奉若圭臬，从西方来的传教士就没有这样的心理负担，更不需要为中国科举考试而温习韵书、学习古代官话。

正因为传教士学习汉语的目的是口头和他们的潜在受众交流以方便传教，所以在那个普通话并不普及的时代，学习当地的汉语方言就成了其第一选择。因此他们记录的汉语可被认为反映了当时当地的原生态口语，而用当地语音拼写的汉语教材、《圣经》等文献，就成为现代人了解古语音的窗口。如果传教士活跃的区域文盲较多，很多情况下，当地的中国人甚至也会学习起难度比汉字低得多的拉丁字母，并以之充当文字。

从传教士留下的记录来看，在他们活跃着的一百多年前的晚清时期，中国可以卷着舌头说话的人分布的地理范围比现在要大得多。

退缩中的卷舌音

当时居住于江苏南部的苏州、无锡、南京的人都有卷舌音。今天的成都人经常笑话川南的自贡人总是卷着舌头说话，甚至有人揶揄自贡卷舌音是陕西盐商带来的，但 1900 年出版的《西蜀方言》（*Western Mandarin*）显示当时成都话平卷划然两分。在广东，不仅梅州当时还有卷舌音，甚至广州话也不乏卷舌音，只是当时西人提到广州已经"有些人不太能分"了。

传教士编的汉语教材毕竟离当下一般中国人的生活太远，但是在有些地方，它们的影响依然可以通过某些途径为人所察。今天的香港在地名、人名拼写中仍然沿袭了当时西方人为自己方便所使用的一套拼音。在这套拼音当中，平舌卷舌的区分非常明显，如石拼为 shek，而锡就是 sek。香港地名沙田是 Sha Tin，尖沙咀是 Tsim Sha Tsui，上水则是 Sheung Shui，这些都保留了一百多年前广州话初入香港时的状态。

　　在部分城市卷舌音的消亡甚至是一个仍在进行中的过程。无锡、南京的老人说话往往还有卷舌音，但是两座城市中年轻人的卷舌音已经接近消失。在四川不少地方，县城年轻人的语音已经为成都、重庆这样不分平卷舌的大城市语音所影响而变得不分，但是乡下人，尤其是长者仍然能保留区别。就算是在南方卷舌音的堡垒云南，比如近年以其旖旎自然风光和璀璨人文景观吸引了大批文艺青年的大理，其方言的平卷对立也正在模糊。

　　这些地方不太可能都受到了北方游牧民族的影响。中国历史上虽然不乏半壁江山甚至全国都被北方民族统治的时候，但是由于传

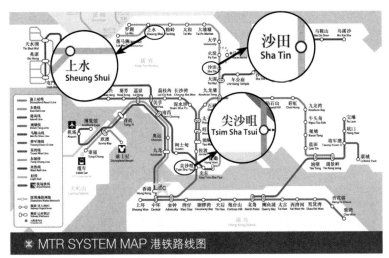

香港人名、地名拼写体现的是一种已经灭绝的广州话

统农业地区相比游牧渔猎所累积的巨大人口优势，中原以南的人口中北方民族占比一向微乎其微。不光如此，北方民族的语言相对具有极深文化积淀的汉语向来处于相对弱势，在人口、文化均不占优的情况下，他们没有能力使这么多地方长出卷舌音来。

更加重要的是中国历史上的北方民族语言多数并不具备卷舌音，无论是突厥语族、蒙古语还是满语，都是本来没有卷舌音的语言。当今突厥语族中少有的具备卷舌音的撒拉语，使用人口主要分布于青海东部和甘肃西南部。撒拉语里面带卷舌音的词几乎都是从当地汉语借用的借词，如尺子、桌子之类。而满语为了方便记录汉语中的卷舌音甚至特别创制了几个字母——在满语本族词汇里，这几个字母从来不会出现。

追溯汉语中卷舌音的来源，求诸北方民族语言显然是缘木求鱼，还得在汉语自身上下功夫。

虽然汉语古代语音由于汉字表音功能不佳的特质很难复原，尤其是晚明传教士来华以前的语音，但万幸的是，与现代中国人碰上不认识的字要查字典的情况类似，古代中国人也会遭遇不认字的问题，他们也需要类似字典的工具书来帮忙，韵书就是他们的字典，韵书的滞后性对研究古汉语语音来说反而是不可多得的优点，其中反映的中古时期语音状况尤其宝贵。

古已有之的卷舌音

从南北朝直到清朝，中国最重要的韵书始终是以隋朝陆法言编纂成书的《切韵》为纲的切韵系统韵书。这套以两晋之交永嘉南渡时从洛阳迁入金陵（今南京）的士族语音为基础的韵书主要包括《切韵》《广韵》《集韵》，反映了南北朝后期中国上流读书人所使用的语音。

从清朝到现在几百年间对中古汉语语音的研究已经使得我们可以对《切韵》的语音系统有较为具体的了解。《切韵》的语音中声母有 37 个，韵母有 160 多个，并有平上去入四个声调。其语音规模远远超过当今任何一种汉语方言。通过总结，《切韵》音系中的 37 个声母分别是：帮滂并明、端透定泥、知彻澄娘、精清从心邪、章昌禅书船、庄初崇生俟、见溪群疑、影晓匣（云）以、来日。

平卷舌对立，大体也就是这 37 个声母中的"精清从心邪"和"知彻澄章昌禅书船庄初崇生俟日"这些声母的对立。普通话的平舌音和卷舌音大体就按照这个方式区分，所以多数情况下读卷舌音的字比读平舌音的字要多出不少。

然而现代汉语中的卷舌音只有 zh、ch、sh、r 四个。中古汉语那么多的声母演变成了现代的卷舌音，但是语音学上卷舌辅音数量有限，十几个声母当时不可能都读卷舌音。

在那个拉丁字母还离中国人的生活非常遥远的时代，问题的解决得靠我们西南的邻国——印度了。佛教自从东汉传入中国以后在中土广为流行，极为深刻地改变了中国人的思想和观念，佛教中的不少概念中国本来并不具备。当佛法传入中国时，中国人就必须想办法用汉语表达这些佛教概念。

总体而言中国人仍然倾向于意译法，轮回、观世音、天王、法等佛教概念均通过意译方式进入汉语。但在不少情况下，意译并不合适，尤其碰上人名地名，就只能以音译为主了。

梵语中区分三种 s，在天城体字母中分别写成 श、ष 和 स，拉丁字母转写为 ś、ṣ、s。梵语诵经至今在印度仍然很流行，我们也可以较为确切地知道这三种 s 的读音，它们分别跟汉语拼音的 x、sh、s 类似，即 ś=x、ṣ=sh、s=s。

中古汉语就梵语词汇的 ś、ṣ、s 的对译进行了明确区分，ś 一般用"书"母字对应，如佛祖尊称 Śākyamuni（释迦牟尼）中的 Śāk 用了"释"来对；ṣ 则用"生"母字来对，Tuṣita 被翻译为兜率；s 就用"心"母字，佛祖本名 Siddhārtha（悉达多）的 Sid 用"悉"。而以"知彻澄娘"为声母的字则一般用来对应梵语中带卷舌的 ṭ、ṭh、ḍ、ḍh、ṇ。

梵语的读音向我们揭示了中古汉语卷舌音声母的不同发音："知彻澄娘"发有点大舌头的 t、th、d、n，这在今天的汉语中已经消失，"章昌禅书船日"的发音部位和普通话的 j、q、x 差不多，"庄初崇生俟"则最接近今天的卷舌音 zh、ch、sh、r。

南北朝是北族首次控制中国北方地区的时期，饶是如此，他们对中国南方仍然无力控制。在这个时候南方的汉语中就有卷舌音，可见卷舌音是汉语自身演变的产物，与所谓的胡人没有关系。

现代不同方言卷舌字不同的原因

中古以来，"知彻澄娘""章昌禅书船日""庄初崇生俟"三组声母按照不同的方式演变，现代各地方言中卷舌音的范围基本不出这些声母。但是在各地方言中，到底是这三组声母下辖的哪些字读卷舌音并不一致。

读卷舌音最多的地方这三组声母下辖几乎所有字都读卷舌音，这种情况以郑州、济南方言为代表。在这些方言中，普通话读卷舌的字都读卷舌。普通话读平舌音的邹、淄、森、所、侧也读卷舌。但是在洛阳、西安等地，读卷舌的范围就要小很多，西安话中，生读 seng，山读 san，茶读 ca，市读 si，和四同音。

到了南方的昆明话，又是另外一番景象。昆明话山、市、茶读卷舌，和西安不同，但是生、森、邹又读平舌，和济南不一样。查阅资料可以发现，当成都和南京还分平卷舌的时候，它们的分法和今天的昆明是一样的，西南地区其他能分平卷的方言也基本属于这一类型。

这些方言中平卷舌的分法如此不同的原因，可以在古人留下的文献中找寻。

元朝元曲盛行，作为一种起自市井俚俗的文学形式，元曲的语音押韵规则迥异于诗，《切韵》《广韵》并不具备指导意义。因此，时人周德清编写了一本《中原音韵》，反映了当时大都（今北京）的语音。《中原音韵》的平卷分法也就反映了元朝的北京人是如何分平卷舌的。

以具有代表性的知、支、淄、兹四个字为例，当时的北京话这四个字分别读为 zh-i（"知衣"合音）、zhi、zhi 和 zi，共分三类。

经过推理可以发现，《中原音韵》式的平卷舌分法就是北方大部分方言的祖先类型，知≠支＝淄≠兹。以这个状态作为起点，只要知和支、淄发生合并，就形成了郑州、济南那样的语音格局；假使支、淄和兹合并了，那就是洛阳、西安的情况；而如果维持这个状态不变，那就成了语音活化石——现代胶东青岛、威海、烟台等地的方言正是如此；反过来说，也有些方言变得特别快，四个字都合并了，那就成了平卷舌不分的沈阳话。这些后来的变化发生得都很晚，也就显得不那么整齐——郑州和洛阳相距不到 150 公里，两边的变法就不太一样。郑州东边的开封分法和郑州类似，但更靠东的徐州反倒又跟洛阳近似了。

然而，《中原音韵》式的分类方式并不能解释南京、昆明、自贡等地的平卷分法。在这些地方，知＝支≠淄＝兹。由于《中原音韵》式的分法中支和淄已经合并，无论它的格局发生怎样的变化，这两个字都无法再变得能区分开来。南京等地的平卷分法中，支和淄的区分意味着早在元朝以前，这些方言的祖先就已经和北方官话分化了。

和连片分布的北方式分法相比，南京式分法的地理分布非常奇特——在长江下游局限于南京周围的一小片地区，无锡、苏州的分法和南京来源不同，更南边的长沙、广州、梅州等地也和南京式的分法有所差异。但在西南地区，凡是能分平卷的几乎都脱胎于南京式的分法。云南等地自不用说，四川零散分布的卷舌音也都和千里之外的南京有着千丝万缕的联系。

明朝初年，西南地区要么经历了长期的战乱，要么尚未整合入内地的边区，所以入明以后朝廷征发了大批军民移民四川，派军平定了云南的蒙古梁王势力，还建立一系列卫所。这些卫所聚集的军民大多原籍江南，明朝南京官话的影响力又相当巨大，来自不同地方的军民在一起使用南京官话交流，就这样，南京式的平卷舌分法跟随南京官话一起从南京飘到了西南。

在北方，由于江南籍官员的影响，南京式的平卷舌分法对北京话也产生了一定影响。明朝早期的北京话平卷分派方式和济南、郑州较为类似，后来却跟从南京话将一部分字改读了平舌，如泽、邹、森、所。尤其有意思的是，北京话中色、择在口语中读 shǎi、zhái，但是书面词汇中则受到了南京话的影响读 sè、zé。

更为奇特的是，西北腹地的银川，由于明初卫所建置的影响，平卷分布竟然也和南京类似。尽管银川人的生活方式已经几近完全西北化，他们口中的卷舌音却仍然能够追溯回 600 年前的江南乡音。

北京话是满族人从东北带过来的吗

老舍青年时期在英国的一段录音显示他的口音与现在的京腔相差无几，同为满族人，早已流传的溥仪录音也和北京话极为相似。这些音像资料似乎佐证了一个多年以来一直颇有市场的说法——北京话就是满族人说的汉语，是汉语满化的结果。

在中国各地方言中，东北方言和北京话最为接近。这一显而易见的相似性，使得更多的人相信北京话就是清兵入关后从东北带到北京的。

可是事实恐怕与此大相径庭。清代早期，满族上层无论公私场合都是使用满语的——直到顺治年间，满语在当时北京满族人的生活中还是占据了主要地位。当时出版的满文本《三国演义》，除人名、地名外，全书无一汉字。几乎同一时期的多尔衮像，画上也只有满文题字，与后来的满汉双语题字完全不同。

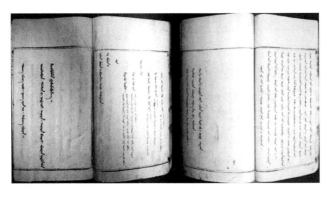

顺治时期满文本《三国演义》书影

到了雍正年间，定居北京的满族人汉语水平越来越好，满族大臣和平民在私人场合使用的语言才开始变得复杂，出现了汉化迹象。从雍正八年（1730 年）舞格寿平的《清文启蒙》一书就可看出，当时有一些年轻旗人满语说得磕磕绊绊，甚至不识满文。另外，与顺治朝的内府刻本相比，雍正时期出版的《三国演义》也变成了满汉双语的。

满族人语言变化的清晰轨迹至少说明清兵入关前说的并不是东北话，北京话自然也不可能是东北话的变体，二者的相似另有原因。

实际上，东北话反过来是北京话的直系后代——现代绝大部分东北地区的居民是闯关东的山东、河北移民后代，就算是东北地区的满族也多为从北京回迁祖地的移民后代。

方言的形成和分化需要时间，新移民地区往往趋向于使用当时的标准语作为不同地区移民间互相沟通的工具。明清时期大量移民进入西南地区后，以当时南京话为基础的南方官话是他们主要的交流工具，最终由此形成了中国范围最大、人口最多、内部一致度也最高的方言区——西南官话区。

但同样经过几百年的发展，西南各地的方言也在逐渐分化，一些分化甚至现在还在进行中——20 世纪 60 年代前成都话的 an 读法和重庆话基本一致，但现在的成都人往往会读成 ae。

其他国家这种情形也很常见，前文已提及过一个最具代表性的案例。17 世纪法国殖民魁北克后不久，访问魁北克的法国人就对当地法语大加褒扬——其标准化和统一程度与当时法国本土方言芜杂的情况形成鲜明对比。但经过漫长的分化，魁北克法语演化出诸多特征，今天的法国人不但不会赞扬，还给带有浓厚魁北克腔的法语起了个专门的贬称 Joual。

英国于 19 世纪中期殖民新西兰，之后来访的英国人同样留下了赞扬新西兰人说话文雅、有教养的记录，但 20 世纪后新西兰口音也沦为了"错误频出"的"村夫话"。

东北不同地区方言接近北京话的程度反映出的只能是东北话是北京话的移植——南部靠近北京的地方如辽西地区由于移民早，有足够时间分化，当地方言就和北京话差别较大；而离北京最远的黑龙江基本是 20 世纪才开始开发，黑龙江人说的方言就更像北京话。

北京话不具备入声却具备多数南方方言所没有的翘舌音，也是支持北京话为满式汉语的更有迷惑性的证据，可惜这两条证据同样与史实不符。

早在宋朝，入声就开始在全国大面积消亡。至迟在元朝口语中，北京所在的大河北地区，入声就算仍然存在也顶多只是微弱的紧喉，而到了明朝末年，北京话中的入声就几乎完全消失了。清初《天童弘觉忞禅师北游集》一书中记载，顺治帝曾专门提到过"北京说话独遗入声韵"。北京话入声消失实际上早在清兵入关之前就已经发生。

满语和入声的消失关系不大——满语中并不缺乏类似古汉语入声的音节，如 tob（正）、bithe（书）、cik（忽然）。

至于翘舌音，其实也并非拜满语所赐。虽然现代南方方言很多都没有翘舌音，但在不少地方，翘舌音消失得非常晚——根据西方传教士和中国早期方言调查的记录，一百多年前，说官话的成都，说吴语的苏州、无锡，说湘语的长沙，说客家话的梅县，说粤语的广州都有翘舌音。至今香港人名地名的拼写仍然保留了平翘的对立，如锡（sek）与石（shek）。

更重要的是，满文实际上是相当不适合用来转写汉语的翘舌音的——由于用原有字母转写翘舌音有困难，满文甚至专门制造了字母专门用来转译汉语的 zhi 和 chi。

不过，生活在北京的河北人都会发现，与周围的河北方言比起来，北京话确实相对特殊，这些不同有没有可能是受了满语的影响？

恰恰相反，北京话的特殊主要是受到南方影响。宋元以后，中国官话分为南北两支。南系以当时的南京地区口音为基准，而北系则脱胎于河北地区的方言，这两支官话最主要的区别在于对某些入声韵和翘舌音的分派上。

河北地区的方言把不少收 -k 的入声字读成复元音，如客韵母为 iai，黑韵母为 ei，剥韵母为 ao，削的韵母是 iao。而南方地区的官话则保留入声，并且韵母为单元音，如以上几个字在南系官话中读 eh、eh、oh、ioh，与现今的南京话类似。

南北的官话都具有翘舌音，但是分派规则不尽相同。总体而言，有些北系官话读翘舌音的字在南系中往往读平舌，如色、生、初、择、责、森、所、晒、邹等字，北系官话为翘舌，南系为平舌。

虽然北京话语音总体仍符合河北地区的北系官话，但有些字的读音又类似南系，而且越是书面用字就越容易体现南方特征。

甚至某些字在北京话中还有两个读法，在口语中是北系读音，书面语则使用南系读音，如已经提过的典型例子，色子中的色，北京说 shǎi，但是在颜色这样的书面词中就是 sè。择菜里的择是 zhái，选择的择就是 zé。最有意思的是剥削，剥和削单用作动词分别是 bāo、xiāo，组合到一起变成书面词就成了 bō xuē。

以上来自南系的读法，在大河北其他地区使用得都不如北京频繁，如河北乐亭，本地乐读 lào，并没有北京话中来自南方的 lo>le 的读法。河北有些地方甚至还会把郭读成 guao。

北京作为大河北地区的中心城市，方言中存有这么多南方语音自有其历史原因，这主要是受到前文屡次强调过的读书人的影响所致——北京虽地处华北平原北端，但明清以来，北京人和大河北其他地区的交流反而有限，引领语言风尚的主要是通过运河北上的南方士人，尤以江南人为主。江南地区流行的官话属于南系，这些来自江南的读书人在教学、交流中把大量南方的读音输入北京官话的读书音中，并且自然而然地渗入到口语里。大河北其他地区受到江南士人的影响较弱，南方读音自然就少很多。

这种影响的痕迹今天也并不鲜见，如老北京人把麻雀叫作家雀，雀读 qiǎo。客在来客当中尚有 qiè（来自早期 kiai）的读法。但今天，这些大河北地区本来的旧读使用范围已经越来越窄，逐渐被南方来的 qué（来自早期 cio）和 kè 所代替。南方音最终竞争失败的也有，主要出现在常用的口语词中，如白的读书音 bó（来自早期 bé）就逐渐消亡了。

南方士人的影响是如此强大，以至于明清以来北京本地读书人甚至反而强调读书时需要恢复口语中已不存在的入声。民国早期北京人王璞所著的《国音京音对照表》中明确记载了北京读书应该有入声，出身北京书香世家的叶嘉莹吟诗时也强调要读出入声。

清朝满族人学习汉语时，理论上的标准也正是这种读书音。清代满汉对音的书籍有不少，再加上满文是拼音文字，用字母拼写，所以

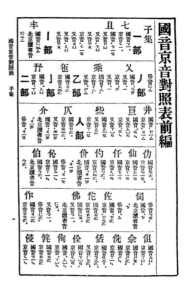

《国音京音对照表前编》

从一些书籍、满文奏折上汉语名字的拼写读音以及北京故宫等地的部分匾额，可以推知当时官话读书音的大致发音。

比如："交泰殿"匾额上的满文即为汉字音译，读音类似 giao tai dian；根据《御制增订清文鉴》中满文字母对汉字的标音，略字读 luo，鞋字读 hiai；根据奏折以及宗谱，可知废太子胤礽二字的满文记音类似于 yin cheng；等等。这与当代的北京音以及东北话都有一定差别，是更接近传统的北京读书音。

实际上，即便清兵不入关，北京话也不会与现在的版本有太大区别。明万历三十四年（1606 年），北京人徐孝出版了专门描写当时北京话的韵表《重订司马温公等韵图经》，详细反映了明朝后期北京话的特点。根据这本书反映出的语音，明后期的北京话和今天已相当接近。其系统性的区别只在于当时的北京话尚能分尖团（精 zing、京 ging），能分 iɑi 韵（蟹、鞋、客）和 ie 韵（写、谢、邪），e、o 的对立尚且完整（即能分学 / 穴、核 / 合），而南方读音当时也早已侵入北京。

北京话其实是受到南方官话深度影响的北方官话，经常抱怨满族人改变北京话的南方人，才是北京方言岛真正的"殖民者"。

皇帝如何与不同方言区的官员对话

清朝皇帝普遍会学习多种语言，原则上来说，对蒙古王公说蒙语，对满族人，至少清早中期说满语，对汉人则一般说官话。其实这并不是清代独有的现象。

目前所能看到的资料对夏商朝堂之上的语言环境都缺乏描述，最早的记录出现在周朝。周朝的最高统治者是周天子，严格来说不算"皇帝"。

　　周人有自己的一套标准语，被称作雅言，是为知识阶层普遍掌握的，《荀子·荣辱篇》有"越人安越，楚人安楚，君子安雅"的记载，《论语·述而第七》也描述道"子所雅言，《诗》、《书》、执礼，皆雅言也"。综合来看，就是说越人有越人的语言，楚人有楚人的语言，像孔子这样的君子在正式场合使用雅言。

　　根据郑张尚芳等学者分析，雅言应该以当时中原一带的方言为基础，尤其是东周都城洛邑的地方语言，在雅言形成过程中起到了关键性作用。而《荀子》单拎出越人和楚人来说未必没有原因——中原华夏诸国的方言跟雅言相差较小。南方的越国和楚国则差异较大，甚至根本不说汉语，《左传》中有"楚言而出"，《维甲令》《越人歌》等所显示的越人语言和今天的壮语、泰语近似。

　　然而这些国家的上层人士对雅言仍具有一定程度的掌握。所谓"吴越同风"，吴国口语和越国类似，但是吴国的延陵季子是春秋晚期著名的外交家——难以想象他若不会雅言，则如何可以游走于中原各国。

　　南方诸国的情况可能属于语言学上的双言现象，即一个语言社区根据场合不同选择两种不同的语言进行交流。对南方诸国来说，雅言是所谓的高层次变体，用于对外交流或书写等正式场合，土话则是低层次变体，用来进行日常内部交流，这和普通话普及以来的不少当代南方方言区的情况颇有类似之处。

　　以一种相对统一的标准语作为跨地域文化人的交流工具就此成为中国长期的传统。作为通常的权威代表，皇帝一般可以指望不同方言区的大臣们用这种语言和自己进行交流。只是这种语言所植根的方言和最终的形态在历史演变中会有很多变化。

语言与文化

古诗怎么读才科学

诗歌应该怎么读才科学？伴随着近年来的"国学热"，本已沉寂许久的吟诵又进入了人们的视线。据吟诵的传承者们说，他们吟诵的调子反映的是唐朝乃至更早的古人是如何读诗的，属于文化活化石。吟诵更成了各路"国学大师"的基本功，无论文怀沙、叶嘉莹还是周有光，皆被许为"吟诵大家"。

官方的文化机构显然也对他们提供了强大而有力的支持——中国多种地方吟诵已经被评为非物质文化遗产，其中佼佼者如常州吟诵更是荣膺国家级非物质文化遗产，成为重点保护对象。但是，神秘的诗词吟诵在古代是否真有如此高的地位？吟诵的历史究竟有多长呢？

辅助记忆的手段

但凡背诵过课文的人都会有这种感觉——散文不如诗词容易记住，而诗词又远不如流行歌曲容易记住。

人类对声音的记忆受声音本身特性的影响，作为声音的一种表现形式，语言也不例外。相对于漫无规律的声音，人类大脑更容易记住有规律的声音，因此规律的韵文，如诗词歌赋更容易被人记住，反之，散文背诵的难度则要大得多。

在人类社会发展早期，书写的重要性相对较弱，文学作品的传播更加依赖口语，所以传承下来的口头文学往往是韵文。为了方便记忆，不同文化会根据语言自身特点，增强声音的规律性。

如英语是分轻读重读的语言，所以英诗讲究音步（foot），靠重读音节和非重读音节的排列组合实现轻重抑扬变化。同时，英语词尾音节结构复杂，故而传统的英国诗歌也讲究押尾韵。而英国的邻居法国的诗歌则大不一样，法语音节轻重之分并不明显，因此法语诗歌并不讲究音步，而是只重视押韵。法语的祖宗拉丁语则词尾变化很少，押尾韵意义不大，所以只靠音步；又由于拉丁语词较长，音节数量多，如英语般的强弱交替很难做到，因此拉丁语的音步节奏更加复杂多变。

柯尔克孜族的长篇史诗《玛纳斯》中则有所谓押头韵的做法，即上下两句用同一辅音开头，此种手段在古英语诗歌《贝奥武甫》中也有应用。壮诗的有些句子则在句中押韵，以利于演唱山歌时停顿。

用较为单调重复的音乐加以伴奏也是辅助记忆的常用手法。语言与音乐配合能极大地提高记忆效率，在某些情况下甚至可引发"耳虫效应"，让人不得不记住。前面已经提到壮诗有山歌调伴随，而在如《玛纳斯》之类的超长篇史诗的传承过程中，音乐的功用更不可忽视。

韵乐同存

中国传统的韵文则因为汉语的特点而与之有很大不同。

汉语是单音节语言，同汉藏语系其他语种相比，汉语较早地丢失了复辅音，形成了特有的声母-韵母体系，一个字占一个音节，各音节长度除入声外大致相等。这一特点使汉语音节较其他语言更整齐划一。而中古以后的汉语一直是有声调的语言，至迟自中古时代始，中国人就开始自觉挖掘汉语声调因素的审美价值。近体诗、长短句、南北曲，甚至小说、弹词、地方戏曲中的韵文，无不受四声体系的制约。

因此，汉语韵文除了讲究押韵、平仄外，也素有文乐一体的传统，文学除了书于竹帛，还要被人歌咏。

工尺谱是近古以来，汉语音乐文学常用的记谱形式

五胡入华，中原大乱，南渡士族中流行的"洛生咏"，就是洛下书生的吟诵声调。谢安面对要杀他的桓温作洛生咏，吟诵嵇康"浩浩洪流"诗句，桓温被其旷远的气度折服，于是放弃了杀他的念头。顾恺之却把洛生咏说成"老婢声"，觉得其音色低沉重浊，像老太太说话。

明初死于朱元璋屠刀下的诗人高启曾写过一首诗，叫《夜闻谢太史诵李杜诗》："前歌《蜀道难》，后歌《逼仄行》。商声激烈出破屋，林乌夜起邻人惊。我愁寂寞正欲眠，听此起坐心茫然。高歌隔舍如相和，双泪迸落青灯前……"把一位谢太史深更半夜吟诗的意象，写得很惊人。

这样的歌唱传统就是所谓的吟诵，简而言之就是拉起嗓子来把古代诗文的字句都唱出来，而不用日常说话的语调。五四时期，旧式文人反对白话诗的一个理由就是白话诗不能吟，所以不能叫诗。

不难看出，吟诵本是辅助记忆的手段，没什么神秘可言，不是用来表演的艺术形式，更不应该是所谓"非物质文化遗产"。本质上甚至可以说，吟诵的作用机理和近年在以 Bilibili 为代表的网站上流行的"鬼畜"视频有异曲同工之妙，都是通过不断重复的语音和乐段配合，达到让人印象深刻的目的。

不古的古风

虽然吟诵发端于保存记忆之用，但毕竟古已有之，它是否保存了古人的读音，也保存了古代的音乐？遗憾的是，现今各路吟诵的调子和古代音乐几乎都毫无关系。

中国最早的韵文合集是《诗经》，《诗经》305 篇，按道理是篇篇有乐曲与之配套的，但今天可以追溯到最早的《诗经》乐谱是南宋人"复原"的。在朱熹的《仪礼经传通解》中，载有南宋赵彦肃所传的《风雅十二诗谱》，音乐史家杨荫浏译过这个谱子，译完不忘加一句："这是不折不扣的假古董。"

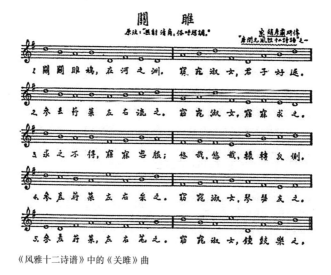

《风雅十二诗谱》中的《关雎》曲

《楚辞》和《诗经》一样，原本也是可以和乐歌唱的，可惜曲调早佚。史书里记载过两位会唱楚辞的人，汉宣帝时候有个"九江被公"，隋文帝时有个"释道骞"，看起来都是神秘人物，与今天装神弄鬼神神秘秘的"国学大师"应属同道中人。

莫说《诗》《骚》，其实甚至连中古时代的谱子也几乎没有传世的——中古中国受到波斯、中亚音乐的影响形成的燕乐，成为当时的流行音乐。唐代律诗、绝句都可入乐，但其乐谱均已失传了，词谱也几乎全部失传，唯一存世的就是一本《白石道人歌曲》。

毛泽东听《贺新郎·送胡邦衡待制赴新州》时，曾将末句"举大白，听《金缕》"改为"君且去，休回顾"

既然如此，现今各种吟诵调又是从何而来呢？

当词乐失传后，明清时代的人们喜欢用其他音乐形式的曲调（主要是南北曲）来唱词。昆曲在明清盛行二百年，被公认为正声雅音，受到知识阶层的普遍青睐，古诗词吟诵调受到昆曲的影响也就是很自然的事情了。编撰于清朝乾隆年间的《九宫大成南北词宫谱》和编撰于道光年间的《碎金词谱》，收录了大量明清人用昆曲重新谱写的唐宋词。毛泽东晚年专门录制了一批，每首曲子都反复听，有时兴之所至，还要改动几句词，让录制组重录。

除了昆曲，佛教音乐也进入到各种吟诵调中，胡适曾说过：

"大概诵经之法，要念出音调节奏来，是中国古代所没有的。这法子自西域传进来，后来传遍中国，不但和尚念经有调子，小孩念书，秀才读八股文章，都哼出调子来，都是印度的影响。"和尚念经叫"呗"，即梵文 Pathaka，就是赞颂、歌咏的意思，诵读佛经其实采用的也是歌唱的方式，并往往用乐器伴奏。

甚至民间流行的某种曲调，也会成为该地区流行的吟诵调子。杨荫浏采集了苏南地区对于同一句《千家诗》几种不同的吟诵法，认为其中一种就是无锡旧时民间流行的宣卷调。家庭妇女们晚间聚在灯下诵读唱本小说的时候，用的也是这种音调，后来由滩簧而来的沪剧中"过关调"也用这个调子。

当然，作为辅助记忆的手段，吟诵的调子讲究程度其实相当低。不用说因地方的不同而曲调不同，就是同一个人念两次，旋律也可能不一样。至于吟诵调旋律是否好听，因为和辅助记忆并无关系，也就不需要吟者关心，但为了追求规律，吟诵调的单调性是确定的。学会用一种腔调吟诗其实并不是件难事，只要学会了一首平起式的和一首仄起式的，其余的不学自会，因为同一格式的诗用同一种调子吟起来是差不多的。

精于常州吟诵的赵元任就说过："无论是'满插瓶花'，或是'折戟沉沙'，或是'少小离家'，或是'月落乌啼'，只要是'仄仄平平仄仄平'，就总是那么吟法，就是音高略有上下，总是大同小异，在音乐上看起来，可以算是同一个调的各种花样（variations）。"

而用方言吟诵更是清朝以来才形成的"传统"，根据明朝在中国的传教士的记载，明朝上流社会的读书人都是说官话的，只有不识字的贩夫走卒才使用方言。

但是今天各地的吟诵普遍使用当地方言。仍以赵元任为例，他的回忆再清楚不过地说明了这种情况："我出生在天津，说的是官话，但不会用官话读文言文。我的家乡在吴方言区西部边界的常州，它靠近官话方言区的南界。以前我会说常州话，但不会用常州话读文言文。九、十岁上回到家乡，开始读书、念文言文。我的老师是常州人，他怎样教，我就怎样读。所以，我虽然会说官话，却只会用常州话读文言文和吟诗。"

但即便是这样的吟诵，在当下也已属难能可贵。由于吟诵被神秘化和高雅化，不少本不会吟诵的"大师"对其趋之若鹜，于是各种新创吟诵层出不穷：如文怀沙的"啸叫式吟诵"竟被不少人追捧，公开宣称不会常州话的周有光也成了常州吟诵的代表人物，甚至有"文化学者"以子虚乌有的"国子监官韵"吟诗。

然而吟诵诗词毕竟是"国学大师"的事，而对绝大多数新一代中国年轻人来说，每天登录 Bilibili 视频网站，观看各式各样的"鬼畜"视频可能才是他们觉得更加重要的事情吧。

羊年是山羊年还是绵羊年：十二生肖是怎么来的

很多英语世界的编辑都对中国的生肖有点烦——比如羊年到底应该是 Year of Goat（山羊年）还是 Year of Sheep（绵羊年）？于中国人而言，羊是山羊还是绵羊在文字上没有区别，但英文可就不同了，甚至连 Ram（公羊）也能冒出来添乱，以至于讲求政治正确的《纽约日报》不得不用最保险也最笨的 Year of Any Ruminant Horned Animal（任何有角反刍动物年）这等奇招了。

南传山羊派

生肖在中国历法系统中和地支关系紧密。众所周知，十二生肖与十二地支存在对应关系，子丑寅卯辰巳午未申酉戌亥与鼠牛虎兔龙蛇马羊猴鸡狗猪一一对应。

传统认为生肖和地支的对应关系建立于东汉时期，和北族的影响有关，如清朝学者赵翼在《陔余丛考》中说："盖北俗初无所谓子丑寅卯之十二辰，但以鼠牛虎兔之类分纪岁时，浸寻流传于中国，遂相沿不废耳。"

但 1975 年湖北云梦县出土的墓葬秦简中出现了新的线索——出土秦简《日书》中有题为《盗者》的一章书简，主体内容为对盗者形貌的卜辞："子，鼠也，盗者兑口希须……丑，牛也，盗者大鼻长颈……午，鹿也，盗者长颈小腤，其身不全。未，马也，盗长须耳……戌，老羊也，盗者赤色……"

生肖在中国史料中的初次露面如此诡异，竟是用来占卜盗墓，这说明当年的生肖形象应该好不到哪里去，至少和现在的吉祥象征相去甚远。此外，秦简中"午"对应鹿，"未"对应马，"戌"对应羊，和现今的午马、未羊、戌狗不尽相同。但是这份珍贵的资料说明至迟在秦朝，生肖的雏形已经闪亮登场了。

只是云梦秦简其实也未必反映出了中国生肖最早的源头。事实上，地支本身就可能是一种早期的动物纪年形式。

地支起源非常早，商朝的甲骨文中即有用例，如"乙亥卜""壬寅卜"等等，不过主要用于纪日。由于年代久远，地支的含义已经难以追溯，郑张尚芳认为地支乃是表示一日中太阳运行的规律，欧美学者罗杰瑞和 Michel Ferlus 则发现部分地支可以和东南亚的南亚语系中的动物联系起来。

所谓南亚语系，主要包括柬埔寨的高棉语，缅甸和泰国的孟人语以及越南语。史前南亚语系分布于长江以南的广大地区，后来随着汉人、缅人、泰人乃至一定程度上汉化了的越南人等的不断挤压，南亚语系的地盘越来越小，现在已经龟缩于中南半岛一隅了。

学者发现上古汉语丑（nruʔ）、午（m.qʰˤaʔ）、未（mət-s）的读音和古南亚语水牛（c.luː）、马（m.ŋəː ʔ）、山羊（m-ɓɛː ʔ）相当接近，因此推测地支可能本就是用来表示动物，经由上古时期分布在长江流域的南亚人借入汉语，后来由于中国人忘记了其词源才又附会上了对应的动物。

目前中南半岛各主要族群的生肖多在历史时期受到过中国生肖的影响，甚至有整套生肖名称都是借来的，但是这些语言中对应羊年的仍然多是山羊，如越南语 Mùi（未）年的代表动物是 Dê（山羊），泰国和柬埔寨生肖中未年的代表动物也都是山羊。东南亚气候湿热，树木茂密，确实更加适合山羊生存。如果生肖真是起源于东南亚的话，那么 Year of Goat 派似乎能稳操胜券了？

北传绵羊派

不过山羊派如果想就此庆祝胜利，可能有点早。把羊年论证为山羊年过程复杂使人如坠雾里，逻辑链条也并不算十分严密。何况现代中南半岛各国使用的生肖往往有后来引进或模仿中国生肖／地支的元素，就算源头真是在南亚语言中，经过几番倒手，也未必还是原装货了。

况且支持羊年应该是绵羊年的证据也为数不少。在深受汉文化影响的日语和朝鲜语中，羊年的代表动物分别是ひつじ和양。日语和朝鲜语同英语类似，并没有像汉语一样统摄"羊"的词，都是对山羊和绵羊加以区分：日语山羊为ヤギ，绵羊为ひつじ；朝鲜语山羊为염소，绵羊为양。由此看来，日本人和朝鲜人／韩国人都毫不含糊地支持绵羊派。

只是日本和朝鲜的生肖也几乎可以肯定是中国的舶来品，拿来充数未免显得说服力有些薄弱，要想找到山羊还是绵羊年的答案，最好还得看其他所用生肖并非中国生肖直系后代的民族。

前文提到早在清朝，就有人认为生肖其实乃是北族产物。中国历史上的北族主要有匈奴、鲜卑、突厥、回鹘、契丹、女真、蒙古等等，而其中使用生肖纪年的情况相当普遍。

关于匈奴的资料相当稀少，但鲜卑人则已经可以确定采用了生肖纪年。《周书·晋荡公护传》中记载宇文护的母亲曾给他写信，提到了"昔在武川镇，生汝兄弟，大者（宇文什肥）属鼠，次者（宇文导）属兔，汝身属蛇"。

史料中留下了更多关于突厥和回鹘使用生肖的记录。《新唐书·黠戛斯传》中记载黠戛斯人"谓岁首为茂师哀，以三哀为一时，以十二物纪年。如岁在寅，则曰虎年"。黠戛斯就是吉尔吉斯／柯尔克孜（Qïryïz）的古译，据法国学者沙畹考证，"茂师"就是 muz（冰），"哀"就是 ay（月），说明黠戛斯确实是突厥语民族。

除了汉籍中只言片语的记录，突厥碑文更提供了突厥人使用生肖的直接证据。例如，刻写于 8 世纪的《毗伽可汗碑》上便有羊年、猴年、猪年、兔年。《磨延啜碑》中更是有"我于鸡年让粟特人、汉人在色楞格河流域建设了富贵城"的记载。根据碑文复原，古代突厥的十二生肖分别为 küski、ud、bars、tawïšqan、luu、yïlan、yont、qoñ、bičin、taɣïqu、ït、tonɣuz，整体上和中国的十二生肖一一对应，只是十二生肖中唯一的一种虚幻动物龙采用了汉语借音 luu，西部的突厥语则借用梵语词 नाग/nāgá（那伽）表示。这套突厥生肖生命力相当顽强，至今不少突厥语族民族仍有极为相近的生肖系统，如哈萨克生肖与之几乎完全相同，只是把其中的龙替换成蜗牛而已。

关于突厥十二生肖的起源，喀什噶里所撰《突厥语词典》中是这样记载的："可汗计算某次战争发生的年代出错，因此提议设置纪年法，获得部众支持。他们遂驱赶动物下伊犁河，其中有十二种动物游过了河，因此以十二种动物渡河的先后顺序确定了十二生肖。"

但这个故事和汉族中流传的生肖赛跑故事同质性非常高，有可能只是生肖赛跑故事的翻版而已，加上对汉语"龙"的借用，突厥生肖恐怕仍然受到了中国生肖的不小影响。

不过突厥生肖对山羊绵羊的区分仍有独特价值，作为游牧民族，突厥语对牲畜的划分相当细致，自然不会像惯于农耕的汉族那样对山羊、绵羊稀里糊涂地分不清楚。而古突厥语羊年用 qoň 则明确说明他们概念中羊年是绵羊年，而非山羊年，如果是山羊的话，那可就得用 äčkü 了。

至于北族中的后起之秀蒙古，在生肖上则延续了北族一贯的传统，并没有太大的更动。在蒙古语中，羊年是 qoni，仍然为绵羊，和山羊 imaɣa 没有关系。

中国人站在哪边

目前看来，南传山羊派和北传绵羊派似乎战至势均力敌，难分高下，厘清 sheep 还是 goat 还需要更多的证据。理论上最好的方法是直接探寻十二生肖最老最老的老祖宗，看看原版十二生肖是什么样。

可惜十二生肖的来源众说纷纭，扑朔迷离。东南亚起源说证据稍显薄弱，至于北族似乎更像十二生肖的传播者而非创始者。有人声言十二生肖源自印度，随佛教一起传入中国，根据是古印度神话《阿婆缚纱》记载十二生肖原是十二神祇座下的十二神兽："招杜罗神将驾鼠，毗羯罗神将驾牛……真达罗神将驾猪。"而更有如郭沫若等人直称十二生肖的始创者为记数系统为十二进制的古巴比伦人。

人们将探寻的目光投向四面八方后才发现十二生肖分布范围竟从东南亚、东亚一直延伸到中亚乃至东欧，要找出确切的源头可能相当困难。此路不通的情况下，汉语和它的近亲语言们透露出的信息就显得弥足珍贵了。

印度	地支	汉	藏	突厥–回鹘
mantilya	子	鼠	byi-ba	sïçan
govrsa	丑	牛	glang	ud
vyaghra	寅	虎	stag	bars
sasa	卯	兔	yos	tawïšan
naga	辰	龙	'brug	luu
jantunah	巳	蛇	sbrul	yïlan
asva	午	马	rta	yont
pasu	未	羊	lug	qoyn
markata	申	猴	spre'u	bičin
kukkuta	酉	鸡	bya	toqïu
svana	戌	狗	khyi	it
sukara	亥	猪	phag	tonguz

汉语属于汉藏语系，而藏族也用十二生肖，其中羊年以 ལུག（lug）表示，这个词在藏语中的意思就是绵羊，有学者认为可以和汉字羭对应。同属汉藏系统的凉山彝族也是明确用表示绵羊的ꑿ（yo）指代羊年的。

更为重要的是比起山羊，上古的中国人似乎对绵羊更加熟悉。甲骨文中"羊"字的角是弯曲的，金文中更是有相当夸张的卷角形状，著名的青铜器四羊方尊、三羊尊中的羊也显然是绵羊的造型。从语言的角度上看，汉语羊在汉藏语系中的对应同源词也主要是绵羊而非山羊。

金文"羊"，带着大大的卷角，毫无疑问是绵羊

由此看来羊最早更可能指绵羊，但在现代语境中，羊年到底是 Year of Goat 还是 Year of Sheep，恐怕要看使用者是支持南派的山羊还是北派的绵羊了。

沐猴而冠的只能是矮小的母猴

"马骝"是什么东西

看马戏是中国人热衷的娱乐活动，不过虽说是"马戏"，马戏团却很少有以"马"作为主角的，相反，猴子才是所有马戏团必不可少的配置。相对马而言，猴子虽然调皮，但是领悟力高、占用空间少、喂养成本还低，不少耍猴人甚至可以以个体经营的方式耍猴。

很不公平的是，厥功甚伟的猴子竟然被马抢了风头，"猴戏"被叫成了"马戏"，不过猴子们也不必过于沮丧。

今天大多数中国人称之为"猴"的这种哺乳动物，江浙地区也将其称为"猢狲"（或其变音"活狲"）。但在遥远的岭南，猴子还有另外一个名字——"马骝"，猴子们大可把马戏歪解为"马骝戏"，这么一来主角就还是自己。可是马骝这个怪名的由来却不免让人疑惑。

现在的广东在历史上居住着大量讲侗台语的壮人、俚人，因此粤语中不乏来自壮语的词汇。北方说的荸荠在广州被称作"马蹄"。近年随着广式甜品饮料凉茶在全国范围内风行，马蹄之名也为很多两广之外的人所熟知。

关于马蹄的得名，有说法是因为荸荠形似马蹄，这纯属无稽之谈，凡是见过荸荠的人都应该觉得要把这东西和马蹄联想在一起需要非同一般的想象力。在福建的闽南地区，荸荠实际上被称作"马荠"，这更说明形似马蹄说不可信。

这种称法和或许与百越先民有莫大的关系。今天的壮语把"果"称作 maak，而壮语普遍把修饰成分放在中心语后，于是李子就是 maak man，桃子是 maak taau，梨是 maak lai，龙眼是 maak ngaan，葡萄是 maak it，橘子是 maak kaam。

所以广东福建的马蹄和马荠相当有可能是某种果的意思，马蹄的蹄可能是地的意思，荠则像汉语自己的词语，马蹄为"地果"。这种命名法颇似上海的"地梨"，虽然两地现在都说汉语，不过先民的语言仍然在其中留下了痕迹。

可惜马骝的情况与此不同，因为马骝不似马蹄、马荠有较为可信的壮语来源。更为重要的是，历史上马骝这个词的分布并不限于南方，而是一个通行大江南北的词。

宋朝赵彦卫在《云麓漫钞》中写道"北人谚语曰胡孙为马流"，所谓"马流"，跟马骝自然是一个词的两种写法。同样，"胡孙"自然也就是猢狲。可是饶有趣味的是，在赵彦卫看来，马流非但不是岭南的特色词汇，反而是"北人谚语"。《西游记》中马流也有出场——除了泼猴之外，第十五回孙悟空还被菩萨娘娘大骂为："我把你这个大胆的马流，村愚的赤尻！"自然，马流和赤尻都是猴子的意思。另外，从《西游记》文本的语言特征来看，无论作者是不是吴承恩，他都不会是岭南人。

猴也是个外来词？

上古典籍中的猴并不常见，单独出现的情况更是难觅踪影。《诗经》里面曾提到猴子，但是出现的字为"猱"，见于《诗经·小雅·角弓》第六章"毋教猱升木，如涂涂附。君子有徽猷，小人与属"中，陆玑《毛诗草木鸟兽虫鱼疏》中的注解为："猱，猕猴也，楚人谓之沐猴，老者为玃，长臂者为猿，猿之白腰者为獑胡，獑胡猿骏捷于猕猴，其鸣嗷嗷而悲。"

对现今的中国人来说，猱已经是个不折不扣的生僻字，比猴罕见得多，中古以降，猴一直是该种动物较常用的名字。但奇怪的是，汉语亲属语言中能和猴对上的很少，反倒是猱有大把的"亲戚"。

猱在中古和现代汉语声母都是 n，但是它的声旁是"矛"，因此上古汉语中这个字读音为 ml'uu。这个词历史极为悠久，在商朝甲骨文中即出现了"夒"，形状近似猴子的侧面。此外，"獶"也是猱的另一种上古写法，《礼记》中有"獶杂子女"。

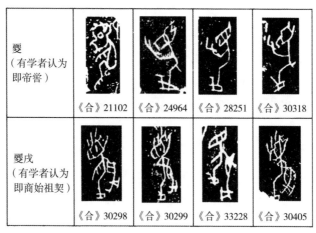

夒 （有学者认为 即帝喾）			
《合》21102	《合》24964	《合》28251	《合》30318
夒戌 （有学者认为 即商始祖契）			
《合》30298	《合》30299	《合》33228	《合》30405

甲骨文中部分"夒"字字形，后为《甲骨文合集》著录相关卜辞的编号

缅文中猴为 myauk，彝语则是 a nyu，西夏语用摩来对音，都说明了这个词是古老的汉藏语系同源词，而"马骝"则不过是这个

词的一种缓读形式而已。上古以后猱本身渐渐退出口语，但留下了"马"这个残迹。不明就里的后人有"猴可御马，故称马留"等说法，其实和马蹄一样，都属望文生义。

有意思的是，后来马流的意思还扩大了，东晋时人俞益期说："马文渊立两铜柱于林邑岸北，有遗兵十余家不反。居寿泠岸南而对铜柱。悉姓马，自婚姻，今有二百户。交州以其流寓，号曰马流。言语饮食，尚与华同。"尽管名义上是因流寓又姓马才被叫作马流，实则大抵是贬人为猴的蔑称。

沐猴而冠的都是母猴

上古时期猴不太单独出现，这并不意味着上古时期没有猴这个字，只是猴一般要和其他字结伴出现。

《说文解字》中，多有以母猴来解其他表示猴子的字的做法，玃、夒、禺等字都被解作母猴。《韩非子》中，燕王被一个卫人以"能以棘刺之端为母猴"的神技欺骗，而《吕氏春秋》中则有如下总结："狗似玃，玃似母猴，母猴似人。"

猴子当然不可能都是母的，在荆棘末端雕只猴子更不必强调非要是母的，因为母猴并不比公猴更加像人，所以这里母猴并不是指母的猴子，而是指这个物种本身。

母猴又有猕猴、沐猴的写法。这些写法的出现都很早，《楚辞·招隐士》中就有"猕猴兮熊罴，慕类兮以悲。攀援桂枝兮聊淹留，虎豹斗兮熊罴咆"，《史记·项羽本纪》更是有著名的"沐猴而冠"的故事。

综合来看，不管是母、猕、沐，应该都是一个没有实际意义的词头。只是后来语言发生了进一步的演化，词头终于被丢掉，"猴"

也就粉墨登场了。

　　另有一个表示猴子的词"禺"则是从母猴分化出的不同变体。上古汉语中猴为 goo，禺则是 ngo，差别并不大，而且后者很可能是受到 m 词头的作用，声母鼻音化了。

　　值得注意的是，唐宋时期通语中的猴子为"胡孙"，马流是作为和通用的胡孙相对应的方言词出现的。胡孙实际就是猴孙，有时也作"王孙"。唐朝大文人柳宗元还曾经专门作《憎王孙文》历数猴子品行之恶劣，甚至发出"然则物之甚可憎，莫王孙若也"的感慨。

猿和猴是什么关系

　　汉语中有犬、狗之分，一般认为其区别在于，犬大狗小。从上古汉语的语音来看，狗为 koo'，犬为 khween，表示小马的"驹"则是 ko，韵母也为 o，同属所谓上古汉语的侯部。

　　很巧的是，"猴"也是一个这样的词，以 g 为声母，oo 为韵母，不得不让人生疑这是不是也是一个指小的词。

　　假使"猴"真的指小猴的话，那大猴要怎么说呢？凑巧的是，汉语中还真有一个和猴语音结构较为相似，又指大型动物的词——"猿"。

　　猿在汉语亲属语言中出现频率远不如猴，但也并非全然不见，景颇语中猴为 woi/we，西夏语中则有 wjɨ，皆似汉语的猿。

　　而在汉语自身当中，猿出现得也相当早。《山海经》里就有"发爽之山，无草木，多水，多白猿"，《吕氏春秋》中则有著名的神射手养由基射白猿的故事。此外，猿有时也以"蝯""猨"的字形出现。

现代生物学里猿和猴分得相当清楚，类人猿包括长臂猿、红猩猩、倭黑猩猩、黑猩猩和大猩猩等。相比猴子，猿跟人在进化上更加接近，而且都没有尾巴，古人对此则主要靠大小来区分。《玉篇》对猿的定义是"似猕猴而大，能啸"。中国历史上的猿主要是长臂猿，相对大猩猩、黑猩猩之流也确实更像猕猴。

只是猿比猴要幸运得多，在中国人细数猴各种顽劣品行的同时，猿作为长寿灵兽则多被嘉许，猿的叫声也被认为是"哀鸣清绝"。三峡猿鸣更是诗词讴歌的对象，如"巴东三峡巫峡长，猿鸣三声泪沾裳"。猿往往会被赋予人性，如《搜神记》《世说新语》各有一则小猿被抓，母猿哀号许久，最后肝肠寸断而死的故事。当然对于灵兽，故事中害死了猿的人下场也不会好，《搜神记》中的恶人"未半年，其家疫死，灭门"，《世说新语》里当事人也因此事被罢黜。

可惜的是，中古以后通人性的猿由于对居住环境要求较高，分布越来越窄，三峡猿鸣已成过往，猿也已经不为人所熟悉，更是被和猴混淆。明朝《三才图会》中猿甚至长了尾巴，充分说明猿在当时就已经近乎一种传说中的动物了。

为什么南方多江，北方多河

打开中国地图，我们会发现一个有趣的现象：北方的大型河流通常被称为某"河"，如黄河、海河、辽河、淮河、渭河等，而南方大河则通名是"江"，如长江、珠江、闽江、钱塘江等。

为什么会有南江北河之分呢？这个问题众说纷纭，如江大河小，江清河浊。然而这些说法都经不起推敲——黄河显然比余姚江大得多；海南岛的万泉河水质清澈，远胜钱塘江。

上古时期，中国人的祖先把流淌在华夏大地上的河流都命名为"某水"。《诗经》中的名篇《蒹葭》提到"所谓伊人，在水一方"，就下句"溯洄从之，道阻且长"来看，显然此处的水指一条流动的河流而非静水。

与渭、淮、济、洛、伊、涧、汉等上古就有的水名一样，江与河并非河流的通名，而是南北两条大河的专名，即现在的长江与黄河。这两条大河与淮、济并为上古人心目中最重要的四条大河，合称"四渎"。可见并非随便什么河流都可享有江、河的名称。

如上所述，虽然现代中国人对把河流命名为江或者河早已司空见惯，但是这显然并非中国"自古以来"的传统。既然如此，南江北河的格局又是如何形成的呢？

江：一个非汉语的外来词

河这个字的词源虽然难以考证并仍存争论，但一般认为这是汉语固有词汇，而江则并非汉语本身就有的词，是个"外来户"，地地道道起源于南方。

汉语的诸多近亲语言并不用江来表示河流。如同属汉藏语系的彝语用 zhi mo，zhi 即相当于汉语中的水，mo 则表示大，这种命名法与上古汉语非常类似。藏文和缅文对水道虽分别有 klung、khlong 的说法，但其实这两个词本来都指山谷。

但在位于东南亚的南亚语言中，江的分布则要广泛得多。如缅甸原先的居民孟人的语言中江是 krung，越南中部土著占语则为 kraung，而越南语中河流的发音 song 也来自古越南语的 krong，均与上古汉语江的发音极其相似。

语言	河流语音形式
越南语	song
塞当语	krong
巴拿语	krong
卡多语	karung
布鲁语	klong
噶尔语	rong
科霍语	rong
拉斐语	dak hom
比特语	n'hong
荷人语	khroang
古孟语	krung

孟–高棉语系中各种河流语音形式

不过现在操这些语言的族群分布区域都离长江很远，如果按照现代的民族和语言分布，自然会得出古代华夏人跑到东南亚借了

"江"回来的咄咄怪论，这当然是极度违反常识的。

当今长江流域，尤其是中下游除了鄂西、湘西等少数地方，基本为纯汉族地区，但是在上古时期，长江流域的民族分布和当今大不相同。

上古时期中国人的祖先居住于黄河流域，对长江流域并不了解。大约在商王武丁时期，不断向南扩张的中原商人才第一次在长江流域及其以南地区站稳了脚跟。甲骨文中甚至没有江这个字。

华夏人群所抵达的长江其实是长江中游，其原本居民为百濮的荆蛮、三苗等族群。关于这些人群到底说什么语言，至今尚有争议，南亚语、苗瑶语、南岛–侗台语均有主张。但有一点可以肯定，他们并不说汉语。

一直到春秋战国时期，长江中游仍然是汉越杂处，楚国鄂君子晳曾在游湖时听越人舟子唱歌，即著名的《越人歌》，传世歌词为："今夕何夕兮，搴洲中流。今日何日兮，得与王子同舟。蒙羞被好兮，不訾诟耻。心几烦而不绝兮，得知王子。山有木兮木有枝，心说君兮君不知。"但根据刘向《说苑》的记载，其真正的原始歌词为"滥兮抃草滥，予昌枑泽、予昌州州𩂢。州焉乎、秦胥胥。缦予乎、昭澶秦踰。渗惿随河湖。"

楚国的语言也相当有特色，如楚国著名令尹子文名为斗穀於菟，据《左传》，"於菟"为楚言虎，"穀"则为乳，"斗穀於菟"正是被老虎哺乳之义。

因此，上古时代华夏人并不需要跑去东南亚借入江字。当时长江流域就有诸多现代东南亚族群的先民，只是后来随着华夏人和侗台人的扩张，这些先民才逐渐南缩至东南亚地区。

不过既然南亚语系诸语言中 krong 大都是河流的通名，华夏人又为何把长江而非其他河流称作江呢?

一种语言中的通名借入其他语言中成为专名其实颇常见。这主要是借入方并不熟悉外语的构词法所致。美国最大河流密西西比河英文名为 Mississippi River，在当地印第安语言中，ziibi 其实就是河的意思，但是说英语的人并不清楚，以为 ziibi 是这条河名称的一部分。更有甚者，英国有条 Avon River，Avon 在不列颠岛古代居民的语言中即为河流的意思，Avon River 相当于"河河"。

中文中此类例子也屡见不鲜。流经曼谷的泰国大河在中文中称作湄南河，其实泰语中"湄南"即为河的意思，"湄南河"也是"河河"之意，而这条河真正的泰语专名"昭拍耶"在中文世界中反倒少有人知。

当上古南下的华夏人遇到了这些说南亚语的人群时，只知道这些人把面前的大河称作 krong，他们并不知道 krong 在这些人所说的语言里表示河，而是认为 krong 即为面前的南方大河的专名，江就由此得名。

由于 krong 本质上是个通名，当华夏人继续南下，他们碰到了更多的 krong，一条条的江终于迫使汉语在一定程度上接受了江作为南方河流的通名。唐朝孔颖达在《尚书·禹贡》"九江孔殷"条的注疏中就提到："然则江以南水无大小，俗人皆呼为江。"而在北方地区，江就缺乏南方那样广泛的群众基础，因此"江"始终难以"北上"。

河：语言与自然环境的关系

"江"在南方成为通名的同时，"河"在北方也逐渐开始扩张，开始挑战"水"的地位。

上古河本是黄河的专名，其性质只是一个单音字构成的专有名词。但在现实中，"河"并不老实。

黄河中游两侧有黄土高原和吕梁山脉的挟持，河道稳定，水流湍急。一过三门峡，特别是冲出嵩山山地后，黄河就进入了广阔的平原区，河道弯曲，水流缓慢。在上古时期，黄河中上游植被条件尚好，泥沙含量较少，下游地区尚能保持比较稳定的河道。但日积月累，河道自然沉积仍然会导致出现地上悬河，河流决口进而改道。

据黄河水利委员会统计，公元前 602 年至公元 1938 年的 2540年间，黄河下游决口 1590 次，改道 26 次，重大改道 7 次，最北曾"夺海（河）入海"，最南则"夺淮入海"。在华北平原和黄淮平原间有大量与黄河下游平行的河道，包括滹沱水、漳水、济水、漯水、汶水、泗水、淮水等。黄河下游河道在淮、海之间滚来滚去时，这些河流几乎无一幸免，都曾作为"河水"的河道，这无疑严重影响了黄河下游平原居民的生活和语言。

黄河有文字记载的第一次大决口在周定王五年（公元前 602年），此前黄河自大禹治水后一直安稳地流淌在"禹河故道"中。这次决口河水侵夺漯水、漳水河道，注入渤海。汉武帝元光三年（公元前 132 年），黄河决口，向南摆动经泗水入淮水。王莽始建国三年（公元 11 年），黄河决口，再度东侵漯水。永平十二年（公元69 年）黄河决口，汉明帝召见王景，王景提出黄汴分流，漕运无患。于是汉朝拨十万人，花费百亿钱修筑黄河大堤，此后 800 年，黄河无重大改道。唐昭宗景福二年（公元 893 年），黄河河口段决口，于无棣县附近入海。

此后至宋初，黄河下游频繁决口，河道分流不断。直到宋仁宗庆历八年（公元 1048 年），黄河大改道，北侵御河（今南运河）、界河（今海河）入海。12 年后又东出西汉故道侵笃马河（今马颊河）

入海，是为北、东二流。此后宋神宗熙宁年间又东流夺泗入淮，北流合济入海。

黄河可谓汪洋恣肆，于是华北平原地区的民众经常会遇到一条河道既是本来的"某水"又是"河水"的情况，这时用原先的水名去称呼河水的某一段自然方便。而且早在战国时人们就曾将河水分段称为"南河""北河""西河"，那么泛滥时"漳河""漯河"也就能够标明这一段水道的归属。

黄河在华北地区频繁改道对水道更名的影响显而易见，因为河的名字正是从河北开始流行的。颜师古注《汉书》时引用文颖的说法："南方无河也，冀州凡水大小皆谓之河。"到了黄河泛滥的宋仁宗年间，史学家宋祁也提到"南方之人谓水皆曰江，北方之人谓水皆曰河"，由此"南江北河"的情势奠定下来。

除了黄河泛滥，中原王朝的统治集团变更也起到了推动作用。河字的使用在宋朝迎来了一个大范围扩张的时期，这与主导的统治集团有密切关系。北宋时期，来自河北地区的统治者第一次成为全国的领导，取代了隋唐时的关陇集团、山东集团。赵匡胤虽为洛阳人，但祖籍河北涿州，随其开国的潜邸亲信多是河北人，包括文官如赵普（幽州蓟人）、吕余庆（幽州安次人），武将如曹彬（河北真定人）、潘美（河北大名人）等。

而河北由于长期受黄河改道的影响，河取代水的进程尤其迅速而剧烈。当河北人在中国居于统治地位后，"河"开始走出河北，在北方其他地区迅速取代"水"。而北宋初年两位皇帝接连在河北用兵伐辽，并派重兵镇守北境，这些来自北方各地的平民长期驻扎后逐渐习得当地方言，再回到家中后，"河"自然就如黄河水一样在北方泛滥开来。

南北通名之争，河是如何胜过江的

不过，虽然唐朝人说北方为河南方为江，但是统计当今河流的通名，河多达 27000 多条，江只有 800 余条。而且其分布远远不如孔颖达所谓"江以南"——现今江的名称主要分布于浙江南部、福建、广东等东南沿海地区，比例尤以珠江流域为高。而更多属于江之南的地方如太湖平原、两湖地区和西南地区，"水无大小……皆呼为江"的情况则已经是过去式了。

从唐末宋初到现在的一千多年里，河是如何在全国范围内扩张、取代江的地盘的呢？这或许主要与宋以后的大规模移民潮有关。

两宋之交的北人南下，明朝云贵大移民，清朝湖广填四川等大规模移民以及与之相伴的人口重建，从根本上改变了南方很多地方的人口和文化构成。而南方不同地区受北方影响程度不同，也导致了南方各地河流名称不同。

观察河作为通名占优势的流域，可以发现基本和官话区相重合。这正是由于南方说官话的地方，其人口来源多为较为晚近的移民，发生于"河"在北方已经占据优势以后。

西南四川等地本是溪为主的地区，但是迁入的移民并不习惯用"溪"，对于他们来说，溪远远不如通用的河来得熟悉。因此正如当年南亚人作为通名的 krong 被当作专名，在四川很多地方，古老的溪被当作河流专名的一部分，形成了"某溪河"的名字，如重庆大足发源的沱江支流就叫濑溪河。只是在下川东地区，溪仍然维持了一定的势力。

但是在南方其他地方，"河"的优势则远没有那么明显。以地处江南的太湖平原吴语文化区为例，太湖平原位于长江南岸，与北方距离较近，自然条件也较为优越，向来是北方移民南下的首选地区。

但作为南方开发最早的地区之一，太湖平原人口稠密，土著力量强大。早在东晋永嘉南渡时，江南本土势力已经颇成气候。在南渡北人鄙视南人的同时，江南人对北人也并不待见，甚至专门用"伧父"这个词来讥讽北人粗鄙。而在北方地位崇高、为太学所使用的语音洛生咏因声音低沉在江南竟被戏称为"老婢声"。

中古之后，太湖平原继续吸纳大批北方移民，江浙北部地区文化发展至鼎盛，甚至超过了北方，因此太湖平原本土文化和移民文化都没能占据压倒性优势。加之太湖平原开发程度极高，河道人工化严重，太湖平原也就成了中国河道名称多样化最高的地区之一。

据统计，在太湖平原上河道名称常见的有19种之多，例如港、塘、泾、浜、浦、溪、运河、荡、漾、湾、渠、潭、洋、漕、渠道、涧、口、沥、门等河流通名都在不同程度上与人类活动有关。

与之不同的是，闽语区的福建山多地少，虽然在唐朝以前作为人口输入区接收了大批北方移民，但经过有唐一朝的发展，福建人口迅速增加，超过了土地的承载力。经过唐朝一朝的人口繁衍，福建已无余力吸收外来移民，相反，宋朝以后的福建，尤其是南部的闽南地区不断对外输出移民，甚至占领了东南沿海大片地区。在其所及之处，河流的通名往往以"溪"为主，与早年四川的情况相同，如浊水溪、凤溪、梅溪、吴丹溪等。

最特殊的则是粤语区的广东。广东虽然地处中国南端，但是其文化直接受晚期南下的北方汉人影响。与江南和福建不同，广东虽早早被纳入中国版图，广州更是早在唐朝就成为重要港口，但整个广东移民开发则是在宋朝才达到高峰。大批南下的北人对广东文化有着更迭式的影响。以至于在很长时间内广东人都被视为"比中原人更中原"。朱熹曾说"四方声音多讹，却是广中人说得声音尚好。盖彼中地尚中正。自洛中脊来，只是太边南去，故有些热。若闽浙则皆边东角矣，闽浙声音尤不正"，精辟总结了当时广东接收了大批中原移民后被视作中原正统分支，与闽浙不同的情况。

因此，虽然珠江流域表面上"江"在河道中占比全国最高，但是其实这只是一个出现于书面语的假象。

在口语中，广府地区对河流的称呼以河、冲／涌为主，后者多指小型河流。江用得相当少，甚至对于一些知名大江，口语中也并不称江，如广州人把珠江称作珠江河，东江称为东江河。同属广府地区的中山人则把岐江称作岐江河。广州人称珠江南岸地区为"河南"，更说明了在广州人的概念里面，珠江仍然是一条河而非江，这点和把长江北岸称作"江北"形成了鲜明的对比。

因此，广府地区"江"占比高只不过是书面语中留下的早期遗迹。虽然不断南下的北方人将"河"带入了南方口语，许多小型河流就此改"江"为"河"，但南方大河的名字不是那么好改的。因此不独广东，南方地区如汉江、嘉陵江、岷江、珠江、闽江、潮江之类的大河名称不管当地口语怎么称呼，在正式名称中仍然叫"江"。

而"水"这个从上古汉语乃至原始汉藏语就开始有的河流通名，在现今的中国，已经渐渐被人遗忘了。

为何南方人嗜甜，北方人嗜咸

中国北方和南方的饮食口味差异颇大，因而有"南甜北咸、东辣西酸"的说法，特别是南方食物的甜腻最为深入人心。

江南菜到底有多甜？在以甜著称的无锡，饭馆里的炒青菜和豆腐干按北方标准都称得上甜倒牙，小笼馒头的汤汁里更是会有一小块没有化开的糖。附近苏州、上海系菜肴虽然甜度不及无锡，但也以甜出名，就算是常州菜，虽然以"不甜"而闻名于江南，但在北方人尝起来也带着明显的甜味。

不过，如果时光倒退一千多年，我们会发现"甜党""咸党"的分布和今天有天渊之别。北宋文人沈括在《梦溪笔谈》中将中国当时的口味分布概括为"大抵南人嗜咸，北人嗜甘"，与今天的甜咸地图完全相反。

为什么当年最喜欢咸口的地区现在会如此嗜甜？什么样的地区最容易风行甜食？

人们喜欢吃糖只是因为他们有闲钱

和其他的口味偏好主要来自幼年的培养不同，嗜食甜食是人的生物学本能，几乎所有人类从出生起都表现出了对甜味的强烈兴趣。与之相比，对其他味道的接受则需要经历后天培养的过程。

早期人类社会获取糖分主要依靠自然界存在的甜味物质，其中蜂蜜因其甜度高，相对容易加工和使用而备受欢迎。

在中国，蜂蜜曾一度是贵重的舶来品。上古汉语中蜜读 mid，和诸多印欧语言中彼此词源关系明确的对蜜的称呼颇为类似，如英语称蜜酒为 mead，古希腊语为 μέθυ（méthu），梵语为 mádhu，这说明，中国食用蜂蜜的传统很可能来自上古时期和古代印欧人的接触。

中国本土产品中，有用大麦或米熬制成的糖稀，称为"饴"。饴的甜度比蜂蜜低得多，只是聊胜于无，便成了甜味的主要来源。因为耗费粮食，饴的成本也不低。当今世界上生产糖主要依靠几种特定的糖料作物，其中以甘蔗最为重要。相对用粮食制造糖稀或采集蜂蜜，糖料作物的产糖效率要高得多。一亩土地种甘蔗可以产出 4～5 吨甘蔗，榨出 500 千克左右的糖，效率远高于用一亩地种植出的大米或者大麦制糖。在当代中国，最重要的糖分来源毫无疑问是甘蔗。

糖分的摄入和生活水平息息相关，只要生活条件允许，几乎所有人群都会偏爱摄入大量糖分。以典型的发达国家美国为例，1822 年时美国人平均每天摄取 9 克糖——这已经比他们 1700 年时的祖先多了不少。今天的美国人平均每天竟摄入 126 克糖，糖分提供的热量超过 20%。

现今美国人的日均糖分摄入量已远远超过身体所需，甚至已对美国人的健康造成严重损害——位居世界前列的肥胖率让美国卫生系统头疼不已。美国政府已经采取多种措施，试图降低居民的糖摄入量，如标明食品营养成分含量、进行公共健康教育等，只可惜嗜糖乃天性，这些减糖措施效果不彰。

不单是美国，当今世界几乎所有西方发达国家人的日均糖分摄入量都相当高：德国 103 克、澳大利亚 96 克、法国 69 克。亚洲的发达国家如日本情况稍好，日均摄入量为 57 克，然而考虑到传统的日本饮食糖分含量极低，现今的数字已经相当惊人。与之相比，中国人的日均糖摄入量仅为 16 克，与印尼、以色列相当，在亚洲的主要国家中只有印度的 5 克水平远低于中国。

南方人是怎么变得爱吃甜食的

就算在今天，江南也有嗜咸的地方，同样属于江南地区，钱塘江以南的浙东宁波台州等地盛产海产。浙东地区和太湖平原同为吴语区，多数风俗习惯类似，但是宁波人嗜好的各种咸鱼和虾酱，却因味道奇咸在太湖平原很难被人接受。位于钱塘江以南的绍兴也同样吃口较咸，如扣肉在苏锡常是著名的甜味菜，在绍兴加入霉干菜后就成了咸味食品。

由此可见，沈括并未说错，在他生活的时代江南确实可能是嗜咸的，而当时的北方人根据沈括记载，则爱好蜜蟹、糖蟹这类今人听起来都会觉得喉咙发齁的食物。

宋朝的文学作品中，也留下了北方人嗜甜的证据。如开封人苏舜钦即为糖蟹的爱好者，留有"霜柑糖蟹新醅美，醉觉人生万事非"的诗句。

为什么当时的北方人这么嗜甜？这是因为糖虽然几乎人人皆爱，但是获取糖分不是一件容易的事，在中国尤其困难。对渴望吃糖的古代中国人来说，不但蜂蜜十分贵重，就连甘蔗也是稀缺而难于普及的进口货。

甘蔗作为一种植物起源于印度次大陆，在中国始现于汉朝。汉朝的甘蔗种植多以园圃小规模种植为主，产地限于南方，其食用方法近似今天的果蔗，要么直接嚼食，要么榨取蔗汁饮用。

到了唐朝，甘蔗制成的蔗糖才在中国广泛生产，此时蔗糖又称作石蜜。不少史料都显示制作蔗糖的技术来自西域或者印度，如《新唐书》里记载了唐太宗曾经派遣使者到位于印度的摩揭陀国求取熬糖的方法。在引入熬糖法以后，中国改进了生产技术，糖的品质才超过西域。

虽然唐朝时熬糖法已传入中国，但宋元时期砂糖仍然是较为珍稀的材料，经常需要从大食等国贸易进口。正因为糖在古代价格较为高昂，所以一度相当贵重，高质量的糖霜更可以当作礼物，如黄庭坚就曾经收到四川梓州友人寄来的糖霜并专门作诗答谢。

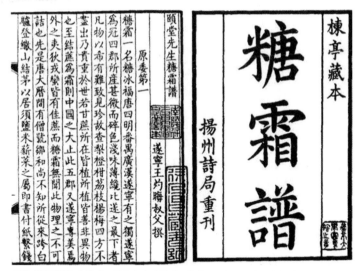

王灼《糖霜谱》中提到，黄庭坚在戎州时，曾作《颂答梓州雍熙光长老寄糖霜》："远寄蔗霜知有味，胜于崔浩水晶盐。正宗扫地从谁说，我舌犹能及鼻尖。"

由于吃糖需要相当的经济基础支撑，经济发达且有首都物资之利的开封周边居民嗜甜也就不稀奇了。不但文献中有富裕阶层嗜糖如命的记载，北宋开封州桥夜市这样的场所也有大量甜品糖水贩卖，平民百姓也可一享甜食之快。

两宋之交，中原被金国攻陷，大批中原人跟随宋朝王室移居江南地区。他们不但把自己习惯的甜味带到江南，更让江南地区的经济突飞猛进。富裕起来的江南人也学着北方移民吃起甜食，其中受到北方移民影响最大的太湖平原更是得风气之先。

自此江南地区甜味菜肴便层出不穷，不少人认为江浙地区菜肴较为清淡，但事实上苏南、上海、浙北地区的菜肴口味相当厚腻，所谓的"浓油赤酱"即指此而言，红烧肉、松鼠鳜鱼、樱桃肉等菜肴烹饪过程中都要使用大量糖调味。

在江南变甜的同时，长期战乱的北方正在经历"内卷化"和贫困化的浪潮，人口也有激增。在这些因素的影响下，吃糖在北方愈发变成一种奢侈的事情，相比而言，食盐生产并不占用耕地，用盐调味即成了次优的替代选项。

卤煮以前竟然是甜的

但在北方人口味转咸的浪潮中，部分北方大城市因各种原因一定程度上仍保留了嗜甜传统，华北各大城市中表现明显的当属北京。作为元明清三代的政治中心，北京向来有大批外来人口居住，明清时期，北京上层外来人口中有大批原籍江南太湖流域的京官，其他南方地区也有众多人口迁徙而来。

这些人在北京生活时往往产生莼鲈之思，因此相比人口结构更单一的其他北方城市，北京一直以来都能供应一些南方人爱吃的食物，以满足外来人口的需求。比如所谓的"南味食物"，就是指制作技艺和口味来源于江南一带的食物。

1895 年创建的北京传统糕点店"稻香村"即是南味进京的产

物，不但创始人郭玉生是南京人，而且当时店铺名字就是"稻香村南货店"。和重油重糖的苏式糕点相似，稻香村糕点喜用枣泥之类的甜料，糕点皮也多为苏式糕点的甜酥皮。除此之外，北京还有杏仁豆腐、藕粉、桂花、芡实、云片糕、绿豆糕等南味色彩浓重的甜品。

更能说明问题的则是卤煮。卤煮可算是北京最具代表性的食品之一，以北京本地以及河北地区喜欢的咸味为主，但卤煮的源头是苏造肉。根据溥仪弟弟溥杰的日本妻子嵯峨浩在《食在宫廷》中的记载，苏造肘子的配料中需要用冰糖 20 克，此外还有陈皮、甘草等带甜味的配料。

不过苏造肉在进入下层百姓食谱，变身为卤煮后，不但用料从猪肉演变为猪下水，冰糖等甜味调料也被省去，其口味也摇身一变，改为了大河北地区流行的咸鲜。

北方甜味菜的另一大来源是清真菜。相对东亚地区，伊斯兰教发源地的近东地区居民明显更为嗜糖。中国人断然无法接受在茶水中加入大量糖调味的做法，而这在近东却是标配。

土耳其流行的巴克拉瓦饼（Baklava）由干果制作，略似新疆的切糕，但味道要重得多。由于近东、中东地区气候干燥，夏季炎热，所以将水果制成干果的风气相当流行。气候干燥、温差大本就利于植物积累大量糖分，通过制作果脯，水分蒸发后浓缩的果干糖分含量更为惊人。

中国北方诸多城市中，有较多甜味点心菜肴的除了受南方影响巨大的北京外，还有西安、兰州、西宁等地。这些位于西北的城市都曾受过伊斯兰文化的巨大影响，西安的甑糕、兰州和西宁的甜胚子都跟清真菜脱不开干系。

在北京，甜食的流行也不仅仅是受到南方的影响。像果脯、奶酪、豌豆黄、驴打滚、他似蜜、甜面茶等北京本地甜食，一般都是由清真食品店经营。这些食品在中东地区一般都能找到原型，像"他似蜜"这样的食品，光看名字就知道不可能是中原原产。

近几十年来北京已经再次成了中国最富庶的地区之一，不知以后人们是否也会放任自己嗜甜的本能，制造出能甜掉无锡人大牙的正宗老北京苏造卤煮。

招商银行和云南人的怪姓祖先

招商银行在各大银行中一向以服务优良出名，除此之外，招行的招牌也相当引人瞩目。"招商银行"四字的字体非常特殊，介于隶书和楷书之间，粗壮中有种笨拙的可爱。这种字体在别处很少能见到，其根源是历史上云南东部曲靖附近两块碑上面的字，即所谓的"爨体"。

怪姓贵族

公元 405 年，一位住在今天云南曲靖附近的年轻贵族去世了，他死时年仅 23 岁，生前也并没有在史书上留下哪怕丁点儿的蛛丝马迹。在他去世一千多年后的 1778 年，记载其生平事迹的一块石碑于曲靖出土，这位本已消失在历史长河中的年轻贵族这才重新为世人所知。他有个极为独特的姓——爨，全名爨宝子。

爨宝子在曲靖周围有一个亲戚，时代比他稍晚一些，逝世于 446 年，享年 61 岁。他名叫爨龙颜，史书中同样也找不到他。爨龙颜死后 12 年，他的儿子们为他立了一块大碑，并由同宗爨道庆撰写碑文，这也是他曾经在世上生活过的唯一证据。

今天的中国已经几乎见不到"爨"姓，只有在部分偏远的山西村庄才有爨姓人士聚居，其他地方爨姓人口极少。这个极为繁杂的姓多数中国人别说写，恐怕连读都不会读。但在东汉末年的云南，爨家人可是一支不容小觑的力量，而且他们也有着极其显赫的先祖世系。

有关于爨氏家族世系的绝大部分一手材料都来源于这两块碑。根据《爨龙颜碑》和《爨宝子碑》中关于爨氏家族的记述，他们家祖先是楚国人，出身高贵，乃是楚令尹子文的后代。祖宗斑朗继承了祖宗事业，后来先后前往河东（山西）、中原发展，衍生出有名的史学世家班氏家族，班彪、班固等人即其后代。汉末因采邑在爨，以爨为氏。后来在魏时族人爨肃官任尚书仆射、河南尹，他的后代又进入南中地区。

这个稍显复杂的家世前半段和班氏家族的记载差不多，但是后面却有些奇怪。这个汉末的爨在哪里、谁被封到了爨等等统统语焉不详，而史书中对爨氏家族的记载，却和爨碑上的记录又有抵牾之处。东汉班家显赫一时，但是史书上并没有对于班固后代的记录，传下后代的是他的弟弟班超。班超的孙子班始因杀害公主被腰斩，兄弟弃市，班氏家族自此销声匿迹。虽然无法排除班氏家族的旁支被封于"爨"地的可能，但是整个谱系存在着难以回避的缺环。早在战国时期，魏国即有大将爨襄，因功被魏惠王赐田十万。当时魏国首都正在河东安邑。如果按照《爨龙颜碑》说法，爨氏当时离汉末得姓还有好几百年，爨襄与他们实应并无关联。更离谱的是，在爨肃之前，南中地区已经有了爨氏，汉末爨习已经是建伶令，而且已为"方土大姓"。爨肃后代迁入云南要想取代当地爨氏就算不是完全不可能，也属小概率事件。

种种迹象表明，爨氏家族迁入南中并做大的历史相当悠长，这也与他们身为"南中大姓"一员的身份相吻合。《孟孝琚碑》中所谓"南中大姓"，指的是从汉末开始在南中地区崭露头角，自称为中原南下汉人后代的几个家族。根据《华阳国志》的记载，成员主要包括"四姓五子"，即焦、雍、娄、爨、孟、董、毛、李，最主要的聚居地是建宁，也就是今天的曲靖和滇东一带。

曲靖地处四川云南早期交通路线的要冲，直到唐朝，从四川入云南的主要通道仍是经过今天四川宜宾一带，即由云南最东北的豆沙关进入昭通，再沿着山谷南下进入建宁。与开发较早甚至为当地政权所在的滇池、洱海周围相比，曲靖位置更靠东北，离中原地区较近，土著势力也相对较小，因而南中大姓很快取得了当地的统治地位。三国时期，被诸葛亮击败的永昌太守雍闿即是南中大姓之一，而传说中被诸葛亮七擒七纵的人物孟获，其人物原型也很有可能是南中大姓孟氏的一员，当时叫作朱提县的昭通也是南中大姓活跃的地方。清朝到现在，昭通陆续出土了孟孝琚碑、霍承嗣画像砖墓等南中大姓遗迹。

南中大姓都声称自己祖先来自中原，但是他们在南中时日久远，受到当地影响极为严重，加之谱系不明，无法排除土著冒姓的可能性。

独步南中，卓尔不群

早在爨宝子生活的时代之前，南中大族之间的竞争就已经由更早的四姓五子变成了爨、霍、孟三家争霸。公元339年，南中地区发生了历史性的霍孟火并。孟彦缚霍彪降晋，接着孟彦又被李寿所杀，引发霍、孟两家的大规模武装冲突，经过惨烈的战争，霍、孟两家同归于尽。南中地处偏远，东晋无暇顾及，就封了剩下的爨氏首领爨琛为宁州刺史——实际上就是南中的土皇帝。爨宝子生活的时代，南中爨氏独霸的格局已经基本尘埃落定，到了几十年后爨龙颜的时代，《爨龙颜碑》里面更直说爨氏是"独步南境，卓尔不群"，怪姓爨氏自此世代掌控南中地区的统治大权，并且势力向着南中腹地发展，一举囊括滇池、洱海附近，直到唐朝天宝年间爨氏政权被新兴的南诏取代为止。

19 世纪开始，法国试图从越南向云南扩张。云南东北重镇曲靖也是法国人活动的领域，这座被法国人称作 Kutsing 的神秘城市如今还散发着奇异的气息，大街小巷的招牌近年竟都改成了爨体字。爨宝子碑在曲靖市区的一中校园内，爨龙颜碑在城外陆良县，两碑保存状况均相当不错，只是碑文有不少教人费解之处。

《爨宝子碑》的第一句话就是"君讳宝子字宝子"。众所周知，中国人的名和字是两套独立的命名系统，出生的时候由父母起名，而成年时则另行命字，用字的主要目的是避名讳。然而爨宝子的名和字居然完全相同，虽然在历史上也有少数中原人采用这种方式，如唐朝的郭虚己字虚己，但是一般来说，往往只有有少数民族背景的人会出现名字相同的情况。

《爨宝子碑》开头

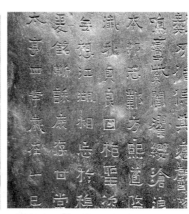
《爨宝子碑》最后部分

《爨宝子碑》年号落款是晋太亨四年，可是东晋并没有太亨四年的年号。南中到底地处偏远，东晋安帝司马德宗改元大亨未满一年，该年号就被废止了，但是爨宝子去世时仍以为年号是大亨。该年是乙巳年，《爨宝子碑》上是"一巳"，一乙竟也混淆，想来是书者或者勒者一时糊涂了。《爨龙颜碑》上则有一首颂：

　　巍巍灵山，峻高迢邈。或跃在渊，龙飞紫闼。邈邈君侯，天姿英哲。缙绅踵门，扬名四外。束帛戋戋，礼聘交会。优游南境，恩沾华裔。抚伺方岳，胜残去煞。悠哉明后，德重道融。绸缪七经，骞骞匪躬。凤翔京邑，曾闵比踪。如何不吊，遇此繁霜。良木摧枯，光晖潜藏。　在三感慕，孝友哀伤。铭迩玄石，千载垂功。

　　韵脚为邈、闼、哲、外、会、裔、煞，融、躬、踪、霜、藏、伤、功，虽然立碑时已经是南北朝时代，但是押韵习惯仍然和中原东汉时期相似，可见其保守。

　　爨字难倒了就算和这个字打过了那么多交道的笔者，手书都感到很困难，因为实在太不方便，所以云南现在没什么人姓这个姓了，他们已经很聪明地把自己的姓写成了寸。现今丽江城里到处能看到寸氏银匠铺，即为爨姓后代，他们多来自临近的鹤庆县。

西域唢呐是怎么被定性为中国传统民族乐器的

电影《百鸟朝凤》让唢呐这种与绝大多数都市人群无缘的乐器意外成为热门话题。但是牵动观众情怀的，或许不是唢呐本身，而是民族传统文化能否传承的话题。

唢呐的历史，一般资料介绍都较为标准统一：唢呐来自波斯，3世纪即传入中国。它在中国最早的存在证据，是新疆拜城克孜尔石窟第38窟中伎乐壁画里歌伎吹奏唢呐的图像。这其实是一连串误读、错讹以令人啼笑皆非的方式混合演化出来的产物。

在20世纪80年代以前的一般出版物中，唢呐多被描述为中国土产的传统乐器，很少被说成西来乐器，而且有关专家学者一直在寻找最古老的本土唢呐文物证据。

中国境内最早且可靠性较高的唢呐形象是一尊唐朝的骑马吹唢呐俑——当时的中东地区唢呐早已风行，以唐朝和西域交往的频密，这反倒成了唢呐西来的旁证。更重要的是，尽管唐朝已有了类唢呐，但它与明代文献正式记载的唢呐之间没有传承的痕迹。

唢呐为中原汉地原产虽无望坐实，但如果能把它说成中国某个少数民族的传统乐器，自然也算中国本土的民族乐器。转机出现在新疆拜城县，古代这里属于龟兹国。龟兹在西域诸国中向来以音乐发达闻名，极大影响了唐以后的中原音乐。如果中国哪里能发明出唢呐，那一定是龟兹。

　　功夫不负有心人——龟兹不但是音乐之邦，也是著名佛国，3世纪开凿的克孜尔石窟中有大量龟兹舞乐壁画，而第 38 窟中果然有伎乐吹奏唢呐的壁画，该洞窟约开凿于 4 世纪，正是中国的东晋时期。

　　若东晋时期中国就有了唢呐，当然也可算是一种本土起源。周菁葆的《唢呐考》中甚至因此认为"唢呐"一词起源应该是突厥语族，是"古代维吾尔人"的伟大发明，唢呐成为中国的民族乐器顺理成章。虽然 4 世纪的龟兹国尚未有安西都护府之类的机构，但此说自 20 世纪 80 年代后为官方采信成为显说。

　　可是，新疆地区的突厥化始于公元 9 世纪回鹘汗国西迁，在此四五百年前的龟兹国，人们使用的其实是龟兹语，属印欧语系，跟突厥语没有任何关系，把龟兹壁画归结于"古代维吾尔人"是个重大的时代错乱。

　　更要命的是作为证据本身的那幅壁画。龟兹国有一种管乐被称为筚篥，形状类似没有喇叭口的唢呐，后曾随龟兹乐一道传入中原。克孜尔石窟中伎乐画像多次有演奏筚篥者出现，只有第 38 窟的画像有疑似唢呐，巧的是，那个唯一的"唢呐"，喇叭口还偏偏和管身颜色不一致。

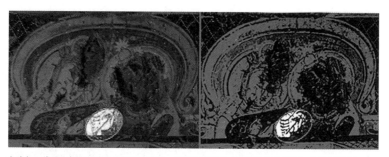

克孜尔石窟 38 窟壁画对比（左图为现状，右图为刘勇《中国唢呐历史考索》中的老照片）

1906 年和 1913 年，普鲁士皇家吐鲁番科考队两次造访克孜尔石窟，他们盗走了不少壁画并拍摄了大量照片——在德国人更早的照片上，38 窟的"唢呐"是一件没有喇叭口的筚篥，那个喇叭口无疑是后来被画上去的。

新疆龟兹石窟研究所的霍旭初曾撰专文谈及这个问题："据了解，六十年代始，有数批北京、河北、敦煌、新疆等地的美术工作者和美术学院的学生先后到克孜尔石窟临摹壁画。克孜尔石窟的老人曾介绍有的美术学院的师生不遵守临摹壁画的规矩，有破坏壁画的现象，但是说不出具体的人来。"

这种因低级错误造成的文物破坏并非孤例，更具争议的例子是故宫珍藏的《清明上河图》局部画卷。在 1973 年修裱原画时，故宫专家认为画中的一头"尖嘴立牛"不合画意，在无任何摹本佐证的情况下径行删除。但有研究者认为这头"尖嘴立牛"应当是一头发情的母驴，恰好与街对面嘶叫的公驴对应。

唢呐不像钟、鼓、笛、箫、琴等中国古代乐器有一个单字的古名，也不似黑管、双簧管、小提琴、手风琴等近代西洋舶来乐器那般顶着描述性的称呼，这两个字在汉语中完全是无意义的组合。

除唢呐之外，这种乐器尚有锁哪、琐嘹、苏尔奈等名称，这些名字同样也无意义可言。不过，唢呐并不孤单，它还有一种"民族乐器"做伴：琵琶。

琵琶也有多个名字。成书于东汉的《说文解字》中尚没有琵琶二字，当时常见的写法是"枇杷"。无论琵琶还是枇杷，都没人说得清楚这两个字到底什么意思。

汉朝人为此费尽脑筋，刘熙在《释名·释乐器》中的解释是"推手前曰枇，引手却曰杷"，意即琵琶弹奏动作包括向前推弦和向后引弦，分别称为"枇"和"杷"。

如果刘熙懂波斯语，就不会弄出如此牵强的解释：刘熙明确提到"枇杷，本出于胡中，马上所鼓也"，而今天波斯语把琵琶称作Barbat，和琵琶的古汉语读音仍然相当接近。

唢呐一词是波斯语 Surnāy 的音译，其意一说"庆典管"，一说"号角管"，在中国流行的历史并不长——明朝人对唢呐的外来血统记忆非常清晰，徐渭《南词叙录》中说："至于喇叭、唢呐之流，并其器皆金、元遗物矣。"

琵琶传入中国后本土化，就此融入中国传统音乐体系中，而唢呐可没有那么好的运气。直到清朝，唢呐在官方记录中主要以回部乐的身份出现，其形制也和波斯唢呐较为接近，并不被视作中国传统乐器。

唢呐通常也仅仅作为军乐和仪仗乐器使用。唢呐的构造特点使演奏者很容易吹出极响的声音，但控制音高则不容易，也较难有复杂的旋律，这一特征正适合通报、鼓舞士气、预警等军事用途。

唢呐自波斯地区诞生后，也向西方传播，在西方的变体即是英语中称为 Shawm（萧姆管）的那种乐器。十字军东征时，阿拉伯军队经常在战前让乐队吹奏萧姆管，以极大的响声恫吓敌人，鼓舞自己。西方人很快将这种让人心惊胆裂的乐器带回了欧洲，用于演奏户外音乐。

在中国，最早的唢呐出现在骑马俑上。明朝的记录也充分显示唢呐的军事性质。戚继光《纪效新书》有"凡掌号笛，即是吹唢呐"，王圻《三才图会》则说唢呐"当是军中之乐也，今民间多用之"。

明朝庙宇、藩王和官员墓中都有唢呐的身影，绘于嘉靖年间的山西汾阳后土圣母庙壁画中就有唢呐的图像。江西的明朝藩王墓和重庆的明官员墓都发现有唢呐俑，他们无一例外，都作仪仗之用。

继承了明朝戏曲传统的昆曲中，伴奏的主奏乐器是笛子，仅仅是在神仙、武将出现时的引子，或行军、仪式场面的锣鼓曲牌中，才用唢呐伴奏，而且基本限于北曲。唢呐作为礼仪性乐器的功能体现得再明显不过了。

清朝中叶后，唢呐这门"传统乐器"才真正迎来了春天。在民间，这种舶来乐器因其热闹喜庆的特质，侵占了不少演奏难度较高、声音不够响的传统乐器的地盘，一扫此前唢呐仅能作胡乐、军乐、仪仗乐乐器的刻板印象。

但是，唢呐脱离庙堂进入民间后，虽然在以北方为主的地区迅速扩展，进而成为民间乐器的一部分，但可以说与此同时也已早早奠定了电影《百鸟朝凤》中描述的传承悲剧宿命。

唢呐是一种音色极为嘹亮高亢的吹管乐器，它的音色天生不适合与其他乐器合奏，因为通常合奏乐器必须各音色融合度较高。唢呐注定只适合独奏，与它最相配的乐器是作为打击节奏的鼓，但汉族绝大多数地方的音乐中都没有鼓的位置。

即使在唢呐最流行的地区，它也只是次要乐器，除非我们不用音乐的标准来衡量——无论是它的演奏曲目还是演奏技巧，都强烈地体现着这一特征。在任同祥先生为唢呐创作《百鸟朝凤》前，甚至都没有值得一提的唢呐曲目，这种尴尬的情况几乎在中国任何一种可被称为"传统民间"的乐器上都不曾出现，足见其边缘地位。

由于唢呐从没像二胡、琵琶、

河北农村草昆代表，北方昆弋老艺人侯永奎的《单刀会》，即以唢呐伴奏

笛子等传统民间乐器那样，出现过需要考验演奏者复杂精妙的演绎和理解力的曲目，于是出现了一些完全不同于任何其他乐器的唢呐演奏技巧，比如用鼻孔吹唢呐、一个人同时吹九个唢呐等。

毕竟钢琴从来没有出现过严肃的用脚弹钢琴的表演技巧（除非在现代音乐选秀节目中），二胡也从来没有出现反过身来在背上锯琴弦的表演，如果有一天郎朗表演用脚弹钢琴，我们一定会认为这是杂耍，不幸的是，唢呐恰会给人这种印象。

所以，唢呐这种原本由于声音高亢嘹亮，所以在中国主要只能用于为喜事、丧事助长热闹的乐器惨遭乡村扩音喇叭的狙击而不幸灭绝，最多只说得上一种传统民俗文化的损失，而不是什么传统音乐的损失。

没有 X，中国古人是怎么解方程式的

关于 X 射线的命名，有种以讹传讹的说法流传甚广，甚至有人在微博上公然如是说：

【X 光线的由来】第一位诺贝尔物理学奖获得者、德国科学家伦琴，当他发现射线后，并没有以自己的名字去命名，而是根据《圣经》希伯来书第四章第十二节的内容，取希腊文"基督"的第一个字母"X"为名，称为 X 射线，或称为 X 光，即基督耶稣之光。

纯粹的假话非常容易被看穿，因此有经验的谎言制造者往往会制造七分真三分假的假话。这种假话表面上非常合理可信，实则属于谎言。

真实的 Χριστός

众所周知，古典时代的希腊人并不信仰基督教，而是信奉以宙斯为首的奥林匹斯诸神，希腊基督教化是罗马时代东方影响的结果。因此虽然希腊是后来西方基督教文化的重要源头，希腊语也为西方基督教很多概念提供了词汇，如英语中的 bible（圣经）、church（教堂）皆来自希腊语，但是希腊人自己对宗教概念的表述其实受到东方语言的影响甚深。

希腊语中把耶稣基督称为 Χριστός，这个词实际上是受膏者之义，是希腊人对希伯来语 מָשִׁיחַ 的翻译，相当于耶稣的一个头衔。故而说希腊语中基督的第一个字母是 X 是正确的，只是这个 X 在使用拉丁字母的语言中，并不常用 X 来转写，而往往采用 Ch。因此拉丁语中耶稣基督是 Christus，并不是 Xristus，英语的 Christ 拼写来自拉丁语，自然也是继承了拉丁语的写法。

拉丁字母源自希腊字母，绝大多数拉丁字母都可以和希腊字母建立一一对应的关系。希腊的 A（alpha）、B（beta）、Γ（gamma）、Δ（delta）和拉丁字母 ABCD 的对应关系可谓一目了然，但 X（chi）偏偏是个例外。

拉丁字母来自伊特鲁斯坎字母，后者脱胎于古希腊字母的西部变体，因此和通行的希腊字母东部变体有一定差别。其中一项就是 X 在西部用来表示 ks，而在东部用来表示 kh。在罗马人和希腊世界建立密切联系后，用表示 ks 的 X 来代表希腊语字母 X（chi）显然并不合适，于是罗马人就采用 ch 的拼写予以对应。

因此，虽然拉丁字母 X 在采用拉丁字母表的语言中普遍读 ex，但

Euboean Greek	Model Etruscan	Archaic Etruscan	Late Etruscan	Latin	Phonetic Value
AA	A	A	A	A	[a]
B				B	[b]
ᐸC	ᕑ	)	Ɔ	C G	[k]
D	d			D	[d]
⅋E	⅌	⅌	⅌	E	[e]
⅋	⅂	⅂	⅂	F	[w]
⅄I	⅄		⅛	(Z)	[z]
⊟H	⊟	⊟	⊟⊟	H	[h]
⊕⊗⊙	⊗	⊗⊙	⊙⊙		[tʰ]
I	I	I	I	I	[i]
K	⅄	K	⅄	K	[k]
Ⅼ	⅃	⅃	⅃	L	[l]
ᙢM	Ⅿ	Ⅿ	Ⅿ	M	[m]
ᙁN	⅄	⅄	⅄	N	[n]
⊞	⊞	⊞			[s]
O	O	O	O	O	[o]
Γ	Γ	⅂	⅂	P	[p]
ᙢ	⅀	Ⅿ	Ⅿ		[ʃ]
Ϙ	Ϙ	Ϙ		Q	[q]
ᕑ	⅌	⅌	ᕑ	R	[r]
⅀	⅀	⅀	⅀	S	[s]
T	T	T	⅂	T	[t]
⅄V	Y	Y	V	V	[u]
X	X	X	X		[ks]
Φ	Φ	Φ	Φ		[pʰ]
⅄Y	Y	Y	Ψ		[kʰ]
		(ⅇ8)	8		[f]

拉丁字母脱胎于希腊字母的西部变体，和后来通行的东部变体有所差异

是在 X 作为希腊字母出现的时候一般读作 chi。比较常见的一种 Χριστός 的缩写是把首两字母叠加在一起写为 ☧，这种符号一般用在罗马军团的拉布兰旗上，不过这个符号却是按照希腊字母的读法读作 Chi Rho。随

著名的拜占庭帝国双头鹰军旗。符号 ☧ 出现在双头鹰的中心位置

着时代的演进，英语进一步简化 Chi Rho，用 Xmas 和 Xian 代表 Christmas 和 Christian，现在也有人把这种缩写中的 X 按照一般的拉丁字母读法来读，只是这种读法并不正式。

因此，假如 X 光真的是来自希腊语"耶稣基督"的话，那么它的读法大概更有可能按照希腊字母的习惯读为 Chi 光，而不是现在的 Ex 光。

未知的 X

德国物理学家伦琴于 1895 年发现了 X 射线。他是第一个系统研究 X 射线的人，也正是伦琴将这项划时代的新发现命名为 X 射线。而他用 X 表示这种新发现，其实只是因为 X 被普遍用来表示未知的事物。

在 X 射线刚发现的时代，虽然伦琴观察到了这些射线造成的影响，但是他尚未弄明白这些射线究竟由什么构成。作为一个具有良好数学基础的物理学家，引用数学中未知数 x 的概念用以表示这个新发现的事物也是很顺理成章的。

现代数学上用 x 表示未知数的习惯其来有自，可追溯到 17 世纪的欧洲。当时的欧洲用来表示未知数的符号极其混乱，一种常见的方法是用 N 表示未知数，而用 Q 表示未知数的平方，C 表示未知数的立方。但是同时还存在很多其他的表示法，如用 l 表示未知数，而用 q、c、qq、qc 等表示未知数的更高次方。

将 x 确立为表示未知数的标准形式的，是法国数学家笛卡尔。作为解析几何的奠基人，笛卡尔在《几何学》（ *La Géométrie* ）这部作品中用 a、b、c 表示已知数，用 x、y、z 表示未知数。至于笛卡尔为什么选择了字母表中最后三个字母来代表未知数，他并没有给出明确的解释，而且他本人的用法也颇为摇摆不定——他曾经用过 A、B、C 表示未知数。甚至在 1640 年，《几何学》发表三年后，笛卡尔写给友人的书信当中尚有 $1C - 6N = 40$ 的算式，用现代写法写则为 $x^3 - 6x = 40$。

不过自此之后，用 x 表示未知数的方法渐渐流行起来，并最终成为数学界共同遵循的规范。

未知数在中国

现代中国使用全世界通用的数学符号，但在跟西方接触之前，中国人自有一套表达数学概念的语言。学过方程的人都知道一元一次方程、二元一次方程、一元二次方程等术语。稍加推想就可知道其中的"元"即为现代数学中的未知数。

中国把未知数叫作元，实际上来自宋元时期的天元术。天元术在中国古代主要用以建立二次以上的高次方程，金代数学家李冶在《测圆海镜》《益古演段》等著作中都大量使用了天元术。天元术的得名，正是因为未知数被称作天元。

在天元术中，李冶用中国传统的算筹方式表示数字。例如《益古演段》第三十六问为：

> 今有圆田一段，中心有直池水占之，外计地六千步。只云从内池四角斜至田楞各一十七步半。其内池长阔共相和得八十五步。问：三事各多少？
>
> 答曰：外田径一百步，池长六十步，阔二十五步。

李冶《益古演段》中有关天元术的记载

在回答这道题的过程中，李冶把中间直池对角线的长度列为天元，并由此得出圆的直径为天元加三十五步（一十七步半的两倍）。而圆形直径的平方乘以三（李冶所取的圆周率数值）就可得出圆面积的四倍，再用圆面积的四倍减去外土地面积（六千步）的四倍即可得到直池面积的四倍。

如果用现代代数表示李冶的推导过程，则圆面积的四倍可以表示为 $(x + 17.5 \times 2)^2 \times 3 = 3x^2 + 210x + 3675$。又因为直池长阔之和已知，所以可以计算出这个和（八十五步）的平方即为 7225。而 7225 则可推导为直池面积的四倍加上一段较（池长阔之差）幂［设池长为 y，宽为 z，则 $(y + z)^2 = 4yz + (y - z)^2$，而 $y + z = 85$，$4yz$ 即为直池面积的四倍，即 $4yz + (y - z)^2 = 7225$］。

而两倍直池的面积（$2yz$）加上一段较幂则可理解为长的平方加阔的平方，即 $2yz + (y - z)^2 = y^2 + z^2$，由于勾股定理，长的平方加阔的平方即为对角线的幂 x^2，即 $2yz + (y - z)^2 = x^2$。用上面的四池积加较幂减去下面的二池积加较幂就可以得到二段池积，即 $2yz = 7225 - x^2$。

然后这个二段池积乘以二就可以得四段池积 $4yz = 14450 - 2x^2$，与之前的四倍圆面积和四倍外土地面积组合，就可得到最终算式 $5x^2 + 210x - 34775 = 0$。

虽然比起现代代数，这种表示法多有不便，但是在当时已经是颇为了不起的成就。后来在元朝的《四元玉鉴》中，朱世杰为解多元高次方程问题，又引入了地元、人元、物元等另外三元的概念。

到了清朝，李善兰和伟烈亚力翻译了英国数学家德摩根的《代数学》，他们取材古代术语，创用了"多元一次方程"之类的术语。元作为汉语中表示未知数的字的地位愈发巩固，但西风东渐以后，却终究抵挡不住 x 的入侵了。

悼念常州吟诵代表传承人周有光先生：
衰微中的常州吟诵

人瑞周有光老先生于 112 岁生日次日（2017 年 1 月 14 日）辞世。他漫长的一生经历了清朝、民国、中华人民共和国，涉足的领域涵盖经济学、政治学、语言学，人生的丰富程度和贡献世所罕见。

绝大多数人了解周有光老先生主要是因为他是"汉语拼音之父"。的确，汉语拼音对现代中国的重要性毋庸置疑，它终结了晚清到民国汉字拉丁化"万马奔腾"的乱象，并从根本上改变了汉语教学的方法。然而，周有光老先生还有另外一个较鲜为人知的身份，即国家非物质文化遗产"常州吟诵"的代表传承人。

周有光老先生于 1906 年出生于江苏常州。明清以来，江南一直以经济繁荣、文化发达著称全国。常州虽然始终处于引领全国风尚的近邻苏州阴影之下，但也属文教发达之地。明清常州府城及附郭县武进和阳湖共出进士 515 人，状元 5 人，在全国处于领先水平。

进士状元多，背后则是读书人多。明朝朝鲜人崔溥遭遇海难，流落浙江，获救后一路沿运河北上归国。他回朝鲜后对江南读书人多、识字率高印象深刻。作为朝鲜两班大夫的一员，崔溥汉文修养相当好，汉语口语则未必灵光，一路与中国人交流主要依靠笔谈。在江南地区，崔溥交流顺畅，有"且江南人以读书为业，虽里闾童稚及津夫、水夫皆识文字。臣至其地写以问之，则凡山川古迹、土地沿革，皆晓解详告之"的评价。常州府城更是获得了"府即延陵郡吴季子采邑，湖山之美，亭台之设，自古称道"的极高赞誉。

对于读书人而言，诵读诗文是生活中必不可少的一部分，常州吟诵的产生正仰赖当地兴盛的读书风气。当代中国人不管是读现代白话文还是古代诗文，一般采取直接朗读的方式。但是，这完全不是中国一以贯之的传统。相反，中国古代的韵文一般均要配乐，以近乎演唱的方式读出来。

唐朝以前的韵文到底如何演唱已经了无线索，无从了解。我们唯一可以知道的是，唐朝诗人们雅集吟诗作赋时是会将作品按照一定规律唱出来的。

对于词曲而言，它们作为音乐文学的地位则更加清晰。宋词和元曲都有所谓词牌和曲牌，所谓牌就是一套相对固定的乐谱。在有乐谱的前提下，填词作曲的文人则需要按照乐谱的旋律，选择声调适当的字填入谱中，以取得声乐和谐的演唱效果。

由于年代久远，现今我们对于残存的词曲谱的认识较为有限，复原尝试的可靠度尚存疑问。但是作为中国音乐文学传统的继承者，肇始于明代的昆曲却为我们了解当年的词曲音乐提供了难得的机会。

昆曲中，所有的曲牌都以工尺谱的形式标定曲谱。其中不少曲牌和宋词词牌、元曲曲牌一致，如《菩萨蛮》《粉蝶儿》等宋词中常见的词牌，均在昆曲中使用。昆曲曲牌的音乐旋律虽然未必和比它更早上几百年的唐宋时代完全一致，却是我们这个年代聆听、了解古人音乐文学最靠谱的方法。

尽管中国音乐文学传统源远流长，吟诵的产生也和音乐文学传统息息相关，但是常州吟诵并不是用于抒发感情而出现的。如果给一个当代的中国人播放传统常州吟诵的录音，他多半会觉得旋律单调不堪，极其乏味。倘使说昆曲的旋律虽然缓慢，却富于变化，常州吟诵的调式则较为有限。这和常州吟诵的目的有关系——吟诵是背诵古诗文时，通过较为简单重复的旋律以帮助记忆文字之用，而非用以欣赏音乐。

作为常州府和武进、阳湖两县全体读书人普遍掌握的技能，常州吟诵不用来表演，而是辅助记忆的手段。因此，和当今许多新出现的吟诵或诗朗诵流派相比，传统的常州吟诵相比之下相当朴实无华，也远谈不上动听。就使用的范围来说，常州吟诵也远不仅是用来吟诵韵文，也可以用来吟诵各种散文。如《左传》的开篇故事《郑伯克段于鄢》就是当年常州稚童开蒙学习吟诵时最常用的文本之一，一向被当作"小学生读书腔"。

不过，吟诵虽然不比唱歌，自由度相当高，有些最基本的规矩还是需要遵守的。传统的常州吟诵旋律和字调大体贴合，基本符合平声较长，上去入三个仄声较短的规律。尤其是入声，在吟诵的旋律中，一定是极短的。就不同文体而言，常州吟诵古诗和古文整个调子较低，节奏较快，拍子简单，异乎其他地方的吟诵，这应是常州本地发展起来的旋律。而吟诵律诗时，则节拍舒缓，拍子复杂，和其他地方流行的吟诵较为接近，可能确有历史传承关系。而在常州内部，各人的吟诵大同小异，差别主要在一些小腔上，算是个人的创新，大的旋律则相对统一。

常州地处长江下游的江南吴语地区，虽然离明清官话的起源地南京不过150公里，语音却大不一样，明清以来当地方言和通行的官话相差极大。

由于缺乏有效的录音介质，我们已经无法得知明朝常州吟诵的原貌。然而，根据明朝传教士利玛窦等人对明朝语言使用情况的记录，当时南方各省的读书人和上流社会在正式场合统统使用官话。以此推断，使用场景较为庄重的常州吟诵当时也很有可能采用官话。

赵元任对常州吟诵的记谱，出自他 1961 年的论文《常州吟诗的乐调十七例》

但到了清朝，南方用官话的风气却在很大程度上消退。极南的闽粤地区当地人完全不晓官话，以至于雍正皇帝要设立正音书院。就算是离南京不远，且和北方官场交往密切的江南地区，官话的普及程度也大大降低。因此，在常州读书人的圈子里，常州方言的地位逐渐升高，并且慢慢侵蚀官话的使用领域，就算是极严肃的吟诵，也改为以常州方言进行。

清朝光绪年间著名的小说《儿女英雄传》里有个叫程师爷的角色，正来自常州。这位师爷显然是饱学之士，说话谈吐极尽文绉绉之能事，各种成语典故几乎是信手拈来。平时说话也能打点京腔。但一拽起文来，家乡口音就立刻冒了出来，语音佶屈聱牙，书里以北方人为主的诸多主角时有听不明白的情况出现。如书中第 37 卷中程师爷就说道：

顾（这）叫胙（作）："良弓滋（之）子，必鸭（学）为箕；良雅（冶）滋（之）子，必雅（学）为裘。"顾（这）都四（是）老先桑（生）格（的）顶（庭）训，雍（兄）弟哦（何）功滋（之）有？伞（惭）快（愧），伞（惭）快（愧）！嫂夫呐银（二字切音合读，盖"人"字也）。

这些描写和当下的常州方言近乎一致，书中除了经常和程师爷打交道的安老爷，无人能听懂。《儿女英雄传》的作者文康本是满洲镶红旗人，却能对江南人的语言习惯有如此精到的观察，可见应是遇到的江南人多数如此，见怪不怪了。

幼年所处时代和《儿女英雄传》描述时期相差不远的常州籍大学者赵元任回忆起小时候，随在北方当官的祖父居住北方的经历时，也提到赵家人平时言谈普遍可用官话，但是凡读起书来则只能用常州方言了。赵元任小时候家里请来的河北先生因把入声字"毓"教成了去声字"逾"（两字常州方言不同音），立刻就丢了饭碗。

无论如何，在已有留声技术的时代，我们能听到的常州吟诵已是全用常州方言。当然，虽说是用常州方言，但是吟诵毕竟是读书人念书之用，根子上仍然受到官话传统的影响。吴语方言往往有比较明显的文白异读现象，即同一个字在口语中读一个音，书面语中读另一个较为接近官话的读音。像

昆曲清唱几乎完整保存了明朝人的音乐文学传统，其源头更可上溯宋元以来的南戏和北曲

"人"字常州方言口语音同宁（nin），书面语中音同神（zen）；上面程师爷引用的"良弓之子，必学为箕；良冶之子，必学为裘"中的学也采用了同钥的文读音（yah），而不用同涸的白读音（ghoh）。常州吟诵中，就原则而言，所有有文白异读的字，字音悉用文读音，不用白读音。

周有光老先生曾经在采访中说到常州方言不好听，也不怎么会说了。老先生如何在不说常州方言的情况下传承常州吟诵，不得而知。

尽管常州吟诵既不算好听，也谈不上多有传统，却是很多常州游子对家乡最为深刻的记忆。赵元任自 1938 年以后长期居住美国，却发表了多篇关于常州吟诵的论文，并灌录吟诵唱片。他于 1982 年病逝于美国，据家人记述，去世前老先生始终低吟诗文，萦回的吟诵声至死方休。

由于私塾教育的结束，20 世纪 30 年代以后出生的常州人少有能会常州吟诵的，曾经全县读书人的基本功已经成为极少数"非遗传承人"薪火相传的"文化遗产"，周有光老先生的去世让本已衰微的常州吟诵更加前途渺茫。然而，作为一种已经失去了时代和环境基础的文化现象，让它安静而有尊严地走完剩下的路，或许比被强行"传承"后以荒腔走板的形式再次粉墨登场要更好一些。

消失在走廊两侧的世界

　　位于安宁河谷的西昌和它旁边的凉山地区直线距离很近，像西南多数多民族聚集区一样，这里的民族分布也和海拔密切相关：安宁河谷适于耕作的小块平原地区居民以汉族为主体，而河谷两旁高耸的山地则是彝族的天下。

　　西昌郊外是平整的河谷地带：水色赤红的安宁河两旁依偎着密集的果树，远郊则是植被不丰的山峰，平整的稻田被斜坡上不规整的玉米、土豆地块替代，山坡上偶尔露出岩石，时不时有成群的山羊悠闲地啃着草。这是典型的凉山州彝族人聚集区的地貌，海拔明显较西昌要高，阴湿的空气略带凉意。

　　历史上，安宁河谷是沟通成都平原与云南的交通要道。走廊北面的中原王朝，从东汉时代起就先后在今天的西昌一带设置邛都、越巂郡、巂州、建昌，管辖河谷地区；走廊南面的平原、丘陵地区，则是长期独立于中原王朝的南诏国和大理国统治区。

　　而彝族人并非一开始就定居在与世隔绝、不宜耕作的凉山腹地。凉山彝族多属自称"诺苏"的北部彝族，诺苏即"黑者"，是古代所谓乌蛮的后代。自南诏、大理时期以来，诺苏从今天云南东北部的昭通和贵州西部等地进入凉山地区。

　　他们从安宁河谷上游不断向下游扩散，并逐渐占据全部河谷低地的汉族居住区，沿着山头扩张，很快同化了凉山腹地的原居民，占领了凉山东部。元明以来，诺苏再度向凉山西部和南部发展，今天凉山州的民族分布格局由此形成——汉族居住在安宁河谷中，而彝族则主要在河谷两侧的凉山内部。

这些迁入凉山地区的彝族先祖，是中古称为"蛮"的族群。现代彝族、纳西族、白族都脱胎于此。

虽然汉语中的蛮往往被认为是汉人对其他民族的侮辱性他称，但它最早却可能源于族群自称。缅甸的缅文拼写为 Mranmar，其中 Mran 和上古汉语的蛮几乎一样。

蛮在中古时期一般指属于汉藏民族下的藏缅系民族。早在东汉永明年间，一支被称为"白狼人"的族群就曾在汉朝朝堂之上唱出颂歌三首，史称《白狼歌》。白狼歌的汉字记音是现有史料中藏缅语言最早的记录，和缅文时代的缅语非常相似。

上古时期，这些人的分布范围远比今天要大得多，远及大别山北麓。随着中原王权国家的兴起，各支藏缅族群在其挤压下顺着各条河谷南下，整合了今天云南北部和贵州西部的侗台人群，云贵高原成为蛮人分布的中心。

三国时代，诸葛亮征讨南蛮，传说中曾七擒孟获。当时人称云南为南中，有数个本地大家族，孟氏正是其中之一。南中大姓氏族具有相当的汉文化水准，云南出土的孟孝琚碑、爨宝子碑、爨龙颜碑均为明证。爨氏更是自称班固后代，然而他们对祖先历史的记述往往有不合情理之处，实际上其祖先更可能是蛮人土著首领。

到了唐代，中原人把蛮人分成乌蛮、白蛮两支。这可能反映出彝支和羌支民族正在分化。当时乌蛮白蛮分布相当驳杂，曲靖一带为东爨乌蛮，滇池一带为西爨白蛮，洱海附近则乌蛮白蛮皆有。今天北部彝族、怒族、纳西族、摩梭人普遍自称黑者／黑人，而白族、普米族、尔苏人则自称白者／白人，一定程度上反映了乌白之别。

开元、天宝年间，发源于今大理巍山一带的蒙舍诏在唐朝支持下一统六诏，建立了以乌蛮为统治层的汉化政权。唐朝《蛮书》对诸蛮的评价是："言语音，白蛮最正，蒙舍蛮次之，诸部落不如也。"

南诏国期间，大量白蛮被迁徙到洱海地区居住，虽然乌蛮、白蛮都有自己的语言，南诏官方书面语仍用汉文，这一传统被延续到了白蛮主导的大理国时期。南诏于唐朝吐蕃的夹缝中生存壮大，领土扩张到今天四川的凉山地区，甚至一度攻占了成都。

取南诏代之的大理国，核心区域仍然位于洱海附近。大理国时期洱海周边居民的汉化程度继续加深，迁入洱海附近的汉人和蛮人逐渐融合，他们的后裔在明代将开始成为所谓"民家人"，即现代白族的前身。

与此同时，滇东黔西则仍然以乌蛮为主，大理段氏与乌蛮各部在滇东会盟，留下了《段氏与三十七部会盟碑》。这些乌蛮有一部分陆续进入受南诏、大理控制的凉山，成为今天凉山彝族的祖先。

唐代史料中的磨些蛮则是纳西人和摩梭人的前身（磨些即为摩梭）。磨些蛮带有彝羌混合的特征。大理国时期，纳西先民已经居住在今天的丽江一带。

元明两代中原王朝征服云南后，大批汉人进入云南，汉人由此成为云南地区的主体民族。这些汉人不少以卫所戍守将士身份入滇，在大理一带被称作军家，与当地人的民家相对。

虽然中原王朝势力深入西南各处，但被包围的凉山腹地却因为山高路远，始终维持了较高的独立性。

凉山彝族分五个种姓，最高的是兹莫（土司），然后是黑彝，第三是白彝，再然后就是奴隶，也叫娃子。娃子又分两种：一种是安家娃子，可以结婚，生下来的孩子也是娃子；另一种是锅庄娃子，不能结婚。至今种姓之间通婚仍要面对强大的社会压力。

凉山州的彝族人与山外世界阻隔甚深，今天通晓汉文且能融入汉族社会的，往往出自地位较高的家族。历史上的彝族不光有自己的民族语言，也有彝文作为民族文字。彝文造字原理略类似于汉字，可能和早期汉文有一定关系，但有人由此认为彝文和西安半坡遗址出土图画符号有关，这就纯属无稽之谈了。

作为缅彝系统的民族，凉山彝族最盛大的节日之一是火把节。火把节其实只是当地汉语的俗称，这个从乌蛮时代乃至更早传承至今的节日，曾有个美丽的汉名"星回节"。南诏国君臣热爱在星回节对诗，南诏骠信的《星回节游避风台与清平官赋》与清平官赵叔达的《星回节避风台骠信命赋》甚至被收入《全唐诗》：

避风善阐台，极目见藤越。
悲哉古与今，依然烟与月。
自我居震旦，翊卫类夔契。
伊昔颈皇运，艰难仰忠烈。
不觉岁云暮，感极星回节。
元昶同一心，子孙堪贻厥。

法驾避星回，波罗毗勇猜。
河润冰难合，地暖梅先开。
下令俚柔洽，献赆弄栋来。
愿将不才质，千载侍游台。

赵叔达巧妙地将南诏语的"波罗毗勇猜"融入一首唐诗之中，乌蛮先民和早期汉人的交融程度由此可见一斑。不过在迁入凉山地区后，凉山彝族和汉文化长期处于基本隔绝的状态，加之融合了迁入前凉山地区原本的居民和文化，凉山彝族最终发展出了独特的文化体系。

历史上凉山地区的中心在昭觉县城。昭觉曾为沙马土司衙门所在地，彝族人口占绝对优势，1979 年以前，昭觉县城是凉山州州府，它是山上下来的彝族人进入现代都市缓冲适应期的跳板和基地。1978 年底为强化城市的辐射带动作用，凉山州与西昌合并，州府迁至西昌。

昭觉丧失其州府治所地位后，已经城市化的彝族精英随之被抽到了西昌，又被汉人的汪洋大海稀释，被抽干的昭觉丧失了对山上年轻人的吸引力，于是他们直接奔向在彝语中被称作"俄卓"的西昌。但汉语水平低下且不适应过度城市化的彝族青年经由这座笼罩着神秘光环的大都市融入现代生活的难度可想而知。

同样是缅彝民族占据主导地位，丽江坝则是另外一番景象。西南地区把平地称作坝子，滇西的大理、丽江两座古城也都位于平坝。比起安宁河谷，丽江坝要明显狭窄一些，两侧耸峙的高山也比安宁河谷恢宏得多。丽江坝平均海拔更高达 2400 米以上，因为气候所限，主要农作物是玉米。

丽江坝的主要居民是纳西人。纳西人的村落散落在丽江坝各处，人口仅三十余万，较低的人口密度使得整个坝子看上去相当空旷，甚至还有大量土地抛荒。丽江地界的传统民居，明显更像是汉地民居——纳西民居受明代汉地风格影响极深。

作为一个彝羌混合的民族，纳西人的祖先可追溯到古代活跃于青海一带的羌人。但是纳西这个名字和诺苏一样，同样是黑者的意思。木氏土司统治丽江前，纳西人并没有在历史上留下太多笔墨。但纳西人的命运在明朝被木氏土司永远地改变了。

元末明初，丽江的纳西头人一统滇西北，并向明朝称臣。朱元璋高兴之余，将朱姓去掉两笔，赐丽江土司木姓。木氏家族由此开始了对丽江数百年的统治，直到雍正年间改土归流为止。

丽江坝为古代交通要道，木氏土司因此巨富，所以才有了明末木府土司木增的种种壮举——先后捐银数万支持抗清、捐千金重修鹤庆文庙、刻写藏传佛教经书《甘珠尔》、捐银万余建造鸡足山悉檀寺、购置千多亩田地予鸡足山使用、请徐霞客编写《鸡足山志》等等。

木王府为今天丽江古城旅游者的必去之地，而徐霞客当年旅行到此，虽被木氏引为座上宾，却被拒绝参观木府。这是因为当年修建木府时严重逾制，徐霞客只得在远处眺望，感慨"宫室之丽，拟于王者"。

木氏土司非常热衷文化事业，尤其以木增为代表的六位被合称"木氏六公"的土司，均善于吟诗作赋，诗文水平相当高。一些人甚至把汉人"制造"家谱的习惯也学了过去：《木氏宦谱》中声称木氏土司祖上有蒙古来源。

明朝开始，大批汉人进入丽江地区，成为卫戍士兵和匠人。纳西人虽保有其独特的东巴文化，但汉人对纳西文化的影响在在皆是。而纳西人对汉族移民同样影响甚深：丽江本地汉语是中国唯一完全丧失了鼻音尾的汉语方言，和带有纳西口音的汉语极为相似。由于丽江的纳西人普遍精通汉语，光听口音很难分辨一个丽江人是纳西人还是汉人。

生活在平坝地区的纳西族和白族，很早就由半耕半牧转向农业生产，尤其海拔较低的白族地区，农业作物和汉地农村并无二致，因而经济水平更高；而生活在高山上的凉山彝族，牧业在经济中始终占据一定比重。

与进入西昌的凉山彝族需要艰难适应城市生活不同，丽江地区的纳西人是幸运的——丽江城附近有大量的纳西族城镇人口，他们进城务工的便利程度并不输给内地进城打工的汉族农民。

而凉山州的彝族社会在进入今天的所谓"现代性危机"之前，更严重的问题是几百年来从未走出的"内卷化"困境。凉山腹地自然条件极其恶劣，海拔高，气候寒冷，土壤肥力低。农业种植传统上采取轮耕制，即每隔数年更换新地，静待原来的土地休耕时恢复肥力，因此不少居民年均收入不足千元。

"内卷化"的梦魇自明朝以来几乎席卷整个中国，山脉重叠、自然条件恶劣的西南高山地区"内卷化"的程度更加可怕。恶劣的交通状况甚至让凉山的彝族土司们难以控制大片土地，清朝有所谓"四大土司，一百土目"的说法，实际上四大土司直辖领地占凉山面积并不多，凉山腹地被分割为一个个独立的黑彝贵族控制下的庄园。

与汉地一样，明清时期凉山彝族人口实现了大规模增长。从美洲引进的玉米和土豆适合在高山坡地生长，产量比传统作物荞麦要高得多。但凉山土地贫瘠，要养活众多人口，只能不断分散，在更多的山坡上种玉米、土豆，这使得凉山州腹地的彝族聚落规模逐渐缩小。社会的碎片化，使得工匠无处施展才能，全社会储备的各种技术水平反而不断退化。

今天凉山彝族人口二百多万，周边被西昌、乐山、昭通、攀枝花所环绕。中国再也没有哪处地方四面都是汉地，却居住着数量如此巨大的文化迥异于主流汉文化的人群了。

当交通设施的进步和不利人口流动的计划体制终结，人口严重过剩、困居数百年的凉山彝族人终于可以走下深山时，除了他们无法有效融入山下的现代都市外，先于此发生的深刻社会结构改变无疑更加重了他们的悲剧性。

传统凉山社会的贵族统治制度在 1949 年后迅速瓦解，凉山彝族转变为几近全民自耕农的社会结构，虽然彝族社会接近汉地宗族社会的"家支"依然存在，但原本制约行为规范的长老管理习惯法早已消亡。那些下山闯世界的年轻人，很容易走向以不法活动谋生的道路。

原本，居住在平坝的纳西人和白族人，因为本地经济发展落后于内地，必然要有一番过剩农业人口向内地经济更发达地区大规模转移的过程，但诸种巧合无意中促使了他们不必走内地汉族民工那样的迁徙之路。

以丽江为例，小小的丽江一年之所以能吸引三千余万游客（2015 年数据），主要还不是因为民族风情，而是因为丽江古城这种完整成片的、内地极为罕见的明清古建筑群落。当地民风仍然保守，亦不似内地——它恰好与今天现代都市青年追求安逸舒适体验式旅游的需求高度吻合。

经济和文化发展水平略领先于丽江的大理，古城的完整性不如丽江，但他们有更高的汉化水平——按丽江纳西人的说法，"他们太精明了"。虽然大理有更深厚的历史，城市规模更是大得多，但旅游吸引力一度略逊于丽江。

或许是由于丽江、大理巨大旅游成就的刺激，凉山州在拓展旅游业上，无论政府还是民间，显然都有较高的热情——丽江城当地百姓虽受旅游之惠甚多，但巨量的游客和都市新移民的鹊巢鸠占，会使他们偶尔产生不堪其扰之意。

他们的诚意确实收效甚显，凉山州吸引的旅游者人数如今已与丽江相当，但旅游业收入则不足其一半——人们在体验式旅游时，往往会花费更多时间耗费更多金钱，不幸的是凉山州最吸引游客的地方主要在西昌周边和人迹罕至的景区。

命名边疆：地名中的西南变迁

1955 年冬天，西安市土门村附近挖出了一块奇怪的墓志。这块墓志正面上半部分是某种在场者谁都不认识的文字，下半部分则是汉文。汉文部分表明，坟墓的主人是唐朝人苏谅的夫人马氏，墓建于咸通十五年（公元 874 年），女主人死时年仅二十六岁。

苏谅妻马氏墓志铭拓片

随后，奇怪的外文经日本京都大学的伊藤义教博士确认为中古波斯语巴列维文。马氏实际上是波斯人的后裔。而"苏谅"和

"马氏"这两个名字也暗藏玄机——这两个表面上再正常不过的汉名在巴列维文部分中，苏谅写作 swryn，马氏为 m'syš。

萨珊波斯于公元 651 年被阿拉伯人征服后，一批波斯人随同王子卑路斯流亡唐朝。墓志写于公元 874 年，距萨珊波斯灭亡已超过两百年。从姓名来看，入华两百年后，波斯人仍然顽固地保留着自己的语言传统。

当然，要想看出这两个名字实际是胡名也并非易事，如果没有巴列维文对照，苏谅和马氏很可能会被当作一对普通的唐朝夫妻。可以想象，唐朝人和今天的中国人一样，大概也会把苏谅当成姓苏名谅的一个人，马氏则是他娶的马家的小姐。

像苏谅和马氏这样，移居异国两百多年名字还有母国痕迹的人尚属少数，更多情况下，人名的变化在几代内就有可能把祖先的痕迹抹得一干二净。后唐庄宗李存勖出身于西突厥沙陀部，本姓朱邪，曾祖父名朱邪执宜，祖父叫朱邪赤心，汉名李国昌，父亲李克用。短短三四代人，就基本完成了从习用胡名到常用汉名的转换。

采纳中国式人名是"中国化"的重要标志。然而，在多数情况下，人名能提供的线索其实相当有限。对于一种会在几代内变得面目全非的专名，如果不是知名人物或留下能表明身份的墓葬，其变化过程很难追踪。然而，另一类专名则为"中国化"提供了近乎截面切片式的标本。

层叠的地名

人名在很大程度上受人的寿命制约而难以长久流传，然而山川地貌、城邑乡村的名字在这方面受到的限制则要小得多。中国中原地区的一些地名，如河南洛（阳）、温县，山东莒县，陕西甗县，都是明文可考从上古一直沿袭到现代的名字。甚至于真实存在但已经湮没许久的地方，地名往往也能提供线索。如湖南澧县城头山，山上本有一座新石器时代的城址，距今大约六千五百年。城市早已消亡，地名却一直带着"城"字。

总体而言，地名是专名中最为稳定的一类，地名中又以大河的名称尤其稳定。现今欧洲东部颇有一些名字里带 d-n 的河流，如多瑙河（Danube）、顿河（Don）、德涅斯特河（Dniester）、第聂伯河（Dnieper）、顿涅茨河（Donets），当地现代居民的语言里很难找出这些河流命名的理据，但是在古代塞人的语言里面，河流就是 Dānu。

塞人属于伊朗人的一支。今天和塞人有密切关系的奥塞梯人只分布在高加索山俄罗斯和格鲁吉亚交界的一小块区域。乍一看，离奥塞梯人千里之遥的地方出现 d-n 类河流名称是个很难解释的现象。实际原因很简单，当广袤的东欧草原还是塞人游牧的牧场时，他们用自己的语言命名了这些河流，塞人从这里消失千年后，地名中仍然保留着他们的痕迹。

当新的居民到来时，本来的通名往往会演变成专名。今天英格兰有数条叫作 Avon River 或者 River Avon 的河流。Avon 来自不列颠岛原住民凯尔特人语言里的河流。日耳曼人抵达后不知 Avon 的词源，就把这些 Avon 当作河流的专名了，再加上新的通名 River，就成为这些河流的新名字。

把目光转回中国，会发现在重庆有一条叫濑溪河的河流，它是沱江的支流。在沱江水系，濑溪河并不是孤例。在它附近还有釜溪河、濛溪河、龙溪河。

不难看出，溪与河的意思颇为重复。如此画蛇添足之举，说明先有一群习惯把河流称为"溪"的人群在此居住。后来当地人群发生了语言文化上的转变，才加上了"河"字。翻阅史料可以知道，濑溪河以前叫过赤水溪、濑波溪、龙溪、岳阳溪等，正式改名濑溪河，已经是 1949 年以后的事了。

那么"濑"呢？

《辞海》对"濑"的解释为从沙石上流过的急水。用来命名一条河流，还算说得过去。不过，见载于宋朝《太平寰宇记》的濑溪河，名字却是"赖婆溪"。非但如此，四川重庆以"赖"打头的地名远不止濑溪河一处。四川简阳是古代的简州，简州之名得自境内的赖简池，赖简一说源自当地发展仰赖于三国时在此驻防的简雍。然而，除了赖简之外，川渝一带还有赖伦、赖宾、赖黎、赖母、赖王、赖逆等地名。

除了四川"赖"字头地名众多之外，中国还有一个有着大量"赖"地名的地方——广西。与四川不同的是，广西的"赖"来源很清晰，基本都可以归结于壮语 Raiq，意思是河滩。

当今四川，人口以汉族为主体，并不是壮族的分布区。然而在公元 4 世纪成汉政权时，原来居住在牂柯（今贵州境内）的数十万僚人在李寿招揽下北上入蜀。这些僚人和现代壮族、布依族有较近的亲缘关系，入蜀后主要集中于四川中南部地区。该次移民事件对当地产生了相当深远的影响，虽然唐以后入蜀的僚人逐渐汉化，但是"斯""罗""赖"打头的地名则在四川盆地扎根，存留至今。

濑溪河的变化是中国西南地区的缩影。单就地名信息的丰富程度，恐怕全世界都很少有地方能和中国西南相比。这片被崇山、巨河切割成无数碎片的缤纷土地，自上古以来就是整个东亚地区人口、语言、文化复杂程度最高的地方。将这片面积和人口都占今天中国约三分之一的地区整合进入中原政权，经历了极其曲折的过程。西南地名，则是这个持续数千年的浩大过程最好的注解。

从"昆明"说起

中国西南的地形决定了其族群多样性极高。中原政权对西南的经略起自东周，巴蜀地区至战国时期的整合已经颇为成功。然而更加偏远、地理阻隔更为严重的云贵地区则始终游离于中原政权之外。史料记载中，华夏人对云贵最早的一次开发尝试应属战国楚顷襄王时期楚人主导的"庄蹻入滇"，不过"庄蹻入滇"一事扑朔迷离，真假难辨，也并未形成持久影响。

汉武帝时期，"氐僰人冉駹、嶲唐、昆明之属，扰陇西巴蜀"，武帝派司马迁"略邛、筰、昆明"，大量西南夷地区的专名也开始被记录。《史记》中司马迁还记下了"夜郎""滇""同师""楪榆（一作叶榆）"等名。自然，这些名字都非汉语，而且不少专名既是族群名，也是其活动地区的地名。其中，"昆明"尤其值得注意。

昆明在今天的中国无人不知无人不晓，它是云南的省会，著名的"春城"。然而，在早期记录里，现在滇池边的云南省城却和"昆明"并无太大关系。

在司马迁时代，昆明本是某种氐羌人的称呼，在另一些史料中这群人亦称"昆弥"。这个族群名称的含义至今仍未能完全得到解释。一种可能的解释是，"昆"是南亚语系（高棉语、孟语、佤语等）的"子"，而明/弥则是某种藏缅语（藏语、羌语、彝语、纳西语等）的"人"。

昆明人于西汉早期以洱海地区为核心游牧生活，其分布范围"西自同师（今保山）以东，北至楪榆（今大理）"。由于昆明本是对人的称呼，所以昆明人活动的范围也称作昆明。洱海古称昆明池。汉朝昆明人逐渐向东扩张。东汉建武十八年（公元42年），姑复（今永胜）、叶榆、弄栋、连然（今安宁）、滇池（今晋宁）、建伶（今昆阳）、昆明"诸种"反叛。三国时期诸葛亮南征，李恢在向建宁（今曲靖）进军途中于昆明被围。说明当时滇东北已有叫作昆明的地名。唐朝则在今天的盐源设置了昆明县，属嶲州。今天滇池附近的昆明设置为昆明县的历史则要迟至元朝。

不得不说，昆明作为一个本出自"夷语"的名字，却能长久流传，避免了很多非汉语地名在汉化的过程中被更改的命运。其妙处在于，虽然这个名字本非汉名，但写作"昆明"后却因字面意义的美好，甚至反传入内地。汉朝长安的人工湖即叫昆明池，北京颐和园内的湖泊也叫昆明湖。

但是，与昆明同时的不少"夷语"地名并不如昆明一样幸运。这些名字因为"夷味"过于明显，要么被迫修改，要么干脆遭到弃用。

嶲和昆明有着密切的关系，《史记》中有"嶲昆明"的用法，唐朝昆明县也属于嶲州。然而嶲州后来先后更名为建昌、西昌。1959年，越嶲县也更为越西县，"嶲"作为地名也就消失了。

这个过程在西南地名的变迁之中不断重现。诸葛亮南征以后，南中地区共设置牂牁、建宁、朱提、越嶲、永昌、兴古、云南七郡。建宁、永昌已明显是华夏政权怀着边境安宁繁荣的期望而起的名字。在日后的岁月中，牂牁、朱提、兴古等地名，也渐为汉名所取代。

以夷变夏、以夏变夷和以夷变夷

然而，与北方和东南地区不同，西南地区的"中国化"是个漫长的拉锯过程，其中多有反复。华夏政权也并不始终占据优势。僚人入蜀就导致四川出现大量的壮侗语地名。晋朝以后，今天川南、贵州、云南地区则长期为南诏、大理地方政权控制。作为乌蛮、白蛮控制的政权，南诏领土中包括太和赕、苴咩赕、邓赕诏、越析诏、施浪诏、浪穹诏这样的地名。甚至有改为"蛮名"的，如南诏王劝丰祐就把拓东城改名善阐城，今天大理白族仍然把昆明叫作善阐（sitcei）。

只是，此时华夏文化已逐渐在西南地区树立权威。南诏、大理均习用汉文。樊绰的《云南志》中说，南诏设置了云南、拓东、永昌、宁北、镇西、开南、银生七个节度使——可以看出，这些地名中不少都有浓厚的开疆拓土、祈求安宁的含义，与中原政权别无二致。建立大理国的段思平生于大厘睑，夺取政权后，将国号从"厘"改为"理"，更是取"理"字之义。

一如中原对西南失去掌控，南诏、大理对云南南部的控制能力也是颇有问题。银生城位于今天的景东县锦屏镇，开南城则位于景东县文井镇开南村。银生、开南后来均为"金齿白蛮"攻陷，历经整个南诏、大理时期都未能成功收复。

对牙齿做文章是壮侗人群的典型特征。今天的景东是彝族自治县，傣族人口并不多，可是景东却有好几条名为南某河的河流，如南洋河、南线河、南普河、南困河。如果不局限于景东县，南某河的数量就更多了，如南腊河、南捧河、南宛河、南町河、南垒河。甚至今天流经曼谷的大河名叫湄南河，其实湄南意思就是"河（母＋水）"，其泰语正式全名则是 แม่น้ำเจ้าพระยา（Maenam Chao Phraya）。

在西双版纳地区的傣语里，河被称作 nam4 mae6。"南某河"是傣语地名是无可置疑的，仔细观察却可以发现，它们并不都在现今说傣语的地区。腾冲和顺古镇前的河流叫南底河，这里现在是汉族居住的地方。红河州的南昏河流经区域现今主要是彝族和哈尼族居住。

自"金齿白蛮"攻陷南诏南境后，在从云南南部延伸到今天泰国的广大地区，傣族政权一直有着极深的影响。今天的景东一带则长期为傣族陶氏土知府所统治。清朝中后期的战乱让景东大部分傣族散逃，然而地名仍然保留了傣族人活动的痕迹。

诡异的是，虽然地名证据显示傣族分布区域向南缩减了不少，但是其在更南方仍有所斩获。现在傣族集中的西双版纳于 1180 年建立起景龙金殿国，然而根据傣族传说，现在的勐腊县磨憨、勐满、勐捧以前并不是傣族人的地盘，而是以磨歇盐井为中心的克木人的地盘。

克木人在中国人口稀少，没有列入五十六个民族之中，他们是佤族、布朗族等的近亲，和更加南方的孟人、高棉人有比较近的亲属关系，可能也是古代百濮的后人。克木人当中也流传着被傣人鸠占鹊巢的故事。时至今日，西双版纳尚有一些如"南黑"这样的傣语、克木语合璧的地名。

飞速"中国化"

如果说之前西南地名的变迁，反映了当地各个族群势力此消彼长的拉锯式变化的话，从明朝开始，"中国化"则进入了快车道。

明朝时，内地人口迅速膨胀。又因明朝对西北、东北的经营都不很成功，这两个扩张方向被封堵。崇山峻岭中的西南地区虽然路途险阻，但因为此前的开发强度低，尚有余力吸收外地移民，于是，明朝有意识地建立卫所制度，并逐渐开始改土归流，西南地区的各土官不断为流官所替代，汉化的进程迅速加快。

明朝的西南移民过程，带有非常明显的军事色彩，尤其是今天的贵州一带，由于自然条件限制，本是人烟稀少、天高皇帝远之地。明初沐英率领三十万大军征伐蒙古梁王势力，经过贵州，不仅安排下大量驻防士兵，还在今天安顺一带留下许多带有"屯""堡"的地名。永乐年间废除思州、思南宣慰司，贵州建省，设立铜仁、乌罗、思南、镇远、石阡、思州、新化、黎平八府，并于贵州等处设承宣布政使司，总管八府、贵州宣慰司及安顺、镇宁、永宁三州。不难看出，这些边地府州的名字中"安""顺""宁""镇""定""化"等字反复出现。在平定播州之乱后，明朝又设置遵义、平越二府，命名仍然一以贯之。

而在云南，移民的军屯色彩也在地名中有颇深的体现。

今天云南大理洱源县有左所、中所、右所、中前所、西中所等村庄。在这个白族为人口主体的县里，带"所"的村不但在公路沿线，而且都是汉族村庄。这些村都来自当时卫所制度下设置的百户所，村民几乎都是明朝迁入大理地区的军屯人员后代。

在发展军屯的同时，明朝也积极在云南利用机会实行改土归流，如曲靖府罗雄州土知州者继荣之乱于万历十三年（1585年）平定后，巡抚刘世曾请求在罗雄筑城、改流。后来在万历十五年（1587年），罗雄州更名为罗平州。

入清之后，西南地区的改土归流进程加快，与之相适应的地名更改也屡见不鲜。雍正时期对乌蒙改土归流后，云贵总督鄂尔泰望文生义，竟将乌蒙曲解为"乌暗蒙蔽"，要求"举前之乌暗者，易而昭明，前之蒙蔽者，易而宣通"，将乌蒙改成"昭通"。也有改名相对合理的，如从唐朝到明朝一直被称作"都泥江"的广西红水河，在清朝先后意译为"红水江"和"红水河"。

　　比之数千年来中原与北族互动的波澜壮阔，西南地区的汉化似乎是个自然而然甚至"自古以来"的过程。然而，这片斑斓的土地和生活于其上的缤纷族群，却是真正意义上的一座大熔炉。汉朝《远夷乐德歌》唱道："征衣随旅，知唐桑艾。"（闻风向化，所见奇异。）史书之外，数千年来西南居民赋予壮丽山川的诸多地名，也在向今天的我们娓娓道来，这里曾经演绎的无数传奇。

远去的敦煌：一个国际化大都会的背影

莫高窟 156 窟《张议潮统军出行图》

众所周知，张议潮是敦煌归义军的首任头领。敦煌陷蕃到归义军时期，这座小小的边城有一种特殊的国际化氛围。居民的多样也导致敦煌居民的语言使用情况远比内地城市复杂，日本学者高田时雄的一篇论文《敦煌的多语现象》（"Multilingualism in Tun-huang"），论述了敦煌当年的语言情况。

根据留存的材料，中古时期的敦煌，属于印欧语系的粟特语、于阗语、梵语作为侨民和宗教用语都使用广泛。在处于诸回鹘部落包围中的敦煌，回鹘语自然也是少不了的，至今榆林窟内还有大量的回鹘人题记，甚至希伯来语这种代表犹太人存在的语言也有发现。当年很多敦煌人都能通数种语言，不光如此，在多语环境的熏陶下，敦煌人文字上的选择也经常出乎意料。敦煌出土的一件中古波斯语文档采用希伯来字母书写。于阗派往敦煌的汉人使节张金山在通篇于阗文书后居然用粟特字母签下自己的名字（转写：Cā Kimä-śani）。

敦煌文献语言极为丰富，甚至有希伯来语文档

作为敦煌占主导地位的两大族群，汉人和吐蕃人也表现出明显的多语迹象。作为吐蕃抄写佛经的一大中心，敦煌的藏文佛经多数由汉人书吏抄写。汉人之间的文书也常常用藏文撰写。中文文书的签名盖章中藏文并不鲜见。甚至到了归义军时期，归义军也并未对使用藏文有太多抵触心理——归义军与西域进行外交仍然经常使用藏文。

恐怕最离奇的还是整段整段用藏文字母拼写的汉文了。

有着藏名的汉人

《敦煌的多语现象》论文附录中提到了两首用藏文拼成的汉语诗。这两首诗出自莫高窟藏经洞中的两张文档，曾被法国学者伯希和收购，编号分别为伯希和藏文 1235 档和伯希和藏文 1259 档。

两份档案藏于法国巴黎国家图书馆，调用还需要开具介绍信。放在十几年前，我是无论如何没有机会看到它的。然而，近年国际敦煌学者通力合作，将大量本来深藏在各现代版"藏经洞"内的档案扫描上传到了网上以利阅览。

"国际敦煌计划"网站，这个号称给世界敦煌学者和爱好者提供方便的网站在优化处理上显然存在很大问题，搜索体验极差。经过至少 15 分钟的尝试，多次搜索失败，终于在输入"Pelliot tibétain 1235"后，一张图片缓缓加载成功。

敦煌伯希和藏文 1235 档正面

纸正面是一行草草写就的空心藏文大字"Cang stag slebs"，整个文档随处可见空心的大"Cang"，推来应是张姓汉人，却有了一个藏语名字 stag slebs（虎利 / 虎至）。下方则是"Wang thong tse gyi legs tsha lag so"，意思是 Wang thong tse 的书。从 Wang thong tse 的名字来看，应该是一个王姓汉人，虽然汉姓汉名，句子却是藏文写成。至于为什么张 stag slebs 和王 thong tse 都和这张纸有关系，应该是一个解不开的谜团了。

公元 8 世纪 80 年代，敦煌陷蕃。自此开始了六十多年的蕃占时期。敦煌汉人和胡人（以粟特人为主）被吐蕃编入部落，备受欺压。开成年间（公元 836—840 年），唐使者赴西域，途中"见甘、凉、瓜、沙等州城邑如故，陷吐蕃之人见唐使者旌节，夹道迎呼涕泣曰：'皇帝犹念陷吐蕃生灵否？'其人皆天宝中陷吐蕃者子孙，其语言小讹，而衣服未改"。

敦煌陷蕃过程较为平和，并没有发生大规模杀戮，敦煌甚至与吐蕃签订了投降协议，规定吐蕃不能把敦煌居民迁往他处，因此敦煌在 60 年间最主要的通行语言仍然是城中占居民主体的汉人使用的汉语。但是既已陷蕃，敦煌人的生活免不了要和吐蕃人打交道。管理一万户的官员"乞利本"（藏文转写：khri dpon），部落首领"节儿"（rtse rje）等藏文词汇纷纷进入当地汉语。敦煌汉人多数也被迫学了一点儿最基本的藏语以应付新环境下的生活。部分汉人藏化程度较深，就如张 stag slebs 那样起了个藏名而保留汉姓。

除了正面张先生和王先生的留名外，文档正反两面则密布着各种潦草的藏文，经过一番努力寻找后，在反面上方终于找到了一行倒写的藏文字母，向着左下方延伸。仔细比对，正是藏文拼写的敦煌曲子《辞对明主》。

1235 档背面

作为汉文明最西的要塞，陷蕃时期的敦煌人语音确实和内地有了差别，甚至和西北其他地方也不一样。在《辞对明主》里面，"足"拼为 tsywag，"曲"拼为 khwag。这种敦煌特色的发音就算在中古的西北方言中也比较特殊。

就词句来看，敦煌的唐遗民不仅是语音少讹，而且对故国词曲也有些记忆模糊，藏文版的《辞对明主》好几个字和汉文敦煌曲子并不相同，甚至让高田教授也认错起几个字母——经过一番仔细甄别，高田教授大概是受了汉文版"一弦"的影响，把"yid da'n（一弹）"认成了"yi hda'n"。

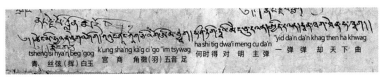

sheng'si hya'n beg'gog　k'ung sha'ng ka'g ci 'go"im tsywag　ha shi tig dwa'i meng cu da'n　"yid da'n da'n khag then ha khwag

青、丝弦（挥）白玉　宫　商　角徵（羽）五音足　何时得对明主弹　一弹弹却天下曲

《辞对明主》细部以及藏文转写

不过要想在今天的敦煌重温多语社会，已经完全不可能。现在的敦煌是一个完全被汉语统治的城市。虽然不乏外国游客，然而敦煌本地居民几乎没有说汉语之外的语言的。我曾见到有两个法国游客用英语跟机场中巴司机鸡同鸭讲地比画了半天，旁人也只是看着干着急。

当今的敦煌方言在甘肃甚至以好懂出名。有人说敦煌因人来自陕西，话也靠近陕西。这并不完全符合事实。不过对于从小听惯陕西话的我来说，敦煌方言理解起来确实并无难度。清朝重新开关以来，迁入敦煌的移民以甘肃东部渭水上游的天水等地为主，本就可看作陕西关中地区向西的延伸。少量来自真正河西的居民巧合性地居住在敦煌党河以西，敦煌河东、河西方言也就有了小小的差异。

　　然而无论是河东话还是河西话，都已不是古代敦煌话的后代。这种自唐朝至五代延续了数百年的西北方言因祸得福，因为不幸陷蕃成了几乎所有古代方言中资料最齐全的。有了故纸堆中的藏文字母，今天我们要想看到唐朝西北方言的只鳞片爪，最方便的途径反而是直接参考敦煌人用藏文拼写的汉语。

守护汉文明的胡人

　　敦煌城中不时能见到瞳色极淡的市民，颇使人疑心他们是不是有古代胡人的血统。今天的敦煌居民并非古代敦煌人的直系后代。然而他们大多数来自甘肃其他州县，那里历史上也都是粟特胡人活跃的地方，有胡人血统并非没有可能。

　　而榆林窟，则和一个粟特胡人家族息息相关。

　　公元 848 年，唐大中二年，沙州汉人土豪张议潮趁着吐蕃因灭佛发生的内乱，组织沙州起义，一举光复沙州。随后数年间，张议潮率军东征西讨，收复河西全部陷蕃土地，并归附唐朝，号归义军。以一介土豪之身份，又孤立无援，竟然能够建立起如此不世功业，张议潮的经历比各种半真半假的神将传说更加传奇，却少有人知，令人颇为遗憾。

　　而在张议潮的起义军中，不但有沙州汉人，也有和他们并肩作战的粟特胡人。他们在首领安景旻的带领下，和汉人一起共同光复了沙州。

　　从敦煌到榆林窟的两百公里路程极尽单调。路线平直，边上则是大片让人分不清东南西北的荒漠。离榆林窟最近的东巴兔村，清朝称作奔巴兔村，明朝封闭嘉峪关后，这里一度曾是蒙古部落的牧场，"巴兔"是蒙古语中湖泊的意思。有人说山后有一座大水库，但东巴兔村是怎么看也不像有大水体的样子了。河西向来干旱，气候的变化对脆弱生态的影响比内地大得多。自宋朝以来，中国气候长期处于干冷周期，河西再也难恢复南北朝到唐朝的繁荣了。

归义军光复整个河西不久，就接连发生内乱。在回鹘、吐蕃的压制下，领土萎缩，最终长期限于沙州和瓜州。直到十多年前，瓜州还叫安西县，复名瓜州后，这座城市并没有沾到多少敦煌的光，仍旧是个安安静静的小城。

和相距敦煌不远的莫高窟比起来，以一小片榆树林得名的榆林窟，离瓜州城尚有几十公里。从1997年开始试开放，榆林窟洞窟很长时间内都冷冷清清。与莫高窟的讲解员天天接待无数游客、脸上多少展露出疲态相比，榆林窟的讲解员饱含热情。

进入第19窟，在甬道处，仔细观看两侧的男女人像。

曹元忠供养人像，身后的男孩是儿子曹延禄

"男的是曹氏归义军第二代节度使曹元忠，他是在位时间最长的曹氏归义军节度使。这幅供养人像是按照他真人大小绘制的。"一位讲解员以极为羡慕的口气说，"曹元忠是一个好男人，虽然是归义军的首领，但是一生只有一位夫人，就是对面的浔阳翟氏。"

如果画师真的按照真人复制的话，那浔阳翟氏夫人的身高可就足够惊人了，她的供养人像高175厘米，比丈夫曹元忠要高出两厘米。就算在当今中国，175 厘米的女性也算身材出挑，在古代的沙州，这种身高恐怕是百里挑一。

归义军大规模内乱尘埃落定后，曹氏取代张氏成为归义军首领。在中国内地士族土豪已经逐渐式微的年代，敦煌却仍旧是一个由豪门家族统治的社会。敦煌豪门主要有张氏、索氏、阴氏、氾氏家族，多数是汉朝犯官的后代，直到宋初他们仍是敦煌的头面人物。

相比而言，沙州曹氏和浔阳翟氏在敦煌发家的历史并不长，在张、索、阴、氾叱咤风云之时，曹氏和翟氏却默默无闻。

沙州曹氏，自称谯郡曹氏分支，也就是曹操的后代。翟氏则把祖籍追溯到江西浔阳。曹元忠和浔阳翟氏情投意合、恩爱非常，似乎跟一对典型的中原汉族夫妇毫无差别。

然而，曹氏和翟氏模糊的早期历史并非没有原因——两家从血统来说，都非地道汉人。

粟特人在中国被称作九姓胡，原乡在今天乌兹别克斯坦以撒马尔罕为中心的费尔干纳谷地一带，粟特人的昭武九姓实际来自自己原乡的国名，西曹国和东曹国的粟特人东迁后以曹为姓，沙州曹氏其实更可能是粟特曹国人的后代，而非谯郡曹氏。

而中古敦煌的翟氏则源出草原民族丁零。所谓丁零，也称铁勒、敕勒、狄历。从这些名字的语音来看，很可能和后来的"突厥（Türk）"有很近的关系。所谓"翟"姓，向来是这些人常用的汉姓，而"翟"的上古汉语发音也与"狄""铁勒"相当接近。东汉晚期到十六国，丁零部即先后有翟鼠、翟斌、翟真、翟成等迁入中国北方。丁零翟氏翟辽甚至在太行山区建立了魏国。显然，对自己先祖早期历史说得并不是很清楚的河西翟氏来自丁零的可能远大于远在南方江西的浔阳。

在这远离中土的极西之境，这些古胡狄的后代，自觉不自觉地维持着汉文化的传统。曹氏抛弃了自己原本的祆教信仰而皈依佛教，翟氏则和自己的草原兄弟分道扬镳，进入沙州，自此开窟礼佛，修习儒学。最终，两家都攀附了汉人祖宗。曹氏归义军时期，于阗国甚至向曹氏求娶"纯净汉女"，而曹氏也屡次嫁女于于阗，俨然中原文化在河西的代言人，中古时期的敦煌，就是这样一个汉人写藏文、胡人又变身汉人代表的奇异都会。而现在的边陲小城敦煌，虽然作为热门景区，八方游客云集，却是再没有如此的"国际化"气氛了。

姓名与称谓

为什么 uncle 和 cousin 就可以把七大姑八大姨通通代表了

中国孩子在学说话时，要正确掌握七大姑八大姨之类亲属的不同称谓，恐怕是个极难过的槛儿。中国亲属称呼之复杂举世罕见，仅与父亲同辈的男性就有伯父、叔父、姑父、舅父、姨父五种称谓。虽然各地亲属称呼有所不同，但任何一个汉族社会都不会像英语世界那样把与父亲同辈的男性亲属用一个 uncle 就打发了。更能体现汉语称呼复杂的还是同辈人，英语中用 cousin 大而化之的概念，在汉语中则必须根据具体的亲属关系选用堂兄、堂弟、堂姐、堂妹、表兄、表弟、表姐、表妹这八个中的一个指代。

对亲属的称谓一般被划分为类分法和叙称法两种类型。

类分法是将同等、同类的亲属用同一种名称表示，不管该亲属与自己的具体关系。英语中的 cousin 就是典型，只要是自己的同辈，不管是伯父、叔父还是舅舅、姨妈家的孩子，都是 cousin。叙称法则正好相反，一个叙称法的称谓明确表示了该亲属与自身的关系，如汉语中的堂弟一定是父亲兄弟的儿子，而且比自己年纪小。

显然，一个社会类分法使用得越多，其亲属称谓系统就越简单，而叙称法用得越多，其亲属称谓系统就越复杂。

世界上每种文化都有其独特的亲属称谓系统。19 世纪，人类学家摩根就将全世界的亲属称呼分为六个大类，分别以对应的六个民族命名。今天，世界上绝大部分社会的亲属称呼都可归结为当中一类。

在摩根的分类系统中，最简单的亲属称谓系统为夏威夷系统，该系统差不多把类分法用到了极致，只区分性别和辈分：如家族中跟母亲同辈的女性都叫 makuahine，跟父亲同辈的男性都叫 makuakane，和自己（男性）同辈的女性则都是 kaikuahine，同性别同辈年长者则是 kaikua'ana。

最复杂的亲属称谓系统则为苏丹系统，苏丹系统中大量采取叙称法，一个亲属称谓对应的亲属关系非常少。该系统的特点是对直系和旁系的亲属都采用叙称。中国的亲属称谓即属于苏丹系统。

处于苏丹系统和夏威夷系统之间的其他四种系统，并不太容易对其简单或复杂程度做出精确排序。英语中的亲属系统为爱斯基摩系统，主要特点是对直系亲属采用叙称，但对旁系的亲属如姑舅堂表兄弟之类大而化之，并不多加区别。

为什么不同的社会的亲属称谓差别会如此之大？早期有观点认为，亲属系统的演变往往和社会的演进程度相关：如果使用夏威夷系统，则说明这种社会相当原始，并且推论人与人之间完全没有性方面的禁忌，两个男女之间可以随意发生性关系，因此不需要复杂的亲属系统以规避乱伦风险。随着时间演进，社会伦理逐渐建立，对区分亲疏的要求越来越高，因此称谓发展得越来越细。

这个解释虽然貌似有力，实则简单粗暴且不符合事实——夏威夷人虽然亲属称呼极其简单，但却并非乱伦狂人，而且有证据显示，夏威夷社会的亲属称谓系统曾经更加复杂，是后来逐渐简化成今天这样的。

亲属称谓系统由复杂演化为简单的，其实并不只是夏威夷。譬如现今采用爱斯基摩系统的英语社会，历史上其称谓系统就曾经是更加复杂的苏丹系统。

英国人的祖先是来自今天德国北部的盎格鲁－撒克逊人，盎格鲁－撒克逊人的亲属称呼相比他们的现代后代要复杂得多。现有资料显示，盎格鲁－撒克逊人称呼姨母为 modrige，姑母为 fathu，舅父为 eam，叔父／伯父为 faedera，显然比现代英语"uncle""aunt"两个词包打天下要复杂。而现在叫 cousin 的，在当时则要根据具体关系，有 faederan sunu（叔伯之子）和 modrigan sunu（姨之子）等区别。

现代英语这种相对简单的爱斯基摩称谓系统，是由入侵的诺曼人从法国带来的。当时法国的亲属称谓已经相当简单，不过，法国简单的亲属系统也并非其原生态，同样经历过一个不断简化的演进过程。

法语源自古罗马时期的拉丁语。拉丁语中亲属称谓相当复杂，舅父为 avunculus，姨母为 matertera，叔父／伯父为 patruus，姑母为 amita。同样，拉丁语对表兄弟姐妹的称呼也相当详细，某些方面复杂程度超过汉语。

譬如汉语中的表兄弟和堂兄弟，在拉丁语中还有更精细的划分：舅父的儿子叫 consobrinus，姨母的儿子叫 matruelis，叔父的儿子叫 patruelis，姑母的儿子叫 amitinus。在直系亲属上，拉丁语也相当复杂精确，如祖父为 avus，高祖父为 abavus，高祖父的父亲为 atavus，均可区分。

与英语社会和法语社会的称谓演进方式不同，中国整体上走的是一条逐渐复杂化的路径。如上古时期父亲和父亲的兄弟、子和侄的区别并不明显，《汉书·疏广传》就有"广徙为太傅，广兄子受……为少傅。……父子并为师傅，朝廷以为荣"的复杂称法，以今天中国的亲属称谓体系来看，这两位当然是叔侄关系而非父子关系。《字诂》更有"兄弟之子犹子也，不为之别立名号"的记载。

　　侄，本来是女子对兄弟子女的称呼，男子称呼自己兄弟子女为侄的风气要到晋朝才开始流行。伯父叔父和父亲并不太区分的习俗，更是至今仍然在中国部分地区存在，如西安地区对伯父、父亲和叔父都可以用"大""爸"称呼，"大大"既可以是叔伯也可以是父亲。

　　同样，上古时期同辈亲属中，对兄弟和姊妹的区别也不明晰，常见到以兄弟代替姊妹的用法，对弟弟和妹妹的分别也比较模糊，《史记》中"女弟"的用例非常多见。此外，当时"妹"限于男子称呼自己的妹妹，女子称呼自己妹妹则使用显然和弟同源的"娣"。

　　而母系亲属则更为简单，上古时期母系各亲属中只有舅的称呼比较独立，而且和叔父、伯父等父系称呼不同，舅当时不称舅父。母亲的姐妹则几近没有专门的称呼，硬要区分，只有从母这样的说法。而姨当时则是指妻子的姐妹，随后转为母亲的姐妹，则是子随父称。

　　亲属称谓既可以朝简单化，也可以朝复杂化演变，这些演变难道是完全随机，无方向可循吗？

　　亲属称谓的演变虽然有着一定的随机性，但其实和社会结构息息相关，更精密复杂的亲属称谓系统一般情况下会对应更加复杂、阶层更加分明的社会结构。作为亲属称谓体系最复杂的一类，苏丹系统的亲属称谓和大家族以及阶层分明的社会结构紧密相连。除中国外，波斯和土耳其的亲属称谓也是苏丹系统。反之，当复杂的社会结构解体时，纷繁的亲属称谓体系就变成了记忆上的额外负担，会遭人抛弃。

　　如法语的 cousin 词根来自 consobrinus，本来在罗马社会中仅指舅舅家的儿子。但罗马帝国后期经历了蛮族入侵后，复杂的社会结构被破坏，亲属称呼随之被剧烈简化。在新的社会结构中，弄清一个大家族中人与人之间的关系变得相当不重要。除了属于核心家庭的几个近亲之外，其他亲属只需要知道和自己有一点血缘关系即可，所以这个词就囫囵用来指代各种各样的堂、表兄弟了。英语的称谓简化也同样发生在诺曼入侵打乱了旧有社会秩序的时代。

但中世纪以后英国贵族阶层逐渐确立，血统的划分在贵族中变得非常重要，于是英语中的 cousin 也发展出了各种各样让关系更明确的说法。如表兄弟的子女互相之间是 second cousin，而表兄弟与表兄弟的子女之间的关系则为 first cousin once removed（removed 用作亲属关系限定的最早记录是在 1548 年）。

这些变动终于让英国的新贵家族有了追根溯源的仪式感，不过由于绝大部分人对这些区分并不在意，所以在一般口语中并不常用。

中国现代的亲属称谓系统定型于魏晋南北朝时期，当时战乱频仍，单凭小家庭很难在此环境中自保，家族的重要性空前提高。隋唐时期著名的崔、卢、郑、王等家族，就是在这一时期崛起的。

这些以父系血缘为核心的家族在历史舞台上的崛起，为中国称谓系统的不平衡演进提供了助力——中国复杂的亲属称谓的一大特点，就是父系母系亲属称谓的复杂程度并不平衡：父亲的哥哥和弟弟能够区分，母亲的兄弟则被归为一类。在堂亲、表亲方面的差别也相当明显，只有父亲兄弟的子女算作堂亲，而父亲的姐妹和母亲的兄弟姐妹的子女统统算作表亲——这种父系比母系复杂的情况正是父权社会的特征。

碰巧的是，中国的另一项传统也使得称谓系统进一步复杂化。中国人一般会避免对亲属直呼其名，认为这是一种不礼貌的表现，交谈过程中如果涉及某个特定亲属，则往往得依靠其他方式精确定位。因此中国的亲属称谓不但要分叔父、伯父、姑父、舅父，而且

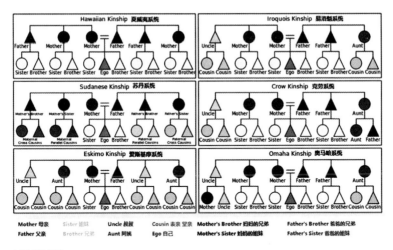

亲属系统比较

往往还要在前面加上大、二、三、小等表示排行的字，以便在不提及姓名的情况下准确指称某一个特定亲属。有了排行的助阵，中国亲属称谓系统的规模在大家族中呈指数级上升，比一般的苏丹系统更胜一筹。

计划生育带来的家庭规模缩减、工业化城市化引发的个体原子化，对中国亲属称谓系统的延续构成重大挑战——中国社会结构已严重偏离典型苏丹式称谓系统的特征。譬如，由于亲戚在日常人际关系中地位不断降低等缘故，很多中国人已经不知道怎么正确称呼自己的七大姑八大姨，不过，这并不重要，因为下一代中国人很可能就没有七大姑八大姨之类的各种亲戚了。

关系	序号	语言	丈夫	妻子	父亲	母亲	儿子	女儿	哥哥	弟弟	姐姐	妹妹
血亲关系	1	汉	丈夫	妻子	父亲	母亲	儿子	女儿	哥哥	弟弟	姐姐	妹妹
	1	英	husband	wife	father	mother	son	daughter	brother		sister	
	2	汉	祖父	外祖父	祖母	外祖母	孙子	外孙	孙女	外孙女		
	2	英	grandfather		grandmother		grandson		granddaughter			
	3	汉	伯父	叔父	舅舅	姑父	姨父					
		英	uncle									
		汉	伯母	婶母	舅母	姑母	姨母					
		英	aunt									
	4	汉	堂兄	堂弟	表哥	表弟	堂姐	堂妹	表姐		表妹	
		英	cousin									
		汉						侄子		外甥		
		英						nephew				
		汉						侄女	外甥女			
		英						niece				
姻亲关系	1	汉	公公	岳父	婆婆	岳母	女婿		儿媳			
	1	英	father-in-law		mother-in-law		son-in-law		daughter-in-law			
	2	汉	大伯	小叔	内兄	内弟	姐夫		妹夫			
	2	英	brother-in-law									
	3	汉	大姑	小姑	大姨	小姨	嫂子		弟媳妇			
	3	英	sister-in-law									

汉语和英语中的亲戚称呼

中国姓氏势力分布地图

中国人的姓里往往蕴藏着丰富的信息，有时能从中猜出他的籍贯。比如见到一个姓林的中国人，很多人会猜测他是福建人；黄姓者很可能是广东/广西人。这样的猜测有着统计数据支撑——中国林姓人口中57%分布于福建、广东、台湾三省。这三省中又以福建的林姓占比最高。

福建有句俗话："陈林半天下，黄郑排满街。"——都"排满街"了，可见这些姓有多么常见。据2020年人口普查资料显示，陈姓为福建第一大姓，约461.82万人，占全省常住人口的11.12%，而林姓也不甘落后，以8.7%排名第二。两姓相加即已占到福建近五分之一人口，如果加上黄、张以及第五大姓王，可占总人口的34.88%。

中国的不同地区占优势的姓氏也不同，总体而言，以中原地区较为多样，相对统一，各边缘省区，则各有优势明显的特色大姓。回到福建的例子，"陈林黄"中，只有陈、黄属全国性的大姓。但据公安部《二○二○年全国姓名报告》，陈姓全国排名也不过第5位，黄姓位列全国第7位，林姓则不过是第18大姓。

中国姓氏地图

和福建一样，不少地区的优势大姓，在全国范围内并不占优，尤其是南方地区。而全国范围内最主要的姓氏，也存在地区分布的不平衡。

以王、黄为例，众所周知，王姓是全国数一数二的大姓，北方范围内，王姓毫无争议占优，它是华北和东北16个省（区、市）的第一大姓。在东北的吉林（11.0%）和辽宁（10.7%），王姓更是能占到十分之一以上的人口。王姓在北方的巨大优势，保证了它在全国统计中的地位。到了南方，王姓的势力明显衰落。与之相比，在华北和东北明显落后的黄姓开始占优。

黄姓作为广西第一大姓，占人口总数的7.62%，在广东也有6.94%，是广东第二大姓。在这些地方，黄姓的势力均远远超过王姓。广东人口基数庞大，广东黄姓人口占全国的21.65%。粤桂闽湘川赣六省区的黄姓占全国的60.75%，这些南方省份共同发力，将黄姓挤入全国十大姓。

为什么姓氏的分布有如此明显的区域差别？这些当地大姓是如何在各地崭露头角，攻城略地的？

这当然和姓氏的起源地区不同相关。每个姓氏都有祖先的传说，至今，姓氏总数尚无精确统计，其数量有说是4000多的，也有说是5730的，甚至有认为超过10000个的。一个个地考证其起源发展的传说、历史难以操作，也并不能解释总体现象。

中国姓氏中的绝大多数为罕见姓氏，大姓数量非常有限且高度集中。它们能获得优势地位，其实和人口迁徙过程、社会地位等因素的关联最为密切。

何为奠基者效应

除了入赘、改姓等特殊情况外，中国姓总体而言由父系传承，因此，姓氏的传递也遵循基因传递的一些规律。

由于概率关系，在不受干扰的情况下，一个地区的姓氏在代际传递时会逐渐减少——在妇女生育两个孩子的情况下，最终会有大约五分之一的姓氏逃过绝嗣的命运而保留下来，因为其他姓氏的衰亡，剩下的姓氏就自然成为当地大姓。传统中国社会跨地区人员流动较小，不同地区最终发展壮大的姓氏略有不同，由此形成了初步的姓氏势力地图。

然而，现实毕竟不能简化为纯粹的概率事件，不少其他因素也左右了一个地区姓氏竞争的状况，如"奠基者效应"。这是基因传递的一条重要规律，即当一个种群中的部分个体由于种种原因与原来的种群隔离形成新种群时，其内部的基因多样性往往会降低。

举例来说，假如原始种群内有五个不相关个体甲乙丙丁戊的话，其中的两位丙和丁离开原有种群，到新的地方发展新种群，则这个新种群中就只有丙丁的基因，而缺乏另外三个个体的，其多样性自然会降低。反映到姓氏上，就往往会出现少数几种姓氏独大的现象。

最经典的奠基者效应莫过于法国殖民魁北克。在1608—1760年长达150多年的殖民史中，只有8500名左右法国殖民者迁居魁北克并结婚生育。1760年，英国占领魁北克，法国移民几乎停止，但是由于魁北克居民的高生育率，魁北克的法裔人口迅速膨胀，现今魁北克800万居民有600万母语是法语，其中绝大多数是法裔。

所以魁北克的姓氏分布和法国大相径庭，且相当集中。其第一大姓 Tremblay 在法国本是排行1000名以后的小姓，2006年，在魁北克能占1%以上人口，第二大姓 Gagnon 和第三大姓 Roy 分别也占人口的0.79%和0.75%。相比而言，法国本土最大的姓 Martin 占总人口比例连0.5%都不到，第二大姓 Bernard 和第三大姓 Dubois 则连人口的0.2%都没有。

中国没有像魁北克这样和本土隔离了数百年的殖民地，但福建林姓的发展壮大，一定程度上也是奠基者效应的体现。

福建的林氏自称源自中原，他们一般认为自己源出春秋时期周平王姬宜臼的小儿子姬开。西晋末年，中原汉人大举南下，是为"衣冠南渡"。林姓跟随众多中原移民进入福建，当时入闽的主要姓氏有林、陈、黄、郑、詹、丘、何、胡，史称"八姓入闽"。

八姓入闽的真实性尚存疑问，但无论如何，八姓在福建产生了明显的奠基者效应，八姓中前四姓林、陈、黄、郑，在福建这块相对封闭的环境中取得优势，导致福州地区的姓氏惊人地集中。

不过奠基者效应不能套用于中国其他地区。如黑龙江省十大姓，王、张、李、刘、赵、孙、杨、陈、于、徐与其主要移民山东省十大姓王、张、李、刘、孙、赵、杨、陈、徐、马相比，基本重合，排序也几乎一致。

为什么会出现这样截然相反的情况呢？

一方面，山东向黑龙江的移民时间短，分化还不明显，另一方面，"闯关东"的人数非常多——据统计，仅在1927—1929年，山东流入东北的移民就分别有716621、603870、567809——如此巨量的移民，奠基者效应比起福建自是弱得多了。只是山东的部分地方性罕见姓氏，如亘、昃等可能在黑龙江比较少见，甚或消失。

江浙地区则是另外一种情况。和福建一样，江浙自古就是接收北方移民的重要地区。不同的是，江浙距离中原距离更近，交通更加便利，经济也更为发达，因此来自各地的移民持续不断进入，移民时间、地域跨度更大，这导致江浙——尤其是江浙北部——奠基者效应远远没有福建明显。

杭州排行前五的大姓分别是王、陈、张、徐、李，基本都是全国大姓。杭州的姓氏集中度也相当低，据2015年数据，第一大姓王不过占人口的 4.8%，其他大姓如陈姓 4.5%、张姓 3.2%、徐姓 2.9%、李姓 2.6%，五大姓相加还不到五分之一，与福州五个大姓占去一半的情况截然不同。

攀附地方豪族自动改姓

姓氏依附于家族存在，占据巨大优势的姓，往往有极为有利的因素使得该姓家族人丁兴旺。曲阜的孔氏就是一例。

孔氏在全国乃至全山东，都不算大姓，但在曲阜，孔子直系后代"衍圣公"家族备受优待，有更多的财力、精力投身于繁殖后代。天长日久，曲阜的孔氏对当地其他姓氏造成了巨大的竞争压力，导致孔姓成为曲阜的第一大姓。

更有趣的是"改姓"。中国的老话说"行不更名，坐不改姓"，但是在强大的现实利益下，改为当地豪族之姓的情况也不罕见。

仍以曲阜孔氏为例，进入曲阜孔府的仆役无论原本姓什么，一般都跟着改姓孔。现存曲阜孔氏的族谱中，最晚共祖是中古时代的，但根据《曲阜地区孔姓人群 17 个 Y-STR 基因座遗传多态性分析》的研究，曲阜孔氏 Y 染色体单倍群 C3（46.06%）和 Q1a1（27.01%）均高频出现——这意味着曲阜现今的孔氏中，相当部分为攀附孔子从而获得朝廷优待的人的后裔。

外家改姓，是中国的常见现象。不少全国大姓都通过这种方式吸纳了新的成员，壮大势力，尤其是其他民族汉化起汉名时。最近的例子是满族、蒙古族民众转用汉姓张、郭等，壮大了这两姓在北方地区的势力。

历史上，这样的例子比比皆是：唐朝安史之乱后大批来自康国（今撒马尔罕）的粟特人谎称自己是会稽康氏，导致了会稽康氏大部分出现在北方的滑稽局面；贵为李唐国姓的李姓，则吸纳了大量千奇百怪的成员，从安国（今布哈拉）的粟特人、于阗的塞种人、漠北的突厥人、西夏党项人到西南诸多民族，都在唐朝及其后大量采用李姓，乃至冒称是李唐皇室的亲戚。

到了今天，人口流动的速度、规模都远远超过从前，地方家族的影响力逐步降低，这些造成姓氏地方割据的因素影响在减弱。在可预见的将来，地方著姓的优势会越来越低，而全国姓的大姓，如李、王、张、刘、陈则有望继续扩大优势，说不定这五个姓中，有一个有朝一日会在中国取得一家独大的地位，正如越南占全国人口四成的阮姓那样。

李王张刘陈为什么称霸中国姓氏

根据第六次全国人口普查资料，中国前十大姓占了全国人口四成左右，前二十大姓就包括了一半人口，而前 100 姓占全国人口近85%。大姓人口动辄以千万计，三个最大的姓李、王、张更是各自拥有近一亿人口。

中国到底有多少个姓，这个问题众说纷纭，由于众多"小姓"容易漏计，精确的数字很难求得，说法从 3000 多的到 7000 多的都有。以最高的 7720 个姓来计算，13 亿人口平均下来，每个姓有近 17 万人。

规模庞大的中国大姓

如果把视线囿于中国，我们可能并不会觉得中国的姓氏分布有什么奇怪，但跟其他国家相比，就会发现中国的姓实在少得可怜。近邻日本人口一亿多，姓氏数量高达十万以上，日本人口为中国十分之一，姓氏却比中国多十倍不止。

欧洲国家也与日本的情况类似，以比利时为例，根据统计，比利时平均每个姓只有 48 人，而全国人口有 1230 万左右。其人口约为中国总人口的 1%，但平均每姓人口不到中国的万分之三。

这些国家不但姓氏数量比中国多很多，大姓集中度也显然不如中国。英语系国家最大姓普遍是 Smith，但在英国，Smith 不过占总人口的 1.15%，法国最大的姓 Martin 占总人口还不足 0.5%。

我们熟悉的国家中，姓氏集中度高于中国的有韩国和越南，韩国金、李、朴三大姓合计比例高达 40%，越南 40% 的人姓阮。但是越南和朝鲜姓氏发展情况特殊，是近代平民纷纷采用王姓导致的，所以它们的情况和其他国家的可比性比较低。

莫非中国姓氏的产生机理和其他国家有显著不同？

姓和氏在先秦时期本是两个不同的概念。姓的起源非常古老，具体来源恐怕已经不能轻易得知，而氏来源主要有祖先名、地名、身份等等。

地名是氏的一大来源，不少现代大姓正是来自古代的地名国名，如赵、周等。另有一部分氏来自某代祖先的名字，如郑穆公的七个儿子合称七穆，字分别是子良、子罕、子驷、子印、子国、子游、子丰，他们的后代也就成了良氏、罕氏、驷氏、印氏、国氏、游氏、丰氏，后来就演变为七个姓氏。身份职业时而也能转化为姓氏，如司徒、司马等。

氏容易变，姓作为女性共祖标识较为稳定。秦代以后姓氏合一，概念已经和现代的姓氏相差无几，司马迁在《史记》中就有"黄帝者，少典之子，姓公孙"的记载。当今大多数常用姓氏实际上来自氏。

欧洲的情况其实相去不远。父名是欧洲姓氏的一大来路，最明显的是法国，大姓 Martin、Bernard 等均为常用名，他们的后代则以父名作姓。此外地名为姓在欧洲也有，此类姓氏在欧洲贵族中尤其常见，因欧洲贵族早期往往被称为"某地的某某"，以其封地作为身份标志，久而久之这个"某地"就固化成为姓氏了。法语姓氏中的 de 某某，荷兰语姓氏中的 van 某某，德语姓氏中的 von 某某都是相同路子。

职业身份作姓也相当普遍，前面提到英语世界第一大姓是

Smith，这个姓就是职业得姓的典型例子。Smith 作为一般的名词时意为铁匠，该姓人的祖先想来从事过铁匠工作，又由于中世纪时铁匠的功能相当重要，数量在各职业中较多，因此以铁匠为姓的人多也就不足为奇了。

不光在英国，德国第二大姓 Schmidt（施密特），俄罗斯第三大姓 Кузнецо́в（库兹涅佐夫）也都和铁匠有关。此外，欧洲还有一些以个人特征绰号作姓的，如英国的 Brown（棕），法国的 Petitjean（小让）。

欧洲姓氏产生原理和中国姓氏类似，并没有什么本质区别，最后形成如此大的数量差距恐怕有其他原因。

绝嗣的阴影

秦朝以后姓氏合一带来的一个重大变化就是氏失去了能产性。原本氏作为个人的身份标记之一在代与代之间是可以变动的，但与姓融合后，姓氏功能合一，都演变为主要依据父系进行代际传递的身份信息，这也就是为什么通常父亲姓什么，子女也就姓什么。

这样姓氏的产生就开始减速，后来出现的新姓基本上不外乎被皇帝赐姓、避祸自行改姓以及外族采用汉姓几种情况。而一般的中国人则遵守"立不改姓"的规矩，不会随意更动自己的姓氏。由于姓氏产生机制的衰亡，姓氏数量也就自然而然地开始减少。如果某个男性没有男性后代的话，他也就绝嗣了，很多人在实在没有儿子的情况下不惜采取抱养甚至拐卖男婴的方法给自己续嗣。

绝嗣的概率可能比很多人预想得要高得多，那到底绝嗣情况有多普遍呢？姓氏在自然传递中的消亡属于随机过程，可用高尔顿-沃森过程加以推导：

244

$$X_{n+1} = \sum_{j=1}^{X_n} \xi_j^{(n)}$$

X_n 为第 n 代父系男性后代数量，$\xi_j^{(n)}$ 为这些后代中第 j 个个体的男性后代数量，则绝嗣概率为 $\lim_{n\to\infty} P_r(X_n = 0)$。

假设一个男性的男性后代数量服从参数为 λ 的泊松分布的话，则绝嗣概率公式可简化为 $X_{n+1} = e^{\lambda(X_n-1)}$。

从以上公式可以看出，如果参数小于 1（平均每代男性后代数量不足 1），则这个男性长期绝嗣的概率是 100%，如果参数等于 1，除非出现实际上没有可能的每代都严格生一个儿子的情况，否则仍然会绝嗣。而在大于 1（即人口增长）的情况下，这个男性才有不绝嗣的可能性，就算这样，除非生得特别多，否则情况也不乐观：在参数为 1.25 的情况下，最终绝嗣率仍然会超过 60%。

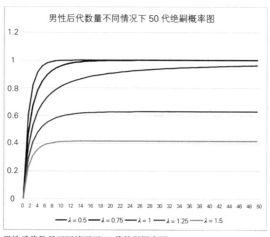

男性后代数量不同情况下 50 代绝嗣概率图

也就是说假如某个社区本来有 1000 名男性，每个男性平均留下 1.25 个男性后代——这样的人口增速已经不低，在 50 代后，其中只有不到 400 名男性会有直系男性后代。假如一开始的 1000 名男性有 1000 个不同的姓，经过 50 代后，人口增加的同时，姓氏数量就会缩减到不足 400 个。

从以上这个非常简单的模型就可以看出，由于绝嗣率相当高，所以男性个体少的小姓很容易消亡。而在小姓消亡的同时，活下来的姓就容易发展壮大，成为大姓，一长一消，姓氏集中度就必然提高了。

据研究，中国历史上的姓曾经有过 12000 个左右，比现代是要丰富多了。正由于起源很早，所以中国姓氏的历史传承损耗也相当严重，起源早不但意味着中间绝嗣的可能性大，也意味着姓氏产生的时候人口较少，更是让姓氏稀少、分布集中的情况更加严重，所以如今姓氏如此稀少就不稀奇了。

除了历史起源悠久外，中国历史上还多次出现过人口急剧减少，然后又慢慢恢复的情况。这样的过程中有些姓要么在人口减少时几乎全体灭亡，要么人口数量降低得很厉害，以致后来自然消亡。而幸存的姓氏则会在人口恢复时取而代之，产生奠基者效应，从而改变姓氏的构成比例，让姓更加集中。

一个绝好的旁证是魁北克。魁北克先是由法国殖民，后来因为英国占领整个加拿大，法国移民停止，现今 500 万的魁北克法裔人群大多数是当年 8500 名法国移民通过自然生育产生的后代。因此魁北克姓氏相比法国要集中很多，而且不少大姓在法国本是名不见经传的小姓，第一大姓 Tremblay 占魁北克人口 1.13%，但在法国排名恐怕都到 1000 开外去了。

反观姓氏多的日本和西欧国家则是另外一种情况。日本姓氏大多数是 19 世纪明治维新时期产生的，不但历史短，而且当时日本人口已经有 3000 万，所以姓氏一开始就很丰富。其后日本并没有经历人口大幅衰减的过程，所以至今姓氏仍然很多。

西欧姓氏的产生和固化也相当晚近，在姓氏特别丰富的比利时，15世纪时候姓氏才开始萌芽，17世纪时，父子不同姓乃至个人改姓的情况都相当常见。音乐家亨利·德·提挨尔（Henri de Thier）到了巴黎，大概嫌自己姓太土，竟把自己的名字改成了高端大气上档次的亨利·杜·蒙（Henri Du Mont）。真正的姓氏固化得到1796年身份登记制度完善才开始，自此之后除了如Montcuq之类特别不堪的姓（和"我的屁股"同音），一般来说就不允许随便更改姓氏了。

汉字规范抑制姓氏分化

历史和概率只是目前中国姓氏稀少的一部分原因，语言上的因素也不可小觑。

欧洲早期姓氏多是教会和税务官登记时记录的。平民往往自己并不知道自己的姓怎么拼，而教士和税务官文化水平也不见得有多高，一个姓在拼写时出现差异的情况时有发生。如果是偏远地区方言有明显差异的话，姓的记录中出现差池就更加常见。再加上欧洲语言多有屈折，一个词自身就有多种形式，最后局面乱成一锅粥也就可以想见了。如法语大姓Bernard，就分出了Biernard、Berna、Bernat、Bernau、Bernaus、Bernaut、Bierna、Biernaux、Bernardus、Bernardi、Bernardy、de Bernard、de Bernardi等五花八门的形式，而英语姓Mainwaring据说有130种变体，此种乱象一直延续到印刷开始普及，拼写固定化规范化，国家从教会手中收回了登记权才终止。

中国的姓是用汉字书写，而汉字的书写从很早开始就非常规范，并且和实际发音脱节，不管一个姓在不同地方的读音如何，记录为汉字基本只有一种形式。

汉姓方言差别的情况只在东南亚有所反映，一个广州籍的 Mr. Wong，一个泉州籍的 Mr. Ng，一个漳州籍的 Mr. Wee，在官方统计中可能算成三个姓，但是只要他们懂点汉字或知道查询自己的家谱，就会明白自己姓黄。倘使有人真把黄写得多了一点或少了一横的话，大概只会被人当成写了错别字，根本传不下来。

书写变体分化的情况在中国就更是极少发生了，简体字的到来让事情起了小小的变化，引发萧姓分出肖姓、傅姓分出付姓两例，但也基本仅限于此。就这样，中国的姓氏变得越来越少，如果没有新的大量产生姓氏的机制的话，想来未来遇到李、王、张、刘、陈先生的概率还会越来越高。

怎么从生辰八字算出不同的命

　　人皆有对自身未来不可知命运的强烈好奇，故所有文明自诞生之时都出现了以预测未来凶吉为生的职业，并发明出无数种预测未来的理论和学说。在预测个人命运时，"命理"大师们都会本能地追求"一人一命"或类似的精确性。理论上，理想的预测应当是凡人皆不同命，即使两个人共同点再多，他们的命也要不同，这当然需要仰仗其学说体系的强大与完备。

　　中国本土最流行的预测学说基本都是理论源自易学的命理学，并由此确立了以出生时间为算命基础的方法。

　　当代常说的"八字"，就是以此种方法为纲，共立年月日时四柱，每柱以干支纪数，各用两字，形成了四柱八字的格局。但是，在唐朝，初生的命理学却不是当今常见的四柱八字，而是三柱六字——时柱并没有被包括在内。

　　干支纪年法，是一种六十进制的算法。天干有甲乙丙丁戊己庚辛壬癸10个，地支则有子丑寅卯辰巳午未申酉戌亥12个。每个循环由甲子开始，每过一年，天干地支均向后挪一位，如甲子年之后就是乙丑年。以此类推，一直到第60年，天干恰好完成六个循环，地支恰好完成五个循环（60是10和12的最小公倍数），两者都回到初始状态，新的甲子年开始，进入下一个大循环。

　　在古代，干支纪年法是记录时间的一个重要方法，很多历史事件都以干支法表记，譬如甲午海战、戊戌变法都是干支纪年的著名例子。其实干支不仅仅限于纪年，月和日也可以用干支法表示。

　　如此，在三柱六字的情况下，单独每柱都有 60 种可能性，但一共却不是 $60^3 = 216000$ 种可能性。

　　问题出在月柱上。因为月柱循环一次共需 60 个月，也就是整五年，因此每相隔五年的两年所有月份的月柱就会完全一样。譬如 2016 年 6 月 5 日到 7 月 6 日是所谓"猴年马月"，也就是丙申年甲午月，五年前的 2011 年和五年后的 2021 年的芒种和小暑之间的月份也都是甲午月。

　　不消说，作为五的倍数，60 年前和 60 年后的丙申年午月自然仍然是甲午月，由于这个限制，月柱天干在产生新的可能性方面的作用是可以忽略的。虽然这样大大降低了命理业从业人士的记忆／掐算压力，但也导致三字公栏命理学可以提供的可能性少了很多。

　　又由于无论是一年还是一月的日数都不能被 60 日整除，一年一月的日数又不恒定，在一个长的统计周期内，每一个日柱都可以和一组特定的年柱月柱组合相配，因此日柱可以视为和两者都不相关的一个变量。因此，三柱六字就提供了 $60 \times 12 \times 60 = 43200$ 种可能性（顺带一提，命理上每年和每月的起始日期和一般生产生活中用的公历农历都不完全一致，年以每年春分为起始，月则自春分开始，每过两个节气就往前进一月）。

　　唐朝初年，经历了从三国到魏晋南北朝时期和隋末的混乱，全国人口数量相对较低，如唐高祖武德五年（公元 622 年）全国为 219 万户，贞观十三年（公元 639 年）也不过稍过 300 万户，估计人口为 1200 余万。

　　三柱六字据传正是贞元年间的李虚中所创。这一时代，如果全国所有人都通过三柱六字测算自己的命理，则每种命会有 300

人左右，如考虑男命女命在命理学中会有不同诠释，也有150人"同命"。

但在现实情境中，因为求卦者出生日期、年龄相近，所以年柱变量很小，同命者会比较多。但是综合而言，这些人会分散在全国各地，则对于命理学从业人员来说，在地方遭遇同命的情况相对还是比较少的——只是在大都会，如长安、洛阳等地可能会有较多给六字相同的人算命的苦恼。虽然唐朝人口数量波动较大，但命理学整体而言始终仰仗三柱六字。

宋朝中国人口持续增长，宋太宗太平兴国五年（公元980年）全国有近650万户，人口估计为3200余万，三柱六字就显得不够用了。于是，相传在命理学家徐子平的推动下，第四柱——时柱登场，三柱六字演变成了传承至今的四柱八字。

时柱同样采用干支法表记，因此，月柱和年柱遇到的问题同样在时柱和日柱上重复。由于一日有12时（每个时辰相当于现代的两小时），每整五日时柱就会完成一个循环。因此在四柱八字体系构筑完成后，理论上可以出现 $60 \times 12 \times 60 \times 12 = 518400$ 种命，是三柱六字的12倍。

对于命理学从业人员来说，时柱的引入无疑是一大喜讯。与月柱类似，由于循环的规律性，推算时柱需要额外记忆的内容很少，另外也有口诀帮忙。如果大家留意过当代算命先生掐算，可以发现月柱时柱多数不需要翻查万年历，年柱很多人也背下来了，但是日柱要翻历书的可就为数者甚众了。

此时，命运类似的人变成了原来的十二分之一，命理学的"精确度"发生了极大的提升。宋朝确实是一个命理学蓬勃发展的年代，连不少高士名流也热衷算命占卜，还有专门从事算命的机构。

宋朝的繁荣持续时间很长，加之商业的发展和新农业技术的应用，人口增长到前所未见的程度。到了宋徽宗年间，人口已经突破一亿，远远超过之前历史上的人口高峰，又因为宋朝领土面积小，人口密度更是高企。在这样的情况下，五十多万种命数的局限性又开始暴露，全国理论同命者再次达到 200 人左右（即使考虑男女有别亦有 100 人上下），时代呼唤着命理学新的发展。

在这样的背景下，《邵子神数》横空出世。此书作者邵雍是著名理学大师，他对命理体系的一大改进就是引入了刻的概念，每一时辰都分为八刻，同时不同刻的人则命同运不同。通过这样的手段，命理提供的可能性又翻了七倍，理论上可出现的命共有 $60 \times 12 \times 60 \times 12 \times 8 = 4147200$ 种，全国命运完全相同的人跌回两位数。

宋朝很多方面是中国古代社会发展的巅峰，其繁荣富裕程度是后来的朝代难以匹敌的，其人口峰值也令后世难以突破。元朝由于元初的大屠杀，人烟稀少，终其一朝虽面积广大，但人口始终低迷。

明朝早期人口相对稳定，到了嘉靖末年，由于美洲高产作物的引进，中国人口开始了新一轮的快速攀升，到了万历后期，人口已经超过宋朝时的峰值，如果趋势持续则全国命运相同的人又会突破三位数。可是，随后而来的清兵入关、大规模的屠戮以及疫病流行再次将中国人口拖入低谷，命理学的发展再次遭遇挫折。

清朝中叶，经过百年以上的承平，加之摊丁入亩等刺激人口增长的政策，中国人口再创新高。到了乾隆后期，全国人口已破三亿，四百多万种命运很快也会再次面临百人同命运的尴尬局面，在这样的背景下，相传由命理学家铁卜子创制的命理体系铁板神数就应运而生了。

铁板神数这个体系可谓惊世骇俗，前文所述从三柱六字，到四柱八字，再到邵子神数，理论命局增长倍数都是比较有限的，和人口增长保持一个相对平衡的关系。

而铁板神数完全颠覆了这个规律，它以四柱八字为经，先天后天数为纬，增加了父生肖、母生肖、兄弟姐妹个数（零到十三）三个先天数，体现了命理学发展的最高水平，远胜紫微斗数之类的体系。

由于三个额外先天数的引入，理论命局可能性呈爆炸式增长，共计有 $60 \times 12 \times 60 \times 12 \times 8 \times 12 \times 12 \times 14 = 8360755200$ 种之多。如此多的理论命局，做到全国人口每人一命那是绰绰有余，而且中国人口怎么也涨不到 83 亿，别说全国人口了，就是全球人口也尚未涨到这个数呢。

铁板神数应该再也不用改动了吧？可惜铁卜子千算万算，似乎还是有一点没有算到：从 20 世纪 70 年代开始，中国真正落实了计划生育，这下兄弟姐妹个数可是当不了先天数了，于是命局一下减少了百分之九十以上，只剩下了近六亿种，又做不到一人一命了。命理学的发展再次遭遇重大挫折。看来，要实现"精确算命"，还是任重而道远啊。

怎样避免起一个"烂大街"的名字

《二○一九年全国姓名报告》显示，高居重名排行榜第一的是张伟，全国共有约 29.4 万个张伟，而冰岛整个国家的人口也才 32.56 万，每个人的生命中恐怕都偶遇过几个张伟。除了张伟，王伟、李娜、张敏、李静都不负众望地位居前列，任谁扫一眼重名排行榜，都得满眼是熟人。

台湾人把这些"一呼百应"的俗名通称为"菜市场名"，意指你到菜市场去叫这个名字，很多人都会回头。但一个"菜市场名"的热度通常不会持久，比如张伟们约 39.8% 是 80 后，而其中 00 后就不到 3.4% 了。

新的流行风潮正在酝酿之中。给男孩起三字名时第二个字放个"子"字是近年非常流行的套路。据统计，2010 年以来出生的起了三字名的男童中竟然有 5.93% 第二个字是"子"。而第三字的选择也照样相当集中——"轩"字竟然占去了 6.04%，结果为追求雅致，而给儿子取名"子轩"的父母们大概会发现他们费尽心思起的名字已经霸占了"菜市场名"排行榜。

但是，"子轩"这种"大俗名"也实在不能全怪起名的父母。并非他们太不聪明而不幸选中了"俗名"，而是流行风潮变化之快，简直让人无所适从。

2010 年以后出生的男童十个最常见的名字为子轩、浩宇、浩然、博文、宇轩、子涵、雨泽、皓轩、浩轩、梓轩。而在 21 世纪的前十年，"十大俗名"则为涛、浩、鑫、杰、俊杰、磊、宇、鹏、帅、超，竟然无一进入 21 世纪第二个十年的"十大俗名"，表现最好的"俊杰"也不过排行第十一而已。

也就是说，父母给小孩起名"子轩"的时候大概并未意识到这个看似清新脱俗的名字实际上已经在"烂大街"的道路上极速奔驰了，他们只会察觉到身边有很多叫涛、浩、鑫等的小男孩。而当他们发现子轩们批量出现的时候，为时已晚。

名字作为身份识别的重要符号，具有非常重要的地位。理想的名字既要具备很高的识别度又不至于怪异，为了起名，家长们往往费尽千辛万苦，但是就如很多人追求时尚却往往掉进"淘宝爆款"大军一样，姓名的变化规律有时实在无法捉摸。

如何才能起个卓尔不凡的名字呢？

单名和双名，哪个更俗

对比 21 世纪第一个十年和第二个十年的"十大俗名"，即可发现一大变化就是第一个十年的"十大俗名"中单名为主，而第二个十年的"十大俗名"全是双名。双名重名概率大大低于单名，说明近期男孩姓名中双名已经占据了绝对优势，以至于双名的孩子也有大量的重名现象。

事实上，现今中国单名确实越来越式微了。单名高峰期出现在 20 世纪 60—90 年代，60 后男性单名率达到 55%，90 后仍有 52%。同样，女性单名率在这期间也基本稳定在 40% 上下。

但到了 21 世纪第一个十年后，情况发生了重大变化，男性单名率暴跌到了 19%，女性更是掉到了 17%。这个趋势至今仍在持续——2013 年出生的男性单名率只剩 10%，女性已经不足一成，为 8%。

年代	男	女
20 世纪 60 年代	55%	35%
20 世纪 70 年代	46%	43%
20 世纪 80 年代	46%	42%
20 世纪 90 年代	52%	44%
21 世纪第一个十年	19%	17%

中国单名趋势

其实，与其说单名在 21 世纪迅速失宠是件怪事，不如说 20 世纪的单名流行是个偶然。

中国的人名在先秦时期以单名为主，虽然有一些不降、公刘、緊扈、於菟等表面上的双名，但这些名字无法拆解，就如同蚂蚁、蝴蝶、马骝之类其实是两个字表示一个词，实际上和单名无异。真正的双名如成师、大心等，其实较为稀少。

汉朝以后，真正意义上的双名才开始增多，但单名依旧占据主流。以帝王名为例，两汉帝王几乎都是单名（昭帝"弗陵"尚有先秦遗风，平帝"箕子"因双名"不合古制"自行改名为"衎"）。到了南北朝时期，53 个皇帝已经有 13 个采用了双名。自此之后，双名流行的趋势愈加不可阻挡，两宋 18 帝 9 个双名（改名前），明朝的 16 个皇帝只有成祖用了单名"棣"。

而在民间，人口增长给单名的使用造成了相当大的压力。特别由于中国姓氏数量相对稀少而分布集中，使用单名往往会导致姓名全同，对区分识别个体非常不利——1800 年英格兰和威尔士出生的男性 22% 叫 John，女性 24% 叫 Mary，这种命名方式如果在中国势必会引发巨大的混乱。而随着宋后宗族社会的日趋成型和愈发炽热的修谱风潮，中国开始流行名中一字表示字辈的起名法。字谱辈命名法大大推动了双名的盛行，到了明清时期，双名已经成了新的规范和制度，人们已经完全忽略古人对双名"不合古制"的批评了。

变化出现在民国时期——宗族社会的影响渐渐衰弱，加之久不流行的单名在文人看来颇有古雅之风，于是人们纷纷取单名为笔名，单名这才再次开始兴盛起来。

虽然单名在清末民初时一度是文化人士显示自身卓越品位的方式，但实际上，起单名有个极大的风险——单名重名率远高于双名，一不小心就"俗"了。

如 2013 年男孩单名中"睿"竟然占到了 2.59%，第二名"浩"也有 2.56%。若是单名有 20 世纪 90 年代的市场占有率的话，在"俗名"排行榜上超过子轩之流必定是分分钟的事。而且由于之前几十年的巨大存量的单名，目前全国重名最多的十个名字竟然都是单名，其中叫"英"的竟有 4100 多万人。总体看来，要避免"俗名"，双名乃至新近流行的三名才是不错的选择。

将来会出现哪些"烂大街"俗名

对不幸给孩子起了"菜市场名"的父母来说，发现名字"烂大街"的时候往往已经太晚了。有什么办法能够预知什么名字会成为"菜市场名"呢？名字的流行虽然瞬息万变，但是也有一些大体的规律，可供家长参考。

流行文化对姓名的影响不可小觑，如在英国，女演员 Keira Knightley 的走红就让 Keira 这个本来名不见经传的女名在 2004 年蹿升到女名排行榜第 99 位。而英美文化，尤其是好莱坞的影响则让不少本来来自英语的名字在法国迅速流行，如 Dylan、Jason、Kelly 等。

中国"文革"时期和改革开放后流行的姓名有明显的不同。随着追着琼瑶阿姨、郭敬明和《仙剑奇侠传》长大的一代纷纷为人父母，子豪、峻熙、子萱等偶像剧味十足的名字也开始大面积流行。

琼瑶部分作品中主要角色的名字如下表所示：

《在水一方》	朱自耕、心佩、朱诗尧、诗晴、诗卉、小双、雨农
《燃烧吧火鸟》	兰婷、卫巧眉、卫嫣然、安骋远、凌康、洁心
《我是一片云》	宛露、顾友岚、孟樵
《海鸥飞处》	俞慕槐、俞慕枫、杨羽裳、欧世澈、欧世浩
《失火的天堂》	许曼亭、秦非、展牧原、洁龄、展翔
《聚散两依依》	贺盼云、高寒、钟可慧、倩云、钟文牧、翠薇
《窗外》	江雁容、程心雯、康南、江仰止、雁若、若素
《烟雨蒙蒙》	依萍、心萍、如萍、尔豪、方瑜、何书桓
《一帘幽梦》	汪绿萍、汪紫菱、汪展鹏、楚濂、楚沛、费云舟、费云帆
《还珠格格》	紫薇、尔康、尔泰、塞娅

此外，名字的流行往往有相当强的地域性，一个名字的流行往往从经济文化较有优势的地区开始，迅速向其他地区扩张。

巴黎作为法国当仁不让的政治、经济、文化中心，引领着法国全国名字的潮流。以女名为例，20 世纪 50 年代的 Martine、60 年代的 Nathalie、70 年代的 Stéphanie、80 年代的 Aurélie，巴黎可谓一次次走在法国姓名流行的前沿。而美国女名 Lisa、Jennifer、Jessica、Emily、Isabella、Sophia 的流行起于加州和美国东北部，随后向中西部和南部扩散，甚至出现过东西两岸已经有了新的潮名而过了气的老名仍然在中西部各州攻城略地的情况。相反，由较落后地区反向扩散的成功概率就较低，美国南部虽然小范围流行过几个女名，但成功输出到全国的只有 Ashley 一个。

当然，一些地理和文化上相对隔绝的地区，起名往往较为独立，并不一定受流行趋势的影响。如法国科西嘉岛和本土有海洋相隔，文化也不尽相同，因此科西嘉人起名受巴黎的影响比法国其他地区小得多。如 Jean 和 Marie 在全法早已过气多时的 70 年代，这两个名字仍然分别是科西嘉岛上最常用的男女名。

同样，台湾是中国的一部分，但由于历史原因，台湾的"菜市场名"和大陆也相当不同——据统计，2013年台湾出生男孩十大名为宥翔、宥廷、宇恩、承恩、宇翔、宥辰、品睿、睿恩、宸睿、柏宇。与大陆同期出生的男孩流行的名字截然不同。而1994年入学的台湾大学生（20世纪70年代后期出生，不分男女）十大名为雅惠、怡君、雅雯、欣怡、心怡、静怡、雅萍、淑芬、淑娟、志伟，也绝无大陆具有时代特色的建军、红梅、军、红等名字。据"健保署"称，台湾人近年来越来越偏向于起梦幻的名字。

排行	2002	2004	2006	2008	2010	2012
1	雅婷	雅婷	雅婷	雅婷	雅婷	雅婷
2	怡君	怡君	怡君	怡君	冠宇	雅筑
3	欣怡	宗翰	家豪	宗翰	怡君	冠宇
4	怡婷	怡婷	宗翰	雅雯	家豪	冠廷
5	雅雯	家豪	雅雯	怡婷	宗翰	怡君
6	宗翰	欣怡	怡婷	家豪	雅涵	宗翰
7	佳蓉	佳蓉	诗婷	冠宇	彦廷	佳颖
8	家豪	婉婷	郁婷	柏翰	佳颖	彦廷
9	佳颖	雅雯	冠宇	郁婷	冠廷	家豪
10	佩珊	佩珊	欣怡	彦廷	雅雯	柏翰

近年来台湾新生儿常用姓名排行

事实上，"菜市场名"当中很大部分是起名软件生成的。自1995年开始，中国的起名理念逐渐被一种称为"五格剖象"的祈福法则控制。所谓五格剖象，是根据《易经》的象、数理论，依据姓名的笔画数建立起来的五格数理关系，并运用阴阳五行来推算所谓"人生运势"的方法。

比如最典型的"张馨月"，按照五格剖象理论，"张馨月"一名的人格数、地格数、外格数以及总格数都是难得地大吉大利。因此，张姓孩子的父母尽管知道这个名字的重名率甚高，但仍会执着地加入"张馨月"大军。

"俗名"不需要担心

随着交流手段的日渐发达和大众受教育水平的普遍提高，"俗名"的问题似乎越来越严重了。事实上，可能父母并不用为给孩子起了"俗名"而担心——近年虽然"子轩"之类的"俗名"颇多，但是总体而言，名字的集中度正在下降。

比起当年一个 Mary 就占去 24% 人口的盛况，当今英国最流行的女名也不过能占到出生人口的 4%。而流行名字更新的速度也越来越快——美国和法国的姓名流行期都越来越短，人们喜新厌旧的习气越来越重。

就中国而言，单名一个"英"字这种一个名字四千多万人的盛况已难再现。"伟"从 20 世纪 50 年代到 80 年代长期位列男子常用名三甲的状况几乎可以肯定不会在"子轩""睿"等名字上复制。就连长期被视为台湾"烂大街"名代表的"怡君"也终于在近期摔出了前十。

值得注意的是欧美国家近年女名相对男名更加多样化，但汉语文化圈的家长们显然对给儿子起个有辨识度的名字更加上心——台湾十大"俗名"中明显是女性名字的始终占据三分之二左右的名额，而中国大陆全部人口的十大俗名英、华、玉、秀、义、明、兰、金、国、春中也差不多有六七个基本是女性专用名。

最近，可能是因为王思聪的关系，一股思字辈的起名新风正在袭来，子字辈大有成为明日黄花的兆头，十多年后，当子轩们长大时，他们大概会发现除了同龄人外，鲜少有人和他们同名。

如何起个与时俱进的英文名

"每当假期过去，来自四五线城市的翠花、二妮、狗剩、狗蛋又回到了位于京沪穗深 CBD 的办公室。在穿上西装的同时，他们的名字也纷纷变成了 Vivian、Joyce、Kevin、Jason、Leo、Lucy、Eddie、Jack。"

如今，拥有一个响当当的英文名已经成了都市白领的标配，在不少企业，要求员工给自己起一个英文名几乎成了一个强制性规定。中国的影视明星们也未能免俗，王菲叫 Faye，孙俪叫 Susan，刘德华叫 Andy，梁家辉叫 Tony，郭富城叫 Aaron……Angelababy 干脆以英文名行世，真名杨颖反而少有人知。

起英文名甚至要从娃娃抓起。著名综艺节目《爸爸去哪儿》中，田亮女儿叫 Cindy，王岳伦女儿叫 Angela，林志颖儿子叫 Kimi，只有郭涛儿子（石头）和张亮儿子（天天）一般用中文名称呼。不过，中国人为何一定要起个英文名？而且还是透露出浓厚中国味的英文名？

毫无道理的英文名

如果问问各位 Vivian、Kevin 为什么要起英文名，他们一般会回答这是因为公司里面有外国人或者要经常和外国人打交道。中国人的姓名佶屈聱牙，外国人根本难以准确发音，因此决定用英文名。

这个说法貌似很有道理，其实经不起太多推敲。虽然中国话的发音老外可能确实不习惯，但是对于老外来说，难以发音的可不只是中国名字。

印度历史上曾长期为英国殖民地，其国民英语普及率和对英语文化的熟悉程度都要高过中国不少，与英语国家的交流也相当频繁。美国印度裔人口就多达 300 万以上，英国印度裔也接近 150 万。

更加重要的是，说准印度人的名字可不是一件容易的事情。印度姓名往往长度上就令人生畏，且充斥着各种 bh、dh、gh 等能让英美人闻风丧胆的组合。诺贝尔经济学奖得主，印度经济学家 Amartya Kumar Sen 的名字在印度名中尚算容易。Jagdish Natwarlal Bhagwati、Arogyaswami Paulraj、Priyanka Bhatheja Gulati 之类惊人拗口的印度名字并不鲜见。大文豪泰戈尔真名 Rabindranath Tagore，如果按照中国人的习惯，印度人非常有必要取英文名。

但是泰戈尔并没有因为 Rabindranath 拗口就起个英文名 Rob。当然比起印度语言，汉语具有声调，对于多数西方人来说颇难掌握，不过声调也并非汉语独有。

东南亚的泰国是个盛产长名的国度，并且泰语是一种有声调的语言。曼谷泰语有五个声调，但是显然泰国人对洋人的体贴程度不如中国人。泰国前总理 Abhisit Vejjajiva（阿披实）要以中国白领的风格是应该找个英文名以方便使用的，前代理总理 Niwatthamrong Boonsongpaisan 名字的冗长程度能叫英美人闻之而色变——可惜这也没能促使他起个英文名。

如果说汉语的发音确实是个重大障碍的话，那也只能怪罪汉语拼音：汉语拼音的拼写法和英文差距较大，如 q、x 对习惯英语正字法的人来说都很难读准，但是这其实也并没太大关系。拼写不合英文的文字非常多，波兰语就充斥着 cz、sz、rz 等会令英美人无所适从的组合，但波兰人也没有因此起英文名。

恐怕更能说明问题的是，起英文名并非中国"自古以来"的风俗。曾有在美生活经历的孙中山以 Sun Yat-sen 的名字行世，和美国人打交道密切的蒋介石用官话和粤语相杂的 Chiang Kai-shek，以致被不明真相的学者误译为"常凯申"。蒋介石夫人宋美龄自小赴美，一口佐治亚州口音的英语极其流利，但是仍然用 Soong May-ling。曾任中华民国驻美大使的胡适在海外也以 Hu Shih 的面目示人。

事实上，中国人使用英文名并无不得已的理由。如果要总结为什么中国人乐意起英文名的话，可能和明清时代西南地区改土归流时起汉名的现象有相似之处。

明清改土归流后，西南原土司辖区有文化的上层人士普遍使用汉语名字，当地语言名限于内部使用。对于土司们来说，汉语名体现了当时的上层主流文化，取汉语名是融入当时上层文化的标志，同时也是教化的体现。清末赵尔丰任四川总督期间，甚至连四川藏族聚居区都出现了汉姓配藏名的做法。在几百年后的今天，中国白领也通过起英文名的方式同世界主流接轨。

英文名中的中国特色

土司们一开始起的汉名往往仍然能看出不是汉人，中国人起的英文名经常也能露出些蛛丝马迹。为什么就算起了外文名往往也会露马脚呢？

对任何一个成年人来说，学习一门新的语言都不是一件容易的事情。掌握一种语言背后的文化内涵更是难上加难。

由于名字同源程度比较高，历史上欧洲人移居到其他国家往往会直接使用自己名字在移入地语言的形式。如一个叫 Alain 的法国人去了英国就改叫 Alan，同样一个叫 James 的英国人到了西班牙就变成 Jaime，意大利的 Guido 在法国就是 Guy。有些家庭移居后甚至会更动自己的姓氏拼写和发音，如来自法国的 Beauchamp 家族到了英国后发音变为 Beechum，登上英格兰王位的都铎家族本是威尔士人，在 Owain ap Maredudd ap Tewdwr 这一代连名带姓英化为 Owen Tudor。因此对于欧洲人来说，起个外文名相对容易。

但对于语言文化和欧美相差很大的中国人来说，要想无缝衔接难度就大多了。在对语言掌握不尽完美的情况下起名，难免会带上些特色。

其一就是重名率相当高。中国男性起英文名往往是 Kevin、Jason、Jimmy、Mike 之类，女白领则是大把的 Vivian、Jessica、Ashley、Lisa。在对目标语言中的名字掌握不够多的情况下，如此起名自是一种安全便利的方法。

这种现象还出现于主要使用汉名的朝鲜人和越南人中。朝鲜和韩国男名中，敏、镐、俊、世高频出现，女名中则大量出现姬、莹、瑾。越南男名里文的出现率极高，女名则大量带清、芳。

被选中的名字一般都有些特殊的优点，如简短好记或者含义好。在中国，汉语含义的原因也不可小觑，Vivian 之所以能如此流行，和汉字形式"薇薇安"不无关联。诸多使用 Vivian 的小姐应该也是不愿意使用"维维安"这样的汉译的。

第二个特点则和第一个特点相反——毕竟文化不同，起外文名时，不少人会自出机杼，以致违背了目标语言的一般习惯。中国人起英文名往往会有 January、Friday、Apple、Soap、Beta、Yummy、Lucky 等。虽然这些词在英文中都有意思，但是英美人很少把它们当作名字使用，更绝的是甚至有自己生造出诸如 Peariz、Wesn 等等名字的。

不少人对这类名字持讥讽态度，认为是画虎不成反类犬。但其实类似的现象古已有之，且远远不限于中国。越南后黎朝有一位著名的女诗人，其地位堪比中国的李白杜甫，被称作"喃诗女王"。她写出过《咏阳物》《菠萝蜜》《请槟榔》等不朽名篇，只是她的芳名估计可以让很多中国人大跌眼镜。

这位越南国宝级女诗人名叫胡春香。春香和梅香、秋香都是中国人民耳熟能详的名字，频频出现在各类民间文学中，一般都是可爱的小丫鬟。著名传奇《牡丹亭》中小姐杜丽娘的丫鬟就叫春香，《唐伯虎点秋香》中秋香的姐妹也是春香。在中国，出身上流、受过教育的女性很少有叫春香的。

一代喃诗女王是丫鬟出身吗？虽然胡春香生平资料匮乏，但一般认为，她出生于读书人家，父亲曾经中过越南科举考试，显然和丫鬟沾不上边。

爱好"春香"的并不只有越南人。这个名字朝鲜人也爱用。朝鲜著名民间故事，被誉为"朝鲜《红楼梦》"的《春香传》中女主角成春香为退籍妓女所生，其父乃是前任参判，恐怕她的名字不是精通中华文化的父亲起的。

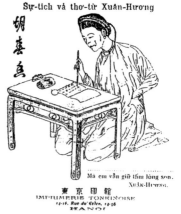

《佳人遗墨》封面上的胡春香画像

在诸多突厥语族民族中，都流行巴哈尔古丽或者古丽巴哈尔之类的名字。巴哈尔来自波斯语 bahâr，是春天的意思。古丽来自波斯语 gol，意思是花。整个名字直译过来就是春花。尽管波斯人自己给女儿起名时经常使用一些"美丽"之类的名字，但是春花可能过分接地气了，伊朗女性叫这个名字的相当少见。但对于诸多突厥语族民族来说，来自波斯语的词汇大生带有高档色彩，因此这个名字在这些民族中非常普及。

最有意思的是，外文名有时会有强烈的滞后效应。中国人起外文名的风潮经常从中国香港传来，香港文化模仿英语文化，本来就会有一定的滞后，当香港流行的英文名传到内地，滞后效应就体现得更加明显。

Joyce 是中国女白领们相当喜欢用的名字。香港人也不例外，沈殿霞女士的女儿郑欣宜英文名即为 Joyce。只是在英语国家，Joyce 是个流行于"二战"之前的名字，其人气在"二战"后就一路下跌，至今未能恢复元气，以至于说起 Joyce 大多数人的本能联想是个年逾八旬的慈祥老太。

但 Joyce 还并非最滞后的。搜索全球最大的白领社交网站领英（Linkedin），甚至可以发现中国有几十位叫 Trudy 的女白领。Trudy 本是 Gertrude 的昵称形式。这个名字在 19 世纪后半叶一度相当流行，1880 年时曾排行全美女婴名第 25 位，但如今一般只会出现于某老太庆祝百岁大寿之类的新闻里——全球自 2000 年至 2016 年荣膺"在世最长寿老人"称号的老人共有 27 位，叫 Gertrude 的就有两位。

两位 Gertrude 均为美国人。Gertrude Baines 生于 1894 年 4 月 6 日，卒于 2009 年 9 月 11 日，而 Gertrude Weaver 生于 1898 年 7 月 4 日，卒于 2015 年 4 月 6 日。其实在 20 世纪 20 年代后，Gertrude 的人气就开始急剧滑坡，近年该名在全美女婴名排行榜中的位置始终在 5000 名以后，最差的 2009 年甚至掉落到 12829 名，全年只有 8 名新生女婴起了这个名字。恐怕过不了多久，全世界叫这个名字的就会以中国女白领为主了。

最后，中国人的英文名中，昵称和小称形式比较多。

大多数中国人的外文名只是用作非官方场合的非正式称呼，并非身份文件中使用的正式名字。流通范围一般限于同事朋友之间，加之小称一般更为简短，易于发音，因此中式英文名许多都是以 -y、-ie 结尾的爱称，如 Charlie、Jackie、Cindy、Richie、Jimmy、Tony，而不大用与之对应的全称（Charles、Jacqueline、Cinderella、Richard、James、Anthony）。

一个典型的例子是 Andy。在英语国家中 Andy 是 Andrew 的昵称，美国近年 Andy 作为新生男婴名排行大约在 200～300 名之间浮动，每年命名为 Andy 的男婴大约有 1000～2000 名。虽不算特别罕见，但是相比之下，全称 Andrew 稳居男婴姓名排行榜前 25，每年有数以万计的新生男婴起名 Andrew，但中国英文名中 Andy 的流行程度则比 Andrew 高上不少。

现今中国人起英文名的情况已经相当普遍，伴随越来越多的中国人起英文名，中式英文名的流行趋势也在不断发生变化。但是有理由相信，国贸、恒隆里面的数百个 Vivian 应该永远不会留意到她们周围理发店中还有数以千计的 Tony 老师。

异域与新知

一个单词的发音，判定人的生死

2010 年 6 月 10 日，吉尔吉斯斯坦奥什市的大街上，到处是举着刀的男人，他们时不时会拦住路人，询问"麦子"怎么说。

不要以为这些男人真不知道怎么说麦子——他们只是在听人怎么发这个词的音，如果路人说的是 buuday，立即岁月静好，但如果他们听到了 bug'doy，手中的刀就会立刻砍下来。这群暴徒在用发音来鉴别，对方是同族的吉尔吉斯人，还是他们要屠杀的乌兹别克人。

源于《圣经》的恐怖传统——示播列

奥什市所处的费尔干纳盆地是块人口稠密的民族杂居区，族际矛盾深厚，1990 年 6 月和 2010 年 6 月吉尔吉斯人针对乌兹别克人发起了大规模暴力袭击，造成大量乌兹别克人丧生。而类似以麦子的发音决定一个人生死的恐怖事情，在当地民族冲突史中已数见不鲜。

游牧的吉尔吉斯人和定居的乌兹别克人都属突厥民族，均信仰伊斯兰教，长相相近，靠外表不易分辨。在多民族混居的费尔干纳，他们频繁的日常交流使两个民族有很强的语言互通性，但也存在明显的语音差别，譬如乌兹别克语中麦子为 bug'doy，吉尔吉斯语中则为 buuday。

这种差别竟被暴徒用于在民族冲突中快速识别"敌我"：当地人无须学习对方语言也能跨族交流，所以不易发生乌兹别克人因为会吉尔吉斯语而"漏网"。

通过语言鉴别族群不光是吉尔吉斯人的专利，20世纪40年代的台湾人鉴别外省人更加简单。据亲历"二二八"事件的时任报社记者黄铭先生回忆，"二二八"事件中台湾本省暴徒揪出外省人的方法粗暴而直接：用闽南话问话就行。

1947年台湾外省人本就不多，又大都懒得学习闽南话，所以外省人纷纷中招遇害，甚至有街头受伤入院治疗仍遭乡民闯院杀害的不幸事件。但黄铭先生作为外省"奸细"，在混乱中如鱼得水，并于当年3月20日将信息传回大陆，在大公报发表《台湾骚动事件记详》——黄是厦门人，说闽南话小菜一碟，乡民的鉴别方法对他毫无用处。

如果想要成功辨认出黄这一类人的身份，像吉尔吉斯人那样通过发音的细微差别察觉出对方身份就相当必要了。这种通过语音特征辨识说话者身份的手段古已有之，被称为"示播列"，最早的记载可追溯到《圣经》。

《圣经·士师记》第十二章中记载，基列人击败入侵的以法莲人后，幸存的以法莲人试图渡过约旦河退回自己的领土。基列人因此在渡口设卡拦截。他们要求渡河人说出希伯来语中的 שִׁבֹּלֶת（shibbólet）一词。

以法莲人说的希伯来语中不存在 sh，他们会把 sh 发成 s，所有将 shibbólet 发成 sibbólet 的人都自动暴露了自己以法莲人的身份。《圣经》中称一共有四万两千名以法莲人因发不出 sh 死在了约旦河渡口。不过，要通过示播列判断敌我，很多时候并不像吉尔吉斯人和基列人的情况那样方便。

朝鲜人、中国人和日本人的舌头

1923 年，日本关东大地震。震后混乱中，又传出有在日朝鲜人乘着混乱肆意纵火抢劫强奸的谣言，更有朝鲜人将要起义夺权的说法。因此，日本民团设置了卡口，试图揪出隐藏在日本人当中的"朝鲜敌人"。混乱的局面中，听人说话无疑是最快捷的鉴别方法，不过当时日本人却遇到了难题。

遍布当时日本报纸的朝鲜人谣言

关东大地震波及范围极广，大量日本灾民涌向东京，而且震前东京就已经聚集着来自全国各地的日本人。20 世纪初期日本列岛方言众多，人们操着不同的方言口音。一个合格的口令必须要能够甄别出朝鲜人，同时让绝大多数日本人过关。

根据关东大地震亲历者回忆，民团用来鉴别的口令并不算复杂：让受试人读日语五十音图中的ら行、が行以及ば行（即发 ra ri

ru re ro、ga gi gu ge go 以及 ba bi bu be bo 的音），或让受试人说"一元五十钱"（ichien gojissen，五读 go，十读 ji，均为浊音开头）。

段\行	あ段 平	片	罗马	い段 平	片	罗马	う段 平	片	罗马	え段 平	片	罗马	お段 平	片	罗马
あ行	あ	ア	a	い	イ	i	う	ウ	u	え	エ	e	お	オ	o
か行	か	カ	ka	き	キ	ki	く	ク	ku	け	ケ	ke	こ	コ	ko
さ行	さ	サ	sa	し	シ	si	す	ス	su	せ	セ	se	そ	ソ	so
た行	た	タ	ta	ち	チ	ti	つ	ツ	tu	て	テ	te	と	ト	to
な行	な	ナ	na	に	ニ	ni	ぬ	ヌ	nu	ね	ネ	ne	の	ノ	no
は行	は	ハ	ha	ひ	ヒ	hi	ふ	フ	hu	へ	ヘ	he	ほ	ホ	ho
ま行	ま	マ	ma	み	ミ	mi	む	ム	mu	め	メ	me	も	モ	mo
や行	や	ヤ	ya	い	イ	i	ゆ	ユ	yu	え	エ	e	よ	ヨ	yo
ら行	ら	ラ	ra	り	リ	ri	る	ル	ru	れ	レ	re	ろ	ロ	ro
わ行	わ	ワ	wa	い	イ	i	う	ウ	u	え	エ	e	を	ヲ	wo
か行	が	ガ	ga	ぎ	ギ	gi	ぐ	グ	gu	げ	ゲ	ge	ご	ゴ	go
さ行	ざ	ザ	za	じ	ジ	zi	ず	ズ	zu	ぜ	ゼ	ze	ぞ	ゾ	zo
た行	だ	ダ	da	ぢ	ヂ	di	づ	ヅ	du	で	デ	de	ど	ド	do
は行	ば	バ	ba	び	ビ	bi	ぶ	ブ	bu	べ	ベ	be	ぼ	ボ	bo
は行	ば	パ	pa	び	ピ	pi	ぶ	プ	pu	べ	ペ	pe	ぼ	ポ	po
													ん	ン	n

供中国人学习的五十音图

五十音图和钱币数字的发音属于日语基础中的基础，无论受试者来自日本何方，一般发这些音都不会有问题，但是朝鲜人就不一样了。朝鲜语中 r 打头的音节很少，朝鲜人不易掌握日语 r 的发音，加之朝鲜语缺乏日语的 g、b、j 音，理论上说，隐藏在日本人中的朝鲜人这样就会暴露了。

实践中这个鉴定法的效果如何呢？关东大地震期间，大约 6000 名朝鲜人被杀，说明以示播列鉴定朝鲜人行之有效。遗憾的是，鉴定法的排除能力存在一定问题，虽然目标是朝鲜人，但仍然有几百个中国人以及少数日本人被错误识别因而平白丢了性命。

彼时日本人大概怎么都想不到短短二十年后，他们自己也成了受测试对象。太平洋战争爆发后，美国正式对日本宣战，但是，日本人极其善于伪装成美国的盟友，如中国人、菲律宾人。美国人面临区别日本人和其他亚洲人的难题。

准确鉴别出日本人即使对亚洲人来说都是错误率极高的任务。美军一度使用了一本叫《中国指南》的书，该书花费大量篇幅教美国人如何辨别中国人和日本人，除一些不可靠的外貌和行为模式特征外，手册建议美国人用"Smith left the faultless"作为测试。

《中国指南》中鉴别中国人和日本人的说明

据手册说，中国人能较为准确地发出这个句子，但是日本人则会读成 Ss-s-smit reft the fortress-s-s。此外，也可用美国俚语词 Lalapalooza 来鉴别日本人——日本人发 l 向来困难重重。

可惜这份指南的靠谱程度极低：英语程度不高的中国人能顺利发出 th 的可能性微乎其微，而是普遍把该音发成 f 或者 s。Lalapalooza 这样近乎绕口令的美国俚语也非中国人能够立刻习得的，因此该书通行程度并不高。

中国历史上的示播列

汉语历史悠久，方言差别显著，很早就存在大量可用于示播列的特征。

东汉末刘熙《释名·释天》中提到："天，豫司兖冀以舌腹言之，天，显也，在上高显也。青徐以舌头言之，天，坦也，坦然高而远也。春曰苍天，阳气始发色苍苍也。"东汉人以天竺（Hiinduk）翻译印度（Hindu），显然翻译为"天"时用的是豫司兖冀地区的读音。

同书还有"风，兖豫司冀横口合唇言之，风，泛也，其气博泛而动物也；青徐言'风'，蹙口开唇推气言之，风，放也，气放散也"的记载，通过"天""风"二字，就能将山东青徐人和中原腹地人区分开来了。

随着汉人分布重心南移，比起鉴定一个北方人到底来自哪个州，判断一个人是南方人还是北方人更为重要。从南北朝时期开始，许多文献都记载了判别南北的方法。

南北朝文人颜之推在《颜氏家训·音辞》中提到"南人以钱为涎，以石为射，以贱为羡，以是为舐；北人以庶为戍，以如为儒，以紫为姊，以洽为狎。如此之例，两失其多"。同时代陆法言所著《切韵·序》中也有类似的描述："支（章移反）脂（旨夷反）、鱼（语居反）虞（语俱反）共为一韵，先（苏前反）仙（相然反）、尤（于求反）侯（胡沟反）俱论是切。"两书都对当时南北士族读音的区别进行了总结。

唐朝玄应的《一切经音义》也记载了某些字南北语音不同，如"鞘"就有"江南音嘯，中国音笑"的记录。李涪的《刊误》则说："然吴音乖舛不亦甚乎？上声为去，去声为上，又有字同一声分为两韵。"

中国古人虽对语音差别相当敏感，一贯以之别人籍贯，但一般不会因为被人鉴别出不是"自己人"而碰上大麻烦，但到了辛亥革命时，一切都不一样了。

辛亥革命于武昌爆发，武昌并非旗兵驻扎地，但作为湖北省会，向来有部分旗人居住。清朝成立新军后又有部分旗人从荆州调防武昌，武昌起义后，发生过对旗人的屠杀事件。然而经过几百年的汉文化熏陶，旗人普遍能说流利的汉语，通过长相判断旗人更是不靠谱。在这种情况下，示播列发挥出了作用。

革命军士兵万业才回忆，旗兵有的被捉后不讲话，有的学湖北腔以期糊弄过关。革命党遂在城门设卡令念"六百六十六"。武昌方言六读 lou，旗人说六的语音多少与武昌汉人有异，因此被识破者甚众。

当代中国方言中此类具有很高识别度的字依然存在，如：普通话和粤语里遍的声母不一样；普通话的认、馨、贞读前鼻音，粤语则读后鼻音。一个学过粤语的北京人或者一个学过普通话的广州人很容易在这些字上露出马脚。

如果以上方法都不顶用，仍然有办法通过语音让冒充的"自己人"露出破绽。人对本地地名的读音往往有一套自己的规律，就算外人对当地语言的掌握几近完美，仍然几乎不可能做到完全正确。

苏州人把苏州八门之一的葑门读作"夫门"，北京人则把大栅栏说成"大 shi 烂儿"，上海有人把龙华说成"龙花"，广州人把流花读成"流化"，香港人把大屿山读为"大余山"；英语地名 Woolfardisworthy 当地人读 Woolsery：此类地名中的陷阱外地人要想避开近乎天方夜谭。

有人认为北京的人口承载力有限，所以将来要严格控制外地人口。由于绝大部分中国人都会普通话，通过口音分不易区分一个人是否是北京人，但是如果让他挨个把北京城门的名字报一遍，便立即能筛出那些不知道哪些门该有儿化音的外地人。

钱是怎么从牛变成纸的

有钱是全世界人民共同拥有的美好愿望。但是到底怎样才算有钱呢？对于一个今天的中国人来说，拥有大量股权、债券、基金等虚拟货币的人才是货真价实的土豪。赶时髦的可能还会炫耀自己有一硬盘的比特币，稍微老派一点的大概会觉得能用红色的百元大钞铺床才称得上任性，再往前推，家里藏有金银元宝方为殷实之户……

钱的概念在历史上不断演进，所以虽然世人都爱钱，但是大家所爱的可不一定是一种东西。

现代意义上的钱在脱离了社会经济体系，丧失了交换价值的情况下可以说毫无实际用途。设想某人不幸流落到无人荒岛，随身仅有1亿现金，其他什么都没有，他定能体会到"穷得只剩下钱"的"快感"。

不光这样，古代的金银元宝、金币、银币、铜钱统统如此，不管表面多么金光闪闪光彩照人，实质上只是一坨各色各样的金属疙瘩，在不被人赋值的情况下可谓没有任何砸人以外的价值。只有在社会发展到一定程度后，这种华而不实、以稀缺性为卖点的东西才会有市场。

在人人处于生存线上挣扎的年代，弄一堆金属疙瘩，或者更糟——一堆画着图的纸当作摆设可是一种过分的奢侈，早期的货币往往是为了满足人类生存的基本需求而产生的。俗话说民以食为天，吃饭是所有人不可或缺的需求。虽然很多人有一朝辟谷飞升的美好愿望，但残酷的事实是，绝大多数人辟谷的下场只有饿死一途。

食物作为稀缺资源，这时自然也就有了成为货币的潜力。对于印欧人来说，能变钱的食物当然就是牛了。

印欧人就是人们对当今北印度、伊朗、欧洲大部分民族的总称。他们长相千差万别，宗教文化风俗各不相同，实在没什么值得称道的共同点。在今天任谁也不会把印度东边的阿萨姆人和爱尔兰人联想到一起。

18 世纪以前，也确实没人觉得印度人和欧洲人有关联。彼时的印度还是神秘东方的代名词，欧洲人无论如何也不会觉得印度人其实是自己的远房亲戚。但是随着语言学的发展，欧洲的语言学家逐渐意识到印度的梵语和欧洲语言似乎有那么些若有若无的相似之处，如二在梵语中读音为 dvá，和拉丁语的 duo，古希腊语的 dúo，乃至英语的 two 长得都挺像的。生物学往往能证明长得像的人是一个爹妈生的，而不是纯粹巧合，语言学也同理。随着语言学家的进一步研究，他们发现这些语言里长得像的词成百上千，要说都是巧合那概率可就太低了，因此最终他们推导出了一个强大的结论——北印度千奇百怪的土话和西欧那些貌似高大上的德、法、英语实际上都是一种语言分化出来的！这种语言被称作原始印欧语，讲这种语言的人则被称为原始印欧人。

根据现代印欧各种语言当中同源词的分布可以重建印欧人彼时的生活。譬如印欧语言中表示雪的词多同源，说明原始印欧人居住的地方冬天大概是会下雪的，表示银的词也同源，说明他们已经见过了白花花的银子，但是表示铅的词却各不相同，这大概暗示原始印欧人的银子是从别处搞来或者抢来的。因为铅是银锻冶过程中必然产生的副产品，可他们都没见过。

通过学者一系列的重构研究的成果，现在学界普遍认为当年原始印欧人生活在今从里海一直延伸到黑海的草原上，牧业在他们生活中占据了非常重要的地位，他们驯养了羊、狗和牛。牛在他们的生活中地位极其崇高，不仅是重要的食物来源，也是拉车必备的力畜。

牛的重要性仅从一个侧面即可以反映。如果一口气喝下一升以上的鲜牛奶，绝大部分中国人不多久就会腹痛难忍，臭屁连连，直至上吐下泻为止。这是因为鲜奶中含有一定量的乳糖，但高达95%的中国人不具备消化乳糖的能力，所以乳糖入肚后不能被消化吸收，最后只能由肠道中的细菌代劳——它们会将乳糖发酵，同时产生大量甲烷、二氧化碳、氢等气体，让人痛不欲生。

由于绝大多数中国人并不依靠乳制品过活，所以乳糖不耐受的人并不会被自然选择淘汰。但是对于早期的印欧人来说，乳类在他们的食谱当中是如此重要，以至于不能消化乳糖会形成巨大的竞争劣势，不能消化乳糖的人甚至会小命不保。正因如此，长期自然选择的压力导致当今诸多印欧民族中乳糖不耐受症的发病率都相当低，如俄罗斯人仅有16%，丹麦人仅有4%，荷兰人中更是仅有1%。相对中国几乎全民乳糖不耐受的惨状，他们可是要幸福多了。

因为牛在早期印欧人生活中地位崇高，很多印欧语言普遍用牛代表财富，如拉丁语钱是 pecunia，牛是 pecu，钱是牛的衍生品可谓显而易见。靠南的、以农业为主的拉丁人如此，北边苦寒之地的日耳曼人就更是这样了，荷兰语中的 schat、德语中的 schatz 和古英语中的 sceat 都是宝物、亲爱的、宝贝之类的意思，但是在原始日耳曼语中，这个词的意思就是牛。就如中国人从古代开始就把贝壳当作钱，称为宝贝，并逐渐将其演变为对人的爱称一样，古代日耳曼人眼中牛就是钱，最亲爱的人当然就应该称为"宝牛"。或许"见钱眼开"乃是人之共性，夸奖最爱的人最好的方法普遍都是爱称对方是一堆钱。

拉丁语中牛可用 pecu 一词指代，这个词在日耳曼语言当中也是有个亲戚的，那就是英语当中一个令人闻声变色的词——fee！中国留学生普遍知道 fee（费用）是多么可怕，上个学要 fee，搭辆车要 fee，坐个飞机还是要 fee，生活就是不断地把辛辛苦苦赚来的钱以 fee 的形式消耗殆尽。

fee 来自古英语 feoh，实际上就是拉丁语 pecu 的同源词，正儿八经的表兄弟，在古代也是"牛"的意思，在古英语当中还表示财产、钱，到了现代就给转义成花费了。更绝的是，牛和钱的关系如此紧密，在表示牛的几个词先后被"钱"篡夺之后，英语中表示牛的词变得相当贫乏，于是只得从法语中引进了 cattle。cattle 在古法语中本是个人名下的流动资产的意思，追根溯源则来自拉丁语中的"头"，对于古英国人，最大的流动资产就是名下的牛，所以 cattle 就变成了牛。

随着社会发展，有了比吃喝更高层次需求的人民大概是觉得牛又大又笨重，携带困难，于是牛逐渐失宠，亮闪闪的贵金属成为群众新的宠儿。

也正是金属货币的诞生，才让 money 一词闪亮登场。money 一词来源于古法语 moneie，追根溯源则是来自拉丁语的 moneta。moneta 原和钱没任何关系，本是源于罗马女性主神 Juno（朱诺）一个叫 Juno Moneta 的形象。朱诺女神的这个形象含义和中国古代的财神爷有相似之处，于是罗马人就在祭祀她的神庙边修建了铸币厂。久而久之 moneta 之名就彻底跟铜臭味联系在了一起，根本无法分离了——就如 China 变成了瓷器，Pekingese 变成了北京犬那样——后来这个名字更是随着罗马文明远播"四夷",不仅西欧北欧人使用,连地处东欧的俄罗斯也用 монéта 表示硬币了。

在诸多可选的铸币金属当中,金数量稀少,难以满足大众需求,铜又显得稍微贱了那么一点,容易发生巨大价格波动。于是各方面都很中庸的银子最受青睐,成为很多地方的主力货币。银成为钱的代名词也同样反映在很多语言当中,如爱尔兰语的 airgead、法语的 argent 等。最绝的还是阿根廷,整个国名 Argentina 就是银子之地的意思,这个祥瑞好名字的由来可以追溯到早期欧洲探险家,他们在各种很有欺诈嫌疑的交易中有过从当地土人手里获取大量银子的黑暗历史。

中国是世界上最先发明纸币的国家,早在宋朝就出现了被称为交子的纸质票据,进入元朝以后更是禁用了贵金属货币,纯用纸币。可惜由于经济学知识的匮乏,纸币超发多次引发恶性通货膨胀,明朝初年发行纸币也落得类似下场。人们终于发现,纸币在很多情况下不过是一张废纸而已,远远没有亮闪闪的白银保值,最最不济的情况下,家中光彩熠熠的银元宝也能用来养眼。所以从明朝后期到清朝,银在中国流通货币中都占了很大的份额。

不幸的是,相对于有庞大经济体量的中国对银子的巨大需求,天朝大国的银矿矿藏实在说不上丰富。因此,中国通过出口大量生活日用品从海外换取了大量的银子。

银的来源主要有两个,一个是东邻日本。日本列岛虽地狭人稠,但在银矿储量方面实在是远超地大物博的天朝上国。石见银矿当年是全球首屈一指的大银矿,日本的银产量一度占到全世界的三分之一上下。此外,"银子之地"美洲新大陆提供的大量银子也曾是中国市面上银子的最重要来源,西方国家从美洲掠夺来的银子就这样通过国际贸易输入中国,在此过程中产生了巨大的贸易逆差。

就如现在一样，当年西方国家对自己和中国的贸易逆差也非常不满，但是从善于积累财富的中国人手里把银子搞回来可非易事，终于，蔫损的老外想出了往中国出口某种草药制成品的馊主意，后面发生的事情就尽人皆知了。

时光飞逝，牛和银风光的时代似乎已经一去不复返了。现在不管某人有多少头牛或是银子，都再难以当作自吹有钱的资本了。不过，未来中文里也许会出现新的钱的代名词，说不定若干年后房就变成钱了，届时跟人吹牛说"我有好多房"的感觉一定更加妙不可言。

马的世界史

马是一种重要的家畜，人类驯养马的历史很长。马作为代步工具、战争机器和食品来源，在人类文明的进程中发挥了不可估量的作用，而马自身的历史也颇为曲折奇特，值得一提。

美洲的马是欧洲人带来的

马科属于奇蹄目，因此马是犀牛和貘的亲戚。现代马的祖先始祖马诞生于大约五千万年前，长相和现代的马可是大相径庭。它们个头很小，跟现代的狐狸差不多大，还有分开的脚趾，食物则以树叶和果实为主。始祖马主要分布在北美洲，当时的北美洲比现在要更加潮湿，植被更加茂密，所以始祖马主要是一种在森林中生活的小型动物。随着美洲气候的逐渐干燥，森林被草地取代，马的祖先也逐渐进化以适应新的环境——体形逐渐增大，蹄子渐渐形成以加强奔跑能力，牙齿也发生了改变以咀嚼更加硬而耐嚼的食物——草。

马科的演化非常复杂，过程中也经历了不少分化，并非一路朝着现代马的方向渐变，譬如中新马就在迅速从祖先渐新马中分化出来后和渐新马共存了相当长的一段时间。中新马也经历了快速的物种分化，其中一类还回到了森林之中。在演化进程中，中新马的诸多后代中有通过白令陆桥（今白令海峡）向欧亚大陆扩散的，但是扩散到欧亚非的物种并没有成功在旧大陆站住脚跟，它们不幸灭绝。所以马科动物进化的主战场仍然是北美洲。

直至 400 万到 700 万年前，一种马属动物自白令陆桥进入旧大陆，才让马科在旧大陆彻底站稳脚跟。这种现代驴、斑马、马的共同祖先进入旧大陆后迅速扩张，很快遍布欧亚非三大陆，并先后分化出一系列物种。在马属进入旧大陆之后，巴拿马地峡形成，马属进入南美洲，至此，马属动物已经在除了大洋洲和南极洲外的所有大陆生根发芽，成为一类分布极其广泛的动物。

但是时光飞逝，到了距今约一万两千年前，它们却在美洲大陆灭绝了。在北美经历了数千万年的漫长岁月后，它们突然从美洲彻底消失，其原因至今尚是个未解之谜。考虑到此前不久人类才从白令陆桥进入美洲，不得不让人怀疑这两起事件是否有一定程度的内在关联。无论如何，在哥伦布发现新大陆的时候，整个美洲大陆没有一匹活着的马，美洲土著语言中也并没有表示"马"的词汇。可马在美洲的故事远远还没有结束：各路欧洲人将大量的马匹从欧洲带入美洲，其中不少到达美洲后由于种种原因流窜到了野外，这些回到老家的马重新野化后在北美大草原广泛分布，而且为当地印第安人所用。这次可能是印第安人从欧洲人那里学到了马还有其他用处的缘故，这些野化马并没有灭绝。有些很聪明的印第安部落譬如苏人还成功利用驯马所带来的骑兵优势控制了大片土地。

见证原始印欧人扩张历程的马

马进入欧亚大陆后的很长一段时间里仍旧作为野生动物在大草原上自由驰骋，人类驯化马的历史相对于驯化狗要短得多。大约六千多年前，生活在欧亚大草原的原始印欧人将马驯化为力畜，马在他们的生活中非常重要，因此理所当然得给这种动物取一个名字。

根据现代语言学构拟，原始印欧语当中马是 *h₁ékwos，词根和快有关，非常契合马的特征。原始印欧人骑着马四处扩张：在西边，他们持续不断的侵扰和征服导致了古欧洲农业文明的瓦解，并同化了当地的人口，以至于现代西欧已经完全成了印欧语的天下，只有法国和西班牙交界处的巴斯克语还在苟延残喘；在南边，古印度河文明被南迁的印欧人征服，印度北部也改说了印欧语。从西班牙到印度，欧亚大陆大片的土地都成了印欧语民族的地盘。随后随着印欧民族语言上的分化，*h₁ékwos 在不同的语言当中逐渐演变成了不同的形式，如拉丁语 equus、古希腊语 hippos、梵语 aśva、吐火罗 B 语 yakwe 等，前两者被英语借用后出现了 equine（马的）和 hippopotamus（河马）。

随着时光的推移，也有很多印欧语言都放弃了这个表示马的词。日耳曼语言虽然继承了 *h₁ékwos（原始日耳曼语为 *ehwaz），但当今各日耳曼语言常用的却是另外一个来自 *ḱrsos 的词汇。这个词根本义和跑有关，在原始日耳曼语中为 *hrussą，在英语中经过换位音变，变成了 horse。但作为一种借词借得毫无节操的语言，英语又通过借入 walrus（海象）一词（来自荷兰语，是古诺斯语 hrosshvalr 的颠倒形式，意思是马鲸），保留了这个词根的另一种形式。诸多罗曼语言则纷纷放弃拉丁祖词 equus，改用了来路不明的 caballus，后者据称是一个来自高卢语的凯尔特词，本来只出现在诗歌当中。可能是因为罗曼人用 equus 已经腻了，要追求新鲜，正如他们放着好端端的 caput（头）不用，硬是要把头叫成 testa（罐）那样。

所以，在当今法意西葡语中，cheval/cavallo/caballo/cavalo 大行其道，equus 也只能在文化词中露个小脸了。倒是 equus 的阴性形式 equa 运气稍好，至少在伊比利亚半岛还活着，譬如西班牙语至今还有表示母马的 yegua。而在印度诸语当中，词根来自其他语言的词，如印地语中的 ghoṛā（比较梵语 ghoṭa）也在蚕食 *h₁ékwos 后代的地盘。

中国的马从哪来？

中原的马并非原生于此的土产，二里头等中原早期文化中均未出土马的残骸。商朝晚期虽然用马，但是马只用来拖车，而且多为进口货。马这个词在上古汉语中也很难找到同词族的词，因此汉语中的马有很大可能是个借词。

在东亚和东南亚诸多不同语系的语言当中，表示马的词汇形式上都有些相似之处，上古汉语为 *mraaʔ，古藏语有 rmang，缅文为 mrang，彝语北部方言（凉山）为 mu33，嘉绒语（马尔康）为 mbro，朝鲜语为 mal，满语为 morin，日语为 uma（侗台语常见的 maa 则基本可以确定是中古汉语借词）。而英语中母马叫作 mare，词根来自原始印欧语的 *mark̇-，这个词根的后代也可以在爱尔兰语（marc）和威尔士语（march）等凯尔特语中寻获。如此看来，似乎亚欧大陆东部的诸多语言的马和表示马的词汇都像是印欧来源了。

只是迄今为止发现有 *mark̇- 词根的印欧语都是日耳曼语和凯尔特语，这两个语族分布于整个印欧语的最西部，和亚洲东部离了十万八千里远。而比较靠近亚洲东部的吐火罗语现有的材料反映出的则是 *h₁ékwos，并不使用 *mark̇-。这个词如果确系从印欧语借入，则可能是借入亚洲东部语言后反而在大多数印欧语中流失了，所以只保存在整个语系的西陲，不过这种情况的可能性有多大实在应该打上一个大大的问号。

亚洲东部各语的马是不是来自印欧语暂时按下不表，就东亚和东南亚内部来看，这些语言里的马似乎都指向一个 m（V）rV（N）结构的词根，词尾带不带鼻音有交替现象（其中有些现代没有鼻音的语言很可能是后期音变造成的，例如彝语和嘉绒语）。这种词尾有没有N 的交替在景颇语里尤其明显，马在这种语言中存在 gum ra 和 gum rang 两种形式。汉语显然是不带鼻音的代表。考虑到汉语位于整个汉藏语系的东部，引进马这个词很可能经过了某个藏缅语族民族转手，则汉语中不带鼻音的马可能来自某种鼻音韵尾已经消失或演化为鼻化元音的藏缅语，因此早期汉语引入的是不带鼻音的形式。亦有说法认为汉藏语系中的马都是来自阿尔泰语系的北族语言，因为有无鼻音韵尾交替的现象在阿尔泰语系中就已经发生，双方分别是借了带鼻音和不带鼻音的形式。不管真实情况到底是怎样的，东亚的汉藏语系有了马以后，它再分别沿着不同方向传播，终于产生了如今带鼻音与否两种形式的马在东亚和东南亚并存的格局。在这个背景下，位置靠东的语言如日语、朝鲜语、侗台语受到汉语影响，采纳了不带鼻音的形式；而靠近西边的部分苗瑶语和南亚语则受南下的缅语、彝语影响，接受了带鼻音的形式。

当然，表面上的形式相近也可能是偶合，汉语中的马未必和上述所有语言中的马同源，在有更确凿的证据前也不能完全否定马这个词可能是汉藏语原创。亦或许马是个在亚洲产生的游走词，在欧亚大陆到处流窜，西边窜进了英语爱尔兰语，东边窜进了日语、朝鲜语，但是诞生这个词的语言却湮没无闻了。

有了马，印欧人征服了半个欧亚大陆；有了马，南下的缅人把伊洛瓦底江流域的土著搅和得"人仰马翻"（因为这些土著当时可没有马）；有了马，苏人让其他印第安部落不得不服。或许是巧合，或许是天命，马无论从生物学、社会学还是语言学方面来讲，都是一种极其不平凡的动物。

化学元素的命名，一场权力的游戏

背诵元素周期表的经历大概是一代又一代中学生刻骨铭心的痛苦回忆，其一大难点在于不少元素的汉语名和元素符号毫无关系，记住一个对记住另一个帮助甚小。如氧和 O，氢和 H，金和 Au，银和 Ag，所以记忆周期表就成了事倍功半的苦差事。

不少中国学生又会羡慕老外了——对于一种西方舶来品，他们自然会想当然地认为老外学习元素周期表很容易。其实不然，一个英国人照样要面对怎样建立起 iron 和 Fe、gold 和 Au、potassium 和 K 这些看似毫不相关的东西之间联系的问题。

化学元素名称与符号之间的巨大差异，与化学元素复杂的发现史息息相关。

人类和各种化学物质打交道的历史由来已久，大概从智人这一物种诞生时开始，很多化学物质就为其所知。但是在相当长的时期内，人类的化学知识相当欠缺，对化学物质的分类也极为马虎，缺乏系统性。被中国古人同样称为硝的东西，既可能是硝酸钾，也可能是硫酸钠，还可能是硫酸镁；而英语中 brass（黄铜）、bronze（青铜）、copper（紫铜）的名字可谓风马牛不相及，完全不能反映这三种金属 / 合金之间的密切关系。

至于区别化学元素和化合物，更是在古人的能力范围之外——亚里士多德归结的四大元素为水火地风，以现代观点看，水是化合物、火是能量释放方式、风（空气）是多种气态单质和化合物组成的混合物，地的构成可想而知就更加复杂了，竟然没有一个是真正的化学元素。中国的金木水火土五行说也好不到哪儿去，只是比起古希腊四个非元素，五行好歹包括了金，算是瞎猫碰上了死耗子，跟元素沾了点边。

基于七元素体系的插画。四角为古典四元素，中部三角为新的三元素

中国人早期化学知识的积累靠炼丹，西方则靠炼金。中世纪随着炼金术的发展，元素的队伍开始发展壮大，波斯科学家贾比尔在四大元素的队伍里添加了硫黄（定义为会燃烧的石头）和水银两样。再后来瑞士炼金术士帕拉塞尔斯又加入了盐，构成了新的七元素体系——这次炼金术士的运气稍好，硫黄和水银确实是单质，可惜盐仍然是化合物。

英国化学家罗伯特·波义耳于1661年重新定义了元素，他将元素分析为"无法继续消减的物质单位"，从而大大扩充了元素的家族。科学家们终于放弃了把世间万物归于极少数几种元素的尝试，随后，在新的正确思想的引领下，越来越多的元素被化学家们发现。

1789年，法国化学家安托万-洛朗·德·拉瓦锡（Antoine-Laurent de Lavoisier）出版《化学基本论述》（*Traité Élémentaire de Chimie*），是为第一本现代化学教科书。拉瓦锡在书中一共列出了33种元素，其中包括氢和氧，这比起前人已是极大的进步。

　　到了 19 世纪初期，英国学者约翰·道尔顿（John Dalton）进一步完善了化学理论。他正式提出所有物质均由原子组成。每种元素都是一种独特的原子。由此，他列出了 36 种元素，并且给它们都配上了符号。

　　只是道尔顿的符号脱胎于炼金术时期，并不方便使用。不久之后，瑞典化学家永斯·雅各布·贝采利乌斯（Jöns Jacob Berzelius）改进了道尔顿的符号体系。他提出应该用字母来代表元素，因为采用字母不但方便书写，也有助于印刷书籍时保持美观。

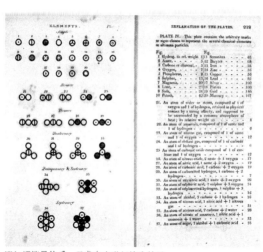

道尔顿符号体系，承袭自中世纪炼金符号

　　贝采利乌斯选取符号的原则是以元素拉丁语名字的首字母为符号。而在不同元素首字母重合的情况下，则采取下列规则：

　　在金属和类金属（贝采利乌斯概念中所有非金属元素均为类金属，和现代定义不同）拉丁名首字母相同的情况下，类金属用首字母。金属元素名称首字母和其他金属或类金属元素重合的情况下，用头两个字母当符号。

如果两种金属元素头两个字母都一样，则第二个字母改为词中第一个不一样的辅音字母。

贝氏确立了现代元素符号的命名规则，他使用的符号大体传承至今，被后来的化学家沿用。而因为考虑到通用性，符号命名时选择了拉丁语，所以一些很早就被发现利用、在各个语言中早已有其名的元素，如金银铜铁锡之类，符号往往就和一般的名称不一样了。

可是拉丁语是古罗马人说的语言，在近代化学发展的时候已经是一门失去能产性的死语言。古罗马人不是神仙，不可能为后来元素的需要造出一大堆词来备用，于是化学家们就面临一个不大不小的难题——给元素安上合适的拉丁名字。

起拉丁名的招数有不少，其中最重要的当数从外语中引进名字，改装成拉丁语。这个方法历史悠久，极具可操作性，但却不是想象中那么简单——拉丁语名词有自己的一整套规律，随随便便拉来个词就用会违反拉丁语的规则，这是万万不可的。

例如铋本来被德国人命名为 Bismuth。但是 Bismuth 长得太不像拉丁语了，所以德国科学家格奥尔格乌斯·阿格里科拉（Georgius Agricola，原名 Georg Pawer，为了赶时髦起了个拉丁名字，将德文姓农民 Pawer 译为拉丁文的农民 Agricola）把这个词改装了一下，变成了 Bisemutum，长得总算像个拉丁语中性名词了。类似接受了"整容手术"的元素还有钴（德语 Kobold→ 拉丁 Cobaltum）和镍（瑞典语 Kopparnickel→ 拉丁 Niccolum）。

不过这样的方法有时候却会引发问题，比如第 11 号元素钠和第 19 号元素钾，不但同属碱金属一族，还都遭遇了命名纠纷，真可谓难兄难弟。

钠的英文名为 Sodium，模样像是个地道的拉丁词，发明这个词的是英国化学家汉弗里·戴维（Humphry Davy）。他于 1807 年最先用电解法从氢氧化钠中离析出钠元素。由于氢氧化钠在英语中被称作 caustic soda（烧碱），他就将这种新的金属元素命名为 Sodium。

可惜的是戴维半路碰上了强盗，劫道的正是发明了现代元素符号体系的贝采利乌斯。贝氏主张将这种新元素依据法语的 Natron（硝石，来自阿拉伯语）命名为 Natrium。大概是因为符号体系由贝氏主导，结果最终贝氏的 Na 胜出，而 Sodium 则继续在英语、法语等一些欧洲语言中使用。

钾的发现者同样是戴维。众所周知，草木灰可被用作钾肥。以前的英国人也有一套取钾肥的方法：浸泡木头或树叶焚烧后产生的灰，浸出液放在盆里蒸发即可得到钾肥，所以钾肥在英语中叫 potash（盆灰）。戴维通过电离钾肥得到了纯钾，他很高兴地命名其为 Potassium。

只是他实在是太倒霉了，虽然这次贝氏符号表里采纳了 Potassium 的名字，并以 Po 作为这种元素的符号。但是不知怎的，后来另一个拉丁名 Kalium（来自 alkali，即"碱"，最终来源是阿拉伯语中的"草木灰"）居然占了上风，最后 Po 被废止不用，竟为 K 所取代。戴维看来确实没有命名元素的命。

不过这次，他可以聊以自慰的是，现代阿拉伯语中钾为 būtāsyūm，正是来自 Potassium，总算挽回了点颜面。

19 世纪后期开始，化学界形成了第一个发现新元素的化学家享有命名权的惯例，元素命名的混乱局面渐渐得到扭转。只是对于戴维来说，这个惯例来得太晚了。

由于自然界存在的元素已经全部发现完毕，新发现的元素一般来说不会有某种语言具备它的本名，加之命名法则日趋完善，所以新元素很少再出现名字与符号不一致的现象。但是这并不意味着命名之争就此彻底终结，事实上，20世纪后期，发生了一场相当激烈的命名之争——超镄元素战争。

燃起战火的是第104号至第106号元素。苏联的杜布纳联合原子核研究所和美国的劳伦斯–伯克利国家实验室均宣称自己首先发现了这些元素，并依此进行命名。雪上加霜的是，美苏两国都深谙对方痛点——美国以为原子弹发展做出杰出贡献、提出锕系理论的化学家格伦·西奥多·西博格（Glenn Theodore Seaborg）命名第106号元素，而苏联则以核物理学家、苏联原子弹之父伊格尔·瓦西里耶维奇·库尔恰托夫（Игорь Васи́льевич Курча́тов）命名第104号元素。

这场战争从20世纪60年代一直打到了90年代，中间又把第107号至第109号元素以及一个德国实验室扯了进来。经过漫长的调解和扯皮后，国际纯粹与应用化学联合会终于在1997年提出了一个被各方接受的方案。第104号至第109号元素分别被命名为Rutherfordium（原子核物理之父欧内斯特·卢瑟福）、Dubnium（杜布纳联合原子核研究所）、Seaborgium（西博格）、Bohrium（物理学家尼尔斯·玻尔）、Hassium（德国黑森州）和Meitnerium（物理学家莉泽·迈特纳），终结了旷日持久的超镄元素战争。

虽然元素的发现主要是西方科学家的贡献，不过不得不说，假如真要比赛背诵元素周期表的话，中国人大概会像背九九乘法表那样占大便宜。这得感谢元素的中文名都是一个单独的字，长短一样，朗朗上口。

如此科学的中文元素命名体系与近代化学得以成功引入中国

一样，都得要感谢无锡人徐寿。徐寿在上海江南制造总局创办翻译馆，翻译了大批西方化学著作。在翻译《化学鉴原》（*Wells's Principles and Applications of Chemistry*）的过程中，徐寿苦于元素名没有现成汉名可用，因此在传教士傅兰雅的帮助下为它们创造了新名。

徐寿在一些气体上选用了根据性质命名的方法，如轻气、养气、绿气、淡气等。不过总体来说是依据元素拉丁文首个音节进行音译，并在金属元素名称中统统加上金字旁。

后来中国化学家们又为非金属元素用字加上"石"旁，气体元素加上"气"头，提高了翻译的系统性，终于形成了中国自己的一套科学的元素命名法。这套元素命名法沿用至今，并且基本成了现代汉字体系中新字的唯一来源。

只是中国的化学先驱大概没有料到，他们创造的字很多其实古已

西名	分剂	西號	華名
Carbon.	六	C	炭
Kalium.	三九二	K	钾
Natrium.	二三	Na.	钠
Lithium.	六九	Li.	锂
Caesium.	一三三	Cs.	铯
Rubidium.	八五三	Rb.	铷
Barium.	六八五	Ba.	钡
Strontium.	四三八	Sr.	锶
Calcium.	二〇	Ca.	钙
Magnesium.	一二二	Mg.	镁
Aluminium.	一三七	Al.	铝
Glucinum.	六九	G.	铍
Zirconium.	二二四	Zr.	锆

《化学鉴原》中对元素的翻译已经和现代相当接近

有之。明太祖朱元璋给朱家子孙搞了个起名规范，其中规定后代的第三个字得用五行为偏旁，从他下一代开始以"木火土金水"的顺序循环。由于朱家人丁兴旺，为了避免重名，许多奇怪的字被造了出来。在明朝就有叫朱恩钾、朱恩钠、朱帅锌、朱效钛、朱效锂的朱氏后代。要是他们穿越到现代，看到元素周期表上挂着自己的名字，不知会做何感想。

帝国的海：从玄武白虎到黑白海之王

"几乎所有人在看到伊斯坦布尔的那一刻都会瞬间爱上这座城市，想要永远定居于此。"一个土耳其的西方人论坛如是说。

1453 年，在这座城市仍然是罗马帝国的君士坦丁堡时，奥斯曼苏丹穆罕默德二世对其发动了最后的进攻。激烈的战斗中，东罗马帝国末代皇帝战死。胜利者穆罕默德二世为帝国首都的壮丽所惊艳，旋即迁都于此。

虽然和任何一座过千万人口的大都会一样，伊斯坦布尔嘈杂而拥挤，市民热爱夜生活的习性让晚上十一点的 BRT（快速公交）线路仍然拥挤异常。但是少有城市能拥有伊斯坦布尔般特殊的地理禀赋。站在博斯普鲁斯海峡边，面朝亚洲、背对欧洲，海水通过面前的海峡缓缓从东北流向西南，吹来的海风带着不知是地中海还是黑海的咸腥，几乎每个人都会产生就此留下的冲动。

伊斯坦布尔西北是欧洲、东南是亚洲，东北和东南则是两片海洋——黑海与地中海。双陆双海的交会让这座城市成为东西南北交通的重要节点。帝国苏丹的完整称号极为繁复，长度惊人的头衔包括苏丹中的苏丹、王中之王、圣城麦加的守护者、罗马的恺撒、塞浦路斯国王、格鲁吉亚国王等等，在这一连串恐怕苏丹自己背下都不容易的称号中，两片海洋并未被遗忘——苏丹不仅是陆地的主人，同时也是"白海之王"与"黑海之王"。

土耳其人将地中海和黑海分别称为 Akdeniz 和 Karadeniz，字面意思是"白海"和"黑海"。而在奥斯曼时期，对波斯语言文化心驰神往的奥斯曼人将这两片海亦用波斯语称作 بحر سفید（Bahr-e Sefid）和 بحر سیاه（Bahr-e Siyâh），在波斯语中同样是"白海"和"黑海"的意思。

黑色之海和白色之海？

中国人对用颜色命名海洋并不陌生，从山东蓬莱到江苏启东，位于中国和朝鲜半岛之间的海域早就被中国人称作黄海。黄海的得名主要来源于浑浊的海水。多条大河，尤其是黄河千百年的泥沙输送，让黄海近海海面的泥黄色甚至在卫星图片上都无比明显。

对近代人来说，黑海似乎也是由海水颜色得名。黑海富含硫化铁，导致大量硫细菌存在，其他生物生存相对困难。因此黑海海底的沉积物颜色极深，而当沉积物被翻起时，整个海水颜色都会变深。

由于黑海恶劣的生存环境，希腊人起初将黑海称作 Ἄξενος Πόντος（Áxenos Póntos），即"不适居住之海"的意思。时间的推移让沿着海岸扩张的希腊人在黑海边也建立起自己的殖民地。这个旧名已经不合时宜，希腊人将其改为新名 Εὔξεινος Πόντος（Eúxeinos Póntos），意为"适合居住之海"。

看似很有道理的说法却存在一些漏洞。

黑海周围早就是各路游牧民族放牧的牧场，自然条件不说极佳，至少并不恶劣。当今饱受严寒之苦的俄罗斯人每到冬季就蜂拥至黑海沿岸。在古代，伊朗游牧民则长期在黑海边的草原生活。事实上，希腊语的 Áxenos 并非真是"不适居住"的意思，而是初来乍到的希腊人从当地的伊朗语言中借来的，其词根为 *axšaina-，也是"深色"的意思。

黑海称"黑"海尚说得过去，地中海称"白"海就更是咄咄怪事了。地中海地区气候干热，蒸发量大，海水盐分含量相当高，澄澈透明，蓝色极深。所谓"白海"可是名不副实。

如果将目光放远一点，位于奥斯曼帝国南境的海洋则是红海。红海之红有说来自海水中某些红色的蓝藻，只是红色蓝藻出现时间和范围都不大，而在古代，被称作"红海"的海域包括了今天的红海、波斯湾、阿拉伯海。早在古希腊时期，历史学家希罗多德将其称为 Ερυθρὰ Θάλασσα（Erythra Thalassa/ 红海），而他也曾经将这片海域称为"南海"。

帝国的四海

以奥斯曼帝国的位置来看，白海在西，黑海在北，红海在南。暂且忽略海，只看方向的话，可说西为白，北为黑，南为红。对中国人来说，这套系统应该是相当熟悉的。

中国向来有所谓四神，四个方向分别和四种神兽有关，为东方青龙、西方白虎、南方朱雀、北方玄武。后来四神和中国风水五行等结合在一起，为中国传统信仰和精神世界的重要组成部分。

将动物去除的话，四神颜色和土耳其的方向颜色命名法几乎完全对应。西有白海，北有黑海，南有红海，唯有东方缺乏相应的名称。

以今天小亚细亚的地理位置来看，东方是广袤无垠的亚洲大陆，海洋远在数千公里之外。但是，有一个巨大的湖泊，可以取代海的地位。

里海是世界第一大湖泊，面积达 37 万平方千米。在土耳其语中，里海称为 Hazar denizi，是"可萨人之海"的意思。可萨本为一个在里海西北岸、高加索地区居住的突厥部落的名字。公元 9 世纪，这个部落皈依犹太教，自此成为犹太人的一部分。里海的名字似乎和颜色沾不上关系。

然而里海北部有个小海湾，在一份 1747 年的伊朗地图上被标为"蓝海"。小海湾的名字是否在更早之前用于整个里海不得而知，不过，蓝色曾经被用作东方的象征，却是有确凿证据的。

中国中古时期，北方突厥汗国的突厥人被土耳其人称作 Göktürk，即"蓝突厥"之意。突厥汗国自称只是简单的"突厥"，西迁后称呼东面的部分才加"蓝"。

更加有意思的是，虽然现代土耳其语中 gök 基本指代蓝色，但在古代突厥语言中，该词根既可指代蓝色也可指代绿色。

人类语言对颜色产生分辨，遵循相对固定的顺序。先是可区分明暗，随后红色独立出来，然后可分黄色和蓝绿色。很多语言中蓝色和绿色是一种颜色的两个变体。汉语、日语的"青"，越南语的 xanh，均可兼指蓝绿。突厥语言虽然现代普遍有表示"绿"的词（土耳其语中为 yeşil），但是在诸如巴什基尔、雅库特等突厥语言中，gök 所对应的词仍然蓝绿兼指，和汉语"青"的含义近乎一致。

方向与颜色

作为抽象概念的方向在人类思想中出现较晚，一般都由某个具象概念衍生而来。汉语的"北"和"背"无论是字形还是读音都存在明显的联系，英语的 south 的词源则和"太阳"有关。同样，不同方向往往和不同颜色有关，导致颜色与方向逐渐建立起固定的联系，最终由颜色来代表方向。

颜色和方向的关系并不恒定，不同文化会产生不同的想象，导致不同的结果。北美印第安拉科塔人使用颜色表示方向，他们眼中的世界，北方为坚忍的红色，东方是阳光的黄色，南方是正午的白色，西方是黑夜的黑色。同样生活在北美的纳瓦霍人则采取了较为不同的颜色标记：东为日出白色，南为天空蓝色，西为日落黄色，北为黑夜黑色。

相比之下，欧亚大陆的情况显得有些特殊。和印第安人的方向颜色标记在各个部族各异不同，广袤的亚欧大陆在极长极广的时间空间之中，这套系统一致性都颇高，将其归为纯粹的巧合，可能性并不大。

中国"东南西北"方向词出现极早，甲骨文时代即已出现。根据郑张尚芳先生的说法，其命名原理为：东为"动"、西为"栖"、南为"任（抱）"、北为"背"，均根据太阳运行命名。有趣的是，上古中国人似乎在一套常规系统外又接纳了四神的概念。

四神起源尚有争议。主要有天象和图腾崇拜两类说法。天象说大致是四方天空二十八宿，每方的七宿组成一个四神；图腾说则认为四神起自古人的图腾崇拜。四神在中国萌芽也极早，甚至有说其可追溯到新石器时代的。河南濮阳西水坡 45 号墓的蚌塑龙虎即有可能与四神有关。西周晚期的鸟盖扁盉盖为鸟、口为虎、柄为龙、底为兽，相对关系符合后世四神。

鸟盖扁盉

《周礼》对祭祀玉器的规定为："以苍璧礼天，以黄琮礼地，以青圭礼东方，以赤璋礼南方，以白琥礼西方，以玄璜礼北方。"《礼记正义·曲礼上》有"行，前朱鸟而后玄武，左青龙而右白虎，招摇在上急缮其怒，进退有度"，虽则是谈兵阵，方向关系上和颜色指示法已完全一致，可见战国时期颜色和方位的对应关系已经建立。四神明确和星象关联的确凿考古发现可追溯到战国时期的曾侯乙墓漆箱，漆箱上绘有龙虎以及对应的二十八宿名称。两汉时期，完整的四神图像频繁出现。不过，作为方向指示系统，这套颜色词在汉语中使用范围并不算广。

突厥语中方向词的历史则要晚近得多，当今土耳其语东西南北的词汇是 20 世纪语言改革产物，甚至有些生造成分，之前则用阿拉伯语借词。其他突厥语中方向的词汇也多不对应。用颜色表示方向对古代突厥人的重要性恐怕比古代中国人大得多，但是作为一个中古时期开始壮大的族群，突厥人更像是这套系统的传播者而非发明者。

几千年间古人的迁徙流转，将这套来源神秘的命名法散播到大半个欧亚大陆，从黑海之滨到太平洋沿岸。白俄罗斯、红俄罗斯、白匈奴、黑汗王朝、西辽（黑契丹）、黑羊王朝、白羊王朝，可能都与之有关。

到底是谁最先使用这套系统，或许也不是一个那么重要的问题。

席卷世界的"普通话"

1992 年，法国对宪法做了修正，在第二条里加了一句"共和国的语言是法语"，进一步确立了法国只认可法语为官方语言的态度。这并不奇怪，在推广"普通话"方面，法国可谓是世界的鼻祖——可以追溯到 1539 年的维莱科特莱法令，该法令第 111 条明确规定，从今往后法国法律文件必须完全使用法语。

维莱科特莱法令

就维莱科特莱法令本身而言，其主要目的并不是在当时方言林立的法国推广标准法语。该法令的核心目标是让法律清晰易懂，让民众能用母语理解法律。此时法国法律文书大量使用拉丁文。拉丁文虽然是法语的祖先，但是绝大部分普通民众已经无法理解这种公元前后罗马帝国使用的语言，因此法令的本意是让普通百姓的母语——法语，取代拉丁文的独尊地位。

维莱科特莱法令颁布不久，法语就顺利取代拉丁文在法律文件中的地位。在此后的 1635 年，著名的法兰西学院成立，其存在目的就是为了规范法语。不过一直到法国大革命前，法国历代国王对在国内推广标准语取代当地语言并无多大兴趣。

然而大革命后，近代民族国家的建立使推行一种标准的"普通话"成为当务之急——当时的法国使用所谓"标准法语"的人口才占 5% 不到。从全国各地征来的士兵都鸡同鸭讲。18、19 世纪法国的国力在欧洲一直处于相对下滑阶段，蓬勃发展的英国和德国给了这个西欧传统大国强大的压力。统一语言成为法国精英们重塑国家民族身份、争取国家复兴的共识。

此后，维莱科特莱法令的主要功用就转变为在法国推广标准法语，抑制各种地方语言的使用。这些地方语言形形色色，既有法语自身的方言，也有和法语相对接近的皮卡地语、瓦隆语，还有距离稍远的奥克语、加泰罗尼亚语，更有布列塔尼语这样的远亲以及巴斯克语这种和法语完全没有亲缘关系的异类。但是不管亲疏远近，为了共和国的未来，各地民众都必须摒弃这些形形色色的语言，改说法语。

近代推广"普通话"浪潮

当时的法国人大概不会想到，他们可说是翻开了世界历史的新篇章。从 19 世纪开始，全世界的语言版图由于各国推广普通话的尝试发生了翻天覆地的变化。本来平滑的语言过渡区因为分属不同国家、推广了不同的标准语而产生了断裂式的界线。

学习另外一种语言并非一件容易的事情，一个读过大学的中国人普遍经历了十多年的英语教育，但是中国大学毕业生中能流利使用英语的人也并不多，原因很大程度上在于缺乏合适的用英语交流的环境。

对古人来说，比较现实的选项是追求书面语的统一。譬如中国，数千年来文字一直都相当统一，但是口语变化多样。以古代的技术能力，很难有有效手段统一口语。在一个传声基本靠人吼的世界里，只有在少数特殊环境中才能做到成功推广标准语。如明清时期，来自全国各地的高级官员不管是在京城，还是在远离他乡的异地，都或多或少得学习一些官话。法国大革命后的标准语也是从军队开始推广。作为朝夕相处的战友，为了沟通方便和指令传达，他们都得学会法语。

大众传媒的出现改变了这样的推广模式。历史上第一次，一个人的声音能够通过电波批量复制，送达全国各个角落。具有强制性的义务教育也让推广标准语有了绝佳的载体——学校。

如前文所说，在学校里单开一门外语课，对很多人来说都不足以让他们掌握这门语言。然而如果所有科目都采用一种语言教学的话，处于学习语言关键期的少年学生就很有可能能够顺利掌握这门语言。2000年之后，中国加大了推广普通话的力度，诸多"普通话是我们的校园语言"之类的标语在学校广泛贴挂，同时也加强了对教师的普通话水平测试力度。新一代的中国学生往往在普通话水准和熟练程度上比之前要强很多。而国内部分高端学校更是标榜中英双语教学甚至全英语教学，在这类学校学习过的学生，英语能力普遍也比只是上英语课的学生要强不少。

就当代人而言，从幼年开始学习标准语乃至以标准语为母语，早已是自然而然的现象，诸如孙中山与宋庆龄用英语沟通，古代的中、日、朝、越读书人用文言笔谈这类事例，几乎是不可想象的。然而，实际上，这和近代以来国家机器的推行和诱导息息相关。

选择"普通话"

要想推广普通话，首先得要选择一种特定的语言，将其认定为标准语。在当代社会，大部分人往往理所当然地有标准语高雅、精确、动听，方言鄙俗、粗糙、难听的刻板印象。但是纯从语言学上说，任何语言、方言都存在被当作标准语的可能性，而附加于某种语言上的刻板印象，一般也只是因为该语言的社会地位罢了。

当然，被相中的作为标准语推广的方言一般来说也都有其优势，中国选择属于官话方言的北京话，一方面是由于官话方言互通度高，在全国本来就占据了人口优势。而作为元、明、清三朝首都，北京话也有着较高的语言权威。

选择一种本来就广泛通行的语言加以助力是简单、方便、合理的办法。至于这种语言一开始是如何广泛通行的，则有各种各样的可能性。北京话和巴黎法语是政治中心的语言；标准意大利语的基础佛罗伦萨方言则是因为佛罗伦萨在文艺复兴时期群星闪耀，大批巨匠采用这种方言书写作品；德国的标准德语则和马丁·路德用高地德语翻译《圣经》有关。但是并非所有国家都采取这种捷径，有的国家就官方强行推了在国内并不占优势的语言。

这种"官方指定标准语"，最典型的莫过于印尼。印尼的官方语言是印尼语，所谓印尼语，和马来西亚的标准马来语非常接近。但是出于国家语言政策的考虑，在印尼语境下，所谓"马来语"指印尼境内马来人所使用的马来语方言。

　　纯从人口规模来看，选择马来语作为印尼全国的官方语言是个令人诧异的选择。印尼马来人基本只分布在苏门答腊岛、加里曼丹岛和廖内群岛。马来人分布的区域相对爪哇岛来说土地较为贫瘠，人口数量也相当少。爪哇人、巽他人都远远多于马来人，其中尤其以爪哇语势力强大。

　　爪哇人不但占了印尼接近一半的人口，而且印尼独立后政治精英大部分都是爪哇人，独立至今印尼所有的总统都是爪哇人。爪哇语并不缺乏成为标准语的要素。它不但是印尼使用最广泛的语言，而且早已演化出发达的文学。荷兰殖民后爪哇语也有了表达近代科技产物的词汇。

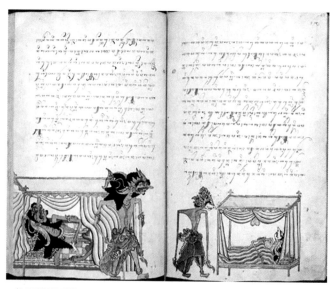

一份爪哇语的手稿

　　然而，印尼是个民族众多的国家，千岛之国不同民族之间虽然人口规模不同，但是原则上都应该是平等的。同时，由于爪哇长久以来的宫廷文化和等级制社会，爪哇语中有大量的敬语、谦语，根据说话人和听者社会关系的高低而不同，对于印尼的国父们来说，用这种语言不但不利于民族平等，也不利于人人平等的理念。

马来语虽然不是印尼本土大民族的语言，但是由于古代室利佛逝国的影响，它一直是东南亚岛屿地区的贸易语言。生意人为了沟通或多或少都会一点马来语。由商埠转为城市的雅加达也是一个马来语占优的地方。又由于近代马来社会远远没有爪哇那样等级分明，马来语的语音、语法相对爪哇语来说也更简单一些。印尼的国父们就选择了这样一种并非本土大语种的语言作为印尼的"普通话"。

当然，一个没有那么冠冕堂皇的理由则是，印尼独立后一度想要将马来西亚和文莱吞并，形成一个领土覆盖整个东南亚南部的大国。由于马来西亚和文莱都使用马来语作为官方语言，作为吞并的准备，印尼将国语设置为马来语也是较为现实的选择，后来虽然吞并计划并未成功，但是马来语作为标准语已经是既成事实。

除印尼语外，东非的斯瓦希里语也是原本的小语言作为贸易用语"上位"的典型。斯瓦希里语原本只是坦桑尼亚桑给巴尔岛上的语言。由于地处阿拉伯商人在近东与非洲之间的贸易要道上，桑给巴尔岛人也深度参与贸易。他们所说的斯瓦希里语也成为东非商业贸易中广泛使用的语言，甚至在殖民时期英语都没能完全取代斯瓦希里语的地位。殖民时代结束后，东非各国除了英语之外，也需要一种非洲语言体现自己的国家身份，斯瓦希里语成了当仁不让的选择。时至今日，以斯瓦希里语作为母语的人口也不过百万左右，然而它是东非数个国家的官方语言，会说斯瓦希里语的人口近一个亿。

选用非本土语言作为标准语也有另外一种形式。对于一些"小国"来说，如果自己本土的语言使用范围太窄，就不妨利用临近国的语言资源。这方面欧洲的瑞士、比利时提供了非常好的例子。两国都是官方层面实行多语制的国家，都有所谓的法语区。然而事实上，两国法语区本地的方言都和标准法语相差甚远，比利时的法语区说的主要是瓦隆语，瑞士的法语区则以阿尔皮坦语为主，只是两国所选定的标准语都基于法国巴黎法语。两地所使用的标准语和法语还存在一些细微的差别，如"九十"一词，瑞士和比利时都使用nonante，而非法国的quatre-vingt-dix。不过，"小国"对标准语的设定大体采纳邻近大国的既有成果，这也是不少小型国家的常态：瑞士德语区的标准语也是基于德国的标准；当中国大部分地区改用了简体字后，新加坡也把中文的书写标准改为简体，以和大多数使用中文的人口取得一致。

成功或失败的"推广普通话"

对大部分国家来说，在合理的设计下，普通话推广往往能取得非常大的成功。拓展一个人能够方便交流、生活、贸易的区域符合大部分人的利益，通常情况下也可以得到普遍的支持。然而在一些极端情况中，推广普通话，却造成了严重的不良后果。

中国的邻国巴基斯坦官方语言是乌尔都语，基本可以认为是用波斯–阿拉伯字母书写的北印度语。1947年印巴分治时主要按照宗教分割，因此穆斯林占主体的印度次大陆西北部地区和东孟加拉邦划为一个国家，与印度教占主体的印度分离。

印度和巴基斯坦独立后设置的标准语实际上都是北印度语，区别主要在于书写系统不同。两国推广标准语都不算成功，印度南部各邦与中央政府间的交流仍然主要使用英语。

今天的孟加拉国实际上是孟加拉语分布区的东半部分，西半部则是属于印度的西孟加拉邦。两地虽然由于宗教原因分割，但在语言和民族认同上都坚定认为自己是说孟加拉语的孟加拉人。两地孟加拉语也用同样的天城体字母书写。20 世纪 50 年代开始，巴基斯坦即坚持乌尔都语独尊的语言政策，甚至提出孟加拉语也应该采用波斯–阿拉伯字母书写。1952 年 2 月 21 日，巴基斯坦在孟加拉强推乌尔都语的举动引发学生抗议，并演化为流血事件。此后事端不断，最终导致孟加拉于 20 世纪 70 年代独立。

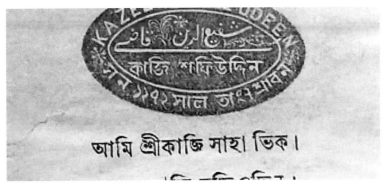

即便是伊斯兰教方面的文献，孟加拉语仍然用天城体书写

　　相对而言，一手导演了印巴分治的英国，在推广普通话方面反倒较为温和，英国标准语 RP 主要是受过公学教育的人使用，并未强行对其他民众推广。时至今日能使用 RP 的人也不过占人口的百分之五，剩下的英国人则是按照需求各说各话。和外地人交往多的就说话往标准语上靠一些，生活圈子局限于本地的就说话土一些。这也和英语方言差距较小有关，就如四川人往往和外地人也说四川话，因为四川话和普通话差别小，而方言和普通话相差很大的福建人就很难做到这一点。

　　推广普通话不是中国特色，而是一个席卷世界的浪潮。从世界各地的情况来看，"普通话"的推广可能是近两百年来改变交流模式最大的因素之一，未来世界的语言版图也将属于各种有幸被选中的"标准语"。实践证明，推广普通话没有绝对正确或错误的方法，顺应当地实际情况，因势利导才能最好地发挥标准语应有的功用。

口音阶级论

口音往往和等级联系起来。请想象这样一个情景：街头上，穿着入时的青年男女，突然转头，用类似王宝强的一口浓重的口音说"姐，恁长类真齐整"，实在令人觉得违和。这些等级关系与人们长久以来的刻板印象有关，反过来，人们也经常利用此来"提高"自己的调性。

历史上，为了寻觅向上流动的机会，中产阶层和工人阶层往往模仿上层口音。但20世纪后期，尤其是80年代后，英美国家的上层开始主动增加下层口语词汇，一些人甚至专门聘请教师，只为除去自己的高贵口音。

青春期后学习过普通话或英语的人恐怕都了解改变一个人的口音的困难程度有多大。一般来说，人的口音在20岁左右已基本定型，青少年时期形成的口音就是鉴定他社会地位的有效标签——出身寒门的人可以努力积累可观的财富，习得海量的知识，但口音却根深蒂固，成为其进入上流社会的阻碍。

口音歧视由来已久。古罗马时期最伟大的作家之一西塞罗出生于罗马东南100公里外的 Arpinum，西塞罗对此非常避讳，极度推崇罗马城里贵族口音的拉丁语，盛赞其"没有错误，无比悦耳"，并评价乡下口音"粗鄙"。

中国古人对正音的强调丝毫不比西方差。南北朝时期，北方南渡的士族颜之推在《颜氏家训》中说："吾家儿女，虽在孩稚，便渐督正之；一言讹替，以为己罪矣。"

初唐时期为了打击士族，武则天起用了不少寒门出身的酷吏，但他们的寒门口音相当受鄙视，士大夫阶层纷纷撰文取笑——《大唐新语》便记载了这样一个故事：

> 侯思止出自皂隶，言音不正，以告变授御史。时属断屠，思止谓同列曰："今断屠宰，鸡（云圭）猪（云诛）鱼（云虞）驴（云缕平），俱（云居）不得吃（云诘）。空吃（诘）米（云弭）面（云泥去）。如（云儒）何得不饥！"侍御崔献可笑之。思止以闻，则天怒谓献可曰："我知思止不识字，我已用之。卿何笑也？"献可具以鸡猪之事对，则天亦大笑，乃释献可。

近代有声传媒的流行让口音的重要性越发凸显。不少人为了转变自己的口音费尽心机。

美国社会语言学家拉波夫（William Labov）曾经对纽约百货商店售货员的口音进行过研究。结果发现高层人士光顾的 Saks 百货售货员说 fourth floor 的 -r 最为稳定，口音"高贵"。服务平民的 S. Klein 百货售货员说话最不讲究，-r 脱落最多。而居中的 Macy's 百货售货员认真强调 fourth floor 时发 -r 的比例比正常对话要高得多。

转变口音尤以政客为甚。在传媒高度发达的英国，政客的口音问题经常被无数倍地放大。

撒切尔夫人自 20 世纪 70 年代开始，逐步在英国政坛崛起，但她一口林肯郡口音的土话常遭到无情的攻击。有评论员恶评她像"一只从黑板滑下的猫"。当时，撒切尔夫人已年过五十，不得不请了皇家国立剧场的发音教练为她纠正口音——效果很不错，天资聪颖的撒切尔夫人几年后就摆脱了林肯郡土话，开始以一口英国上层流行的 RP 音纵横政坛。

但是 20 世纪 80 年代以后，英美出现了一个稀奇的变化——原本高高在上被众人模仿的上流社会人士开始模仿平民口音。

英语世界上层口音的代表——女王音就很明显，每年圣诞节，英王都有针对全国的致辞演说，伊丽莎白二世在世时演说超过 50 次。20 世纪 50 年代到 80 年代，她使用的都是典型的英国王室口音。后期，女王的口音越发向她的臣民靠拢——最显著的变化为 trap 的元音 /æ/ 越来越接近 /a/，前者是高贵的贵族用法，后者则偏向平民。女王的子孙们也是如此。威廉王子结婚时，已经有人指出他口音的"贵气度"尚不如出身平民的凯特王妃，哈里王子的口音也很平民化，简直和伦敦市井游民差不多。

2010 年出任英国首相的卡梅伦出身上流家庭，就读于著名的伊顿公学和牛津大学，从小就说一口上流口音，但他和撒切尔夫人一样，不得不改变自己的口音——只是方向与撒切尔夫人相反，他开始模仿各种下层口音和乡村土语。

美国也有类似的现象。相比旧大陆，美国的社会基础较为平等，并未形成欧洲式的贵族阶层，社会阶层流动也相当剧烈。它的上层社会属于美国东北的新英格兰地区，那些最初来到新大陆的英国新教徒，其家族在美洲生活的历史有三四百年之久。他们被称作波士顿婆罗门（Boston Brahmin），历来是波士顿社会结构中最高的一层。

判断一个人是不是波士顿婆罗门也很简单——波士顿婆罗门们有自己独特的口音，波士顿 400 年历史中，这种口音始终是上流社会的重要标志。

20 世纪后期，波士顿婆罗门口音遭遇了一场大危机，越来越不受欢迎了。不但一般的波士顿人变得无心模仿，不少波士顿婆罗门，尤其是有志于投身公共事务的人，反而极力避免被人听出自己的身份。据相关部门粗略估计，今天仍有这种口音的人数不到千人。

美国前国务卿克里（John Kerry）就出身于一个波士顿婆罗门家庭。1980年前，他的讲话录音都是纯粹的波士顿婆罗门腔调，从政后，他渐渐抛弃了波士顿婆罗门口音，转而学了一口美国普罗大众的通用美腔（General American）。前总统小布什则做得更绝，能一整套地改造自己的形象，本来生于东北部康涅狄格州的他，放弃继承高贵的波士顿口音，选择了成长所在地的得州口音，生生地将自己塑造成了一个南方得克萨斯州牛仔。

大众传媒的扩张，以及不断完善的民主形式，让口音问题变得非常微妙——说到底，口音的改变是一个取悦于人、向固定阶层靠拢的过程。

20世纪初及之前，英美民主仍局限在较高的阶层，政治家并不需要向民众展示自己的形象。本质而言，下层模仿上流口音是为了让别人觉得自己更加聪明、优雅、可信，从而让自己更有可能获得成功，他们对于上升的希望，都寄托在眼前这些谈吐优雅、世代高贵的贵族身上。

80年代之后，权力的天平发生改变，政治家们不得不面对无处不在的媒介，至少在明面上讨好民众，所以他们改变了长期沿用的口音。上流口音往往和聪明、优雅、可信、富裕等特质联系在一起，同时却也是冷漠、距离感的象征，使用更为贴近、亲切的下层口音，能有效地获得选民的好感。

"二战"后，西方的传统阶层分布受到冲击，跨阶层交往频繁，上流社会出身的人反而更需要和各类阶层打交道。投票式民主制度下，政治人物取得占据人口重要组成部分的社会下层的支持显得尤为重要，出身上流的卡梅伦、布什、克里等人因此要把自己的上层痕迹抹去，并不惜打造出人民群众喜闻乐见的西部牛仔形象。

20世纪90年代，香港电影和香港商人长驱直入，粤语受到大众的青睐。而21世纪后，内地投资占据的比例越来越大，不少香港人也调整舌头，暂时放下了象征港人身份的粤语，学习起了内地的普通话。

图书在版编目（CIP）数据

东言西语 : 在语言中重新发现中国 / 郑子宁著. --
福州 : 海峡书局, 2023.8（2023.12重印）
　　ISBN 978-7-5567-1126-0

　　Ⅰ.①东… Ⅱ.①郑… Ⅲ.①汉语—语言学—通俗读
物 Ⅳ.①H1-49

中国国家版本馆CIP数据核字(2023)第103184号

东言西语：在语言中重新发现中国
DONGYANXIYU: ZAI YUYAN ZHONG CHONGXIN FAXIAN ZHONGGUO

著　　者	郑子宁	选题策划	后浪出版公司
出 版 人	林　彬	编辑统筹	梅天明　宋希於
出版统筹	吴兴元	特约编辑	董明航　刘　早　魏姗姗
责任编辑	廖飞琴　杨思敏		
封面设计	昆　词	装帧制造	墨白空间
营销推广	ONEBOOK		

出版发行	海峡书局	社　　址	福州市白马中路 15 号
邮　　编	350004		海峡出版发行集团 2 楼

印　　刷	北京盛通印刷股份有限公司	开　　本	889 mm × 1194 mm 1/32
印　　张	10.25	字　　数	245 千字
版　　次	2023 年 8 月第 1 版	印　　次	2023 年 12 月第 3 次印刷
书　　号	ISBN 978-7-5567-1126-0	定　　价	48.00 元

东言西语
在语言中重新发现中国

中国话

南腔北调
方言里的中国